IDEES PORTRAITUREES
ET FANTAISIES QUODLIBETALES

DU MÊME AUTEUR :

• *Manifeste pour le salut de la vraie Droite*, Éditions Vincent Reynouard, 2002 (en collaboration avec Vincent REYNOUARD).
• *L'Universalité du danger gnostique, vrai ou faux ?*, Éditions Vincent Reynouard, 2004.
• *Réflexions sur le nationalisme : En relisant 'Doctrines du nationalisme' de Jacques Ploncard d'Assac*, Samizdat Publications, 2005/Reconquista Press, 2019 (enrichi d'une préface d'Yvan BENEDETTI).
• *Antidote : Pour une pensée libérée de la tyrannie judéo-maçonnique* (préface de Jérôme BOURBON), Reconquista Press, 2018.
• *Abécédaire mal-pensant : Manuel de combat du traditionalisme révolutionnaire*, Reconquista Press, 2019.
• *Une réponse nationaliste au mondialisme : Doctrine élémentaire du bien commun*, Reconquista Press, 2020.

signés Joseph MÉREL :
• *Fascisme et Monarchie : Essai de conciliation du point de vue catholique*, (préface de Claude ROUSSEAU), Éditions Vincent Reynouard, 2001/Reconquista Press, 2018.
• *Nihilisme, subjectivisme et décadence* (2 tomes), Samizdat, 2009.
• *Présentation de l'institut Charlemagne sous le patronage de l'archange saint Michel*, Éditions Dominique Martin Morin, 2016.
• *Pour une contre-révolution révolutionnaire*, Reconquista Press, 2017.
• *Désir de Dieu et organicité politique*, Reconquista Press, 2019.
• *Paganisme versus catholicisme : Le conflit non surmonté du nationalisme*, Reconquista Press, 2020.
• *Comme un agneau muet…*, Reconquista Press, 2021.
• *Pour un fascisme du jour d'après*, Éditions Chrysalide, 2022.
• *L'Essence de Dieu est-elle seulement d'exister ?*, Éditions Chrysalide, 2022.

Collaboration aux ouvrages :
• *Serviam : La Pensée politique d'Adrien Arcand* (Anthologie), Reconquista Press, 2017. (Essai)
• MISCIATTELLI (Piero), *Le Fascisme et les Catholiques*, Reconquista Press, 2018. (Postface)

Sous le pseudonyme de STEPINAC :
• *De quelques problèmes politico-religieux contemporains*, Samizdat, 2011.
• *Du problème du rapport entre nature et grâce dans le thomisme et le néo-thomisme, et de ses enjeux politiques contemporains*, Samizdat, 2011.
• *Éléments de philosophie politique* (préface de Claude ROUSSEAU), Éditions Franques, 2013.
• *Politique et Religion, Immanence et Transcendance : Amour difficile et mariage de raison*, Reconquista Press, 2021.

Jean-Jacques STORMAY

Idées portraiturées

et fantaisies quodlibétales,

pensées amères, drolatiques, fastidieuses ou grinçantes.

Éditions Chrysalide

Préambule.

Tout auteur est redevable à son public de l'attention dont celui-ci l'honore. Un auteur ne choisit pas son public, il est choisi par lui et, s'il entend le conserver, il doit mériter sa fidélité. Il décevrait son public si, pour s'approprier à ce dernier, il se trahissait lui-même. Il doit donc concilier effort de lisibilité, ainsi agrément, *et* rigueur. Faute d'avoir su conjuguer les deux de manière harmonieuse, l'auteur s'est efforcé, ici, de faire passer l'amère pilule des développements abstraits et techniques par la présence de quelques passages burlesques, farfelus, frisant la provocation. Il a fait, dans le choix de ce compromis, ce qu'il a pu.

Introduction.

§ 1. La maladie des derniers tenants de l'abnégation vertueuse.

Toute époque a ses ridicules, comme tout milieu, professionnel, artistique ou littéraire. Même les milieux religieux et politiques ont leurs travers qui prêtent à rire, ou à pleurer : on rit généralement de ce qui devrait faire pleurer, parce qu'on peut rire de tristesse comme on peut pleurer de rire, non pour tromper son monde ou pour se mentir, mais pour expulser une souffrance inféconde ; on peut aussi tenter, par le rire, de contourner une souffrance féconde que l'on n'est pas sûr de supporter sans succomber aux tentations du désespoir.

Il en va, par la religion, du salut éternel de l'âme de chacun et, par la politique, du salut des nations. Ce sont là des choses graves, qui ne prêtent pas à rire, qui exigent un dévouement inconditionnel ; on ne joue pas avec ces engagements-là, on ne biaise pas avec les devoirs qu'ils imposent. Et pourtant l'esprit satanique du mensonge et de l'égotisme s'est insinué en ces choses autant qu'ailleurs, se plaisant avec délectation à salir — les tournant en dérision — les réalités les plus nobles et les replis de l'âme les plus secrets.

Il nous a semblé que parler gravement de ces salissures reviendrait à leur faire trop d'honneur, comme si — ce qu'à Dieu ne plaise — elles méritaient de contracter une dignité par le pouvoir de salir ce qu'il y a de plus noble ; c'est tout le contraire évidemment. Aussi convient-il d'en parler de manière sale, de les exposer dans ce que leur horreur contient aussi de ridicule et de dérisoire. Seuls les esprits contaminés par de tels travers croiront, dans la manière cavalière dont nous évoquerons ces derniers, discerner un mépris pour les réalités que ces travers salissent. Il y a de la duplicité, du mensonge, de l'hommerie misérable jusque dans les élans patriotiques les plus désintéressés, et même jusque dans les choix religieux les plus héroïques. La langueur de la volonté consécutive au péché originel, sa perversité congénitale, sa tendance à rechercher le bien là où elle le sait n'être pas, suffit à expliquer ces dérives misérables ; mais c'est une réponse trop générale pour servir de remède au mal qu'elle dénonce. Il y a des travers propres aux expressions de la piété et du dévouement politique, qui ont des causes prochaines spécifiques. Depuis que le monde tourne à l'envers, c'est-à-dire depuis 1789 — date symbolique : les maux que libéra l'événement eurent eux-mêmes des causes —, les progrès du mal se manifestent selon un mouvement uniformément accéléré. Il en est ainsi au point que les dépositaires résiduels du bon combat sont confinés dans des ghettos psychologiques et sociaux. De tels ghettos, contraignant ceux qu'ils rassemblent à connaître la promiscuité, exacerbent leurs défauts et les fatiguent, rendent stériles les efforts pourtant réels, prodigués par eux, de conjurer la décadence. Il faut aussi tenir compte de l'immense et même écrasant sentiment d'iniquité qui gronde en chacun de ces proscrits expulsés de l'intérieur dans leur propre Église devenue moderniste, et de leur propre patrie devenue la proie des envahisseurs outrageusement favorisés par des chefs politiques indignes. Mais ces considérations ne suffisent pas à expliquer le climat d'inimitié qui règne au sein des maigres troupes hostiles au grand collapsus annonciateur de la fin de l'Histoire. Les Juifs, ennemis des proscrits d'aujourd'hui, ont connu cette situation pendant des siècles, aux temps de Chrétienté, et ces disgrâces et inconforts, loin de les désunir, les ont fortifiés dans une animadversion brûlante et efficace contre les sociétés d'ordre. **Pourquoi la ghettoïsation des ennemis du judaïsme ne produit-elle pas les mêmes résultats ?**

Ce dont il est aisé de s'apercevoir, c'est que les réactionnaires, ceux qui ne veulent pas de cet égout collecteur de toutes les transgressions morales et politiques qu'est le mondialisme, érigent en principe fondamental de leur vision du monde le devoir de se subordonner à une cause qui les transcende. De tels réactionnaires sont ici nommés tels en tant qu'ils réagissent contre la décadence consommée dans le mondialisme. Sous ce rapport, même le fascisme, qui se veut révolutionnaire, est aussi réactionnaire. Et les réactionnaires pris en ce sens ne sont pas nécessairement catholiques, chrétiens ou tout simplement déistes ; ils peuvent être panthéistes. Mais eux aussi sont persuadés de l'existence d'un ordre naturel auquel il faut se référer pour demeurer homme et ne pas sombrer dans l'animalité, ainsi pour continuer à mériter d'exister. Qu'il croie en un Dieu créateur, Tout-puissant, rémunérateur et vengeur, ou en un ordre universel cyclique divin sans arrière-monde, le réactionnaire tient pour ignoble — non noble, honteux, vomitif — la prétention du Moi individuel à se faire le centre de toute chose. Si le croyant distingue entre bien commun et souverain bien, il n'en tiendra pas moins pour évident, tout comme le réactionnaire incroyant, que le bien commun est un bien qui ne fait du bien à celui qui le poursuit qu'en tant que ce dernier lui veut d'abord du bien, et donc se dévoue pour lui, reconnaît son honneur et sa dignité dans l'impératif de lui être fidèle, de le servir fidèlement. La différence entre les deux tiendra au fait que l'incroyant en viendra à identifier souverain bien et bien commun immanent.

Cette tendance à se sacrifier pour une cause, à tenir l'hédonisme pour le fond de l'abjection, fait plébisciter par ceux qui y obéissent le sens du sacrifice de soi, et relativise les pulsions égoïstes, l'individualisme, les mesquineries, les haines médiocres issues des querelles d'ego. Il n'est pas important, à tout le moins pas essentiel de savoir que l'un est plus riche que l'autre, plus séduisant, plus talentueux ou plus chanceux que lui, quand tous appartiennent à un même groupe exaltant l'esprit communautaire et le service d'une fin commune : l'essentiel est de servir au mieux, chacun à sa place, tous tirant une égale dignité à servir à des postes hiérarchisés et selon des aptitudes inégaux, parce que cette inégalité est requise par la beauté et la bonté du tout.

Pourtant, les milieux réactionnaires sont infestés par les dégradantes crispations de ce genre, au point de paralyser tout ce qui leur reste de force pour conjurer le triomphe définitif de la subversion. Il convient de se demander pourquoi.

§ 2. L'impuissance à s'aimer soi-même, cause de la zizanie génératrice d'inefficacité.

L'amitié, disait Aristote, est le fondement du lien politique. Si l'amitié est bien cet amour de bienveillance consistant à aimer l'autre en tant qu'on lui veut du bien, du fait qu'il est un autre soi-même, alors la vie politique présuppose l'amitié mais, en retour, l'amitié présuppose la vie politique.

En effet, si deux êtres peuvent s'aimer d'amitié, cela vient du fait qu'ils sont habités par une même nature qui les fait s'identifier en elle, qui se veut en eux, de telle sorte que chacun est invité à souscrire à la manière dont elle a décidé de se vouloir en lui ; il s'aime lui-même, selon une « philautie » qui n'a rien d'égotiste, puisqu'un tel amour de soi consiste d'abord à s'accepter tel que la Providence l'a voulu ; s'aimant de l'amour dont sa nature essentielle se veut en lui, aimant ainsi sa nature, il aime, logiquement, la manière dont elle se veut aussi en autrui, et ainsi il aime l'autre, pour autant que cet autre soit capable de vivre selon les impératifs de leur nature commune : la vertu est le principe de l'amitié vraie. Or cette même nature humaine, incapable de se dire tout entière, selon toutes ses ressources, en un seul ou en quelques-uns, ne parvient à faire se déployer ses virtualités spirituelles que dans une communauté de destin. Puis donc que l'injonction de la nature humaine, en chacun, considérée tant comme cause efficiente que comme cause finale, est aussi principe de l'amitié, c'est que l'amitié s'épanouit dans et comme le lien politique. Dès lors que le réactionnaire se définit par le sens du service de l'ordre, par là du bien commun, la poursuite de ce dernier ne peut que favoriser le déploiement des relations amicales, lesquelles, non sans se nourrir d'une saine émulation exercée dans la loyauté, proscrivent l'envie, la maladie consistant à se comparer en permanence, le dénigrement, la rancœur et le calcul arriviste.

Il existe donc amitié si et seulement si chaque homme s'aime lui-même, en ce sens qu'il cultive la modestie consistant à s'accepter soi-même et, autant qu'il est possible, à être fier de soi-même, à toute distance de l'orgueil, de cet amour désordonné de soi, de cette surestimation de soi, par là du refus de s'accepter dans ses limites, et ainsi, en dernier ressort, de la haine de soi tel que l'on est en vérité ; l'orgueilleux ne s'aime pas, il aime pathologiquement la pure liberté de l'acte par lequel il s'intronise, fictivement, maître et mesure de toute chose, tout en aspirant à être cet acte même, en se persuadant qu'il se réduit à cet acte.

La poursuite d'un bien commun est solidaire de l'existence de l'amitié entre ceux qui le servent. Pourtant, il n'en est rien, pour qui connaît un tant soit peu les milieux dits réactionnaires. On permettra à l'auteur de se dispenser d'illustrer concrètement cette dernière assertion. Le panier de crabes des milieux réactionnaires, c'est la foire d'empoigne dans la poursuite de la célébrité, du pouvoir, quand ce n'est pas de l'argent ; ce sont des vengeances minables, des actes d'agressivité sournoise, des prétentions échevelées grotesques qui s'entrechoquent vainement. Les réactionnaires n'ont besoin de personne pour se rendre parfaitement inefficaces, ou presque.

L'homme étant le même partout, avec ses petitesses prosaïques et ses faiblesses, ses vices honteux et ordinaires, mais aussi ses grandeurs discrètes, il doit bien y avoir une raison particulière pour que des groupes inspirés par la recherche du bien commun soient en état permanent de querelle et de médisance, de manière plus diviseuse que chez leurs ennemis. Le mal, disent les Scolastiques, est privation du bien ; et le bien et l'unité sont convertibles, en ce sens que meilleure est une chose, plus simple elle est ; dès lors, le camp du mal est divisé contre lui-même, de manière indépassable, ce qui permet de prévoir sa chute finale. Mais ce camp, à défaut d'unité positive, cultive l'art de l'unité négative, qui consiste à être uni « contre » quelqu'un, dût-on en venir à s'inventer un ennemi imaginaire pour se doter d'unité. Il reste que c'est chez l'ennemi que devraient se concentrer les crises d'individualisme et de divisions, les conflits internes et l'inefficacité qui en découle. Or il n'en est rien.

L'homme, depuis Eve, n'est pas bon, et quand bien même Eve n'eût pas tenté Adam, c'est-à-dire quand bien même Adam n'eût pas manqué d'autorité sur sa femme, la bonté de l'homme eût été le résultat d'une victoire opérée sur la possibilité d'une chute, parce que l'homme est libre, livré à lui-même, disposant de soi pour le meilleur et pour le pire. Mais il essaie d'être bon, et il dirige ses efforts vers son prochain afin de lui être aimable et de se rendre aimable à lui. Cela étant, les relations humaines sont difficiles parce que chacun essaie de tenir compte de la manière dont ses attitudes et ses propos pourront être reçus ; en soi, cela n'a rien de peccamineux et relèverait plutôt d'un désir de délicatesse ; mais notre contemporain le fait en partant d'une vision erronée de lui-même, ou d'un souci de soi désordonné qui fait de lui un écorché vif, un malade de susceptibilité. Ses tentatives de s'amender en se rendant aimable à autrui sont ainsi viciées selon le processus suivant : se trompant sur lui-même, il est trop craintif ou trop audacieux, pusillanime ou téméraire ; dès lors, saisissant autrui à travers le prisme des erreurs qu'il commet sur lui-même, il prête à l'autre des intentions qu'il n'a pas, ou méconnaît les intentions non toujours bienveillantes ou non toujours malveillantes que cet autre peut avoir à son égard, et c'est alors que commencent les procès d'intention générateurs d'agressivité et les projets de faire du mal à son prochain, selon le rythme d'une action réciproque amplifiant les reproches et suscitant la haine. Ajoutons à cela qu'un homme ne se trompe jamais sur lui-même que parce qu'il y consent, parce qu'il est tout de même le mieux placé pour entrevoir ses manquements ;

aussi conserve-t-il une sourde réminiscence de ce qu'il est, nonobstant l'ignorance ou l'illusion d'optique dont il est victime à propos de lui-même. Et ce souvenir confus et lancinant induit en lui un souci de feindre, un manque de naturel qui est criant pour son interlocuteur, lequel, au vrai, reconnaît dans le premier les tares qu'il ne veut pas reconnaître en lui-même.

Il y a en fait, dans les relations humaines, autant de danger dans le choix de la franchise sans concession que dans le recours aux divers modes de dissimulation et de non-dit. La franchise sans concession, sans nuance, refusant de tenir compte de l'aptitude d'autrui à la supporter sans être injustement blessé, c'est une forme d'égoïsme et de méchanceté gratuite qui dévoile la bassesse de celui qui s'y livre aussi sûrement que son recours au mensonge. Considérons pour illustrer notre propos le trivial exemple suivant :

« Venez me voir, cela me fera plaisir ».

[« Je le lui dis pour satisfaire au devoir de charité, pour lui faire plaisir, par amour-propre aussi parce que je suis assez faible pour quêter sa sympathie et son estime ; mais je n'ai guère envie de le recevoir, je redoute qu'il ne me prenne au mot et croie m'honorer et me réjouir en venant m'importuner. Si je ne lui avais pas dit de venir, j'aurais eu des scrupules et des remords, je l'aurais blessé peut-être, je me serais senti sale, et de plus j'aurais redouté ses réactions hostiles ; il était inévitable que je lui disse de me rendre visite. Cela rappelé, il m'ennuie vraiment et l'amour-propre fait place à la colère. Il pourrait tout de même comprendre ce que signifie une formule de politesse, il m'énerve à la fin. Lui-même a compris probablement qu'il s'agissait d'une formule de politesse et, du fait qu'il n'a guère envie d'être reçu par moi qui l'agace et lui fais perdre son temps, il pourrait décliner l'invitation sans scrupule et même en me faisant le cadeau de me soulager tout en prenant l'attitude de l'obligé. Mais il n'en fait rien, parce qu'il redoute de me froisser, n'étant pas vraiment fixé sur mes intentions réelles, et parce qu'il voudrait éviter de m'offenser étant donné qu'il se dit qu'il pourrait bien avoir besoin de moi un jour. Il y a peut-être aussi chez lui une pointe de sadisme :]

« Je te prends au mot, j'accepte cette invitation dont je sais qu'elle te pèse ; te voilà bien embarrassé ; c'est une jouissance de te voir péniblement feindre le plaisir que suscite la perspective de me recevoir ».

[L'invité joue le jeu, dans un mélange de timidité, de faiblesse et de sadisme, et celui qui l'invite croit qu'il n'a aucune finesse ou bien qu'il est cruel, ou les deux à la fois ; il laisse ainsi s'accumuler un ressentiment qui s'envenime et se nourrit de son venin. Si chacun avait été honnête à l'égard de lui-même, aucun de ces quiproquos ne se fût produit. L'inviteur eût compris que la charité n'est pas sans la prudence et qu'il ne convenait pas de lancer une invitation à une telle personne ; supposé qu'elle ait été lancée malgré tout, c'est l'invité qui, sans amour-propre, eût compris le dilemme en lequel l'inviteur était piégé et, magnanimement, eût prétexté un rendez-vous pris de longue date pour décliner cette invitation ; ce qui n'aurait pas relevé du mensonge dès lors que ces prétextes sont reçus et reconnus pour ce qu'ils sont : des clauses de style relevant du savoir-vivre.]

L'homme est étranger aux autres, même à ses proches, parce qu'il s'est rendu étranger à lui-même, et les relations théoriquement les plus simples deviennent les plus compliquées à vivre.

Mais il y a aussi le danger inverse consistant dans la pathologie de la transparence :

« Je ne vous reçois pas parce que vous m'importunez, parce que vous n'avez aucune conversation, parce que je redoute que vous ne soyez un tapeur, parce que vous ne parlez que de vous-même, parce que vos misères me donnent le cafard ».

« Vous voulez me séduire, dit la dame à l'homme timide et respectueux qui confesse sa flamme naissante, mais vous n'avez aucun charme ; tout en vous est prévisible, aucun mystère réel ou fictif n'est là chez vous pour retenir l'attention ; vous êtes laid, sans esprit, et socialement peu gratifiant ».

« Vous avez fait maints frais de toilette, dit l'homme à la dame, mais il ne fallait pas vous donner une telle peine parce que vous avez un physique ingrat et que vous manquez de grâce ; votre vanité vous rend ridicule ; cultivez plutôt la beauté de votre âme, cela vous sera plus profitable, et plus accessible ».

Ces choix de comportement induisent des humiliations, des blessures qui saignent longtemps, qu'il est ensuite difficile d'oublier et qui crient vengeance.

Le « désir d'être soi » si cher à Rousseau, comme il l'était à l'Alceste du *Misanthrope*, est ce faux désir de vérité masquant fort mal la prétention à se faire la mesure de toute chose, à se complaire en soi-même en excluant que le dehors du moi dans la vie sociale puisse s'écarter, par égard pour autrui, du dedans de ce moi érigé par lui-même en absolu doté de tous les droits.

De telles complications, qui tissent une partie non négligeable des relations de notre contemporain avec autrui, viennent de ce que l'homme ne s'accepte pas tel qu'il est. Entendons ici, en ce qui concerne le fanatique de la franchise blessante, à savoir celui qui fait ostensiblement profession de ne pas se fuir, qu'il ne s'accepte pas dans cet état qui fait la vraie réalité du moi, qui définit la condition humaine, c'est-à-dire ce compromis entre le moi solitaire et le moi à vocation sociale qui est aussi naturel que l'autre puisqu'il est dans la nature de l'homme de vivre avec ses semblables, mais sans jamais réduire son essence intérieure à cet ensemble de relations. Un tel compromis toujours précaire et toujours à cultiver est expressif de cet équilibre qui doit exister entre le moi entendu comme ce sujet qui *a* une nature individuée (« j'ai ce caractère, cette histoire, ce passé, ces talents et ces faiblesses, ce corps, cette idiosyncrasie »), qui donc peut se contre-diviser à lui-même, et ce même moi qui *est* l'individuation de cette nature (l'acte de s'opposer à soi-même pour se connaître n'ajoute rien à l'être d'un tel moi), qui donc *est* cette nature individuée. Ce que chacun a à être pour autrui, qui peut différer de ce qu'il est pour lui-même, est un aspect irréductible de ce qu'il est, et cette dualité à l'intérieur de son identité se fonde en dernier ressort sur le fait qu'il est un être tel qu'il tend à avoir ce qu'il est. Ayant ce qu'il est, il est en demeure de manifester, de ce qu'il est, ce qu'il y a de moins offensant pour les autres, par égard pour eux, et cela ne relève pas de la dissimulation. Il est essentiel à chacun, à ce qu'il est en lui-même, d'exister aussi pour les autres, et même à certains égards par les autres ; aussi le choix, opéré par chacun, de paraître selon une restriction des aspects les plus pénibles de sa vie intérieure, est-il encore expressif d'un autre aspect de cette même vie intérieure. Ne rien préserver de sa vie intérieure en la galvaudant au tout-venant est encore une manière de la trahir.

Le caractère endémique des conflits de personnes est tout de même paradoxal quand il apparaît dans les milieux réactionnaires, puisque ces conflits viennent de ce que l'homme ne s'accepte pas lui-même tel qu'il est, alors que le souci du bien commun, dont il fait ostensiblement profession en tant qu'il est réactionnaire, présuppose la vertu de s'accepter, et contribue, en droit sinon en fait, à la faire se développer.

§ 3. Un peu de philosophie : l'ordre est victoire sur le risque assumé du désordre.

Mais d'où vient, tout d'abord, que l'homme en général puisse ne pas s'accepter ? On ne peut, semble-t-il, être que ce que l'on est, et les désirs et les pouvoirs d'un être dépendent de ce qu'il est. Par conséquent il semble impossible de s'insurger contre soi-même, puisque le pouvoir de s'insurger est ici intrinsèquement dépendant de ce contre quoi l'on s'insurge.

Tentons, sans nous complaire dans un langage ésotérique, tout en évitant d'en rester aux approximations peu explicitantes — voire trompeuses — des métaphores, d'en dégager la condition métaphysique de possibilité.

L'homme est libre, il dispose de soi, il est maître de soi, il se possède ; mais il ne s'est pas donné lui-même à lui-même ; il s'est reçu comme ce don qu'il accueille en tant que donataire. Mais autre est ce qui reçoit, autre ce qui est reçu. Il faut être constitué dans son être de récepteur pour accueillir ce qui est à recevoir, or cela ne peut avoir lieu ici puisque l'homme, livré à lui-même, voit s'identifier le don et le donataire ; nous disons « livré à lui-même », c'est-à-dire libre, récepteur de ce don ou de cette « livraison » qui lui est faite de lui-même à lui-même, et qui donc lui donne de s'appartenir. Dès lors, ce à quoi il est primitivement donné n'est pas encore lui, tout en étant déjà lui. Il est donné à un néant de lui-même qui aura cette vertu de demeurer ce même néant, ce même « néant d'être qui est », après que le don aura été reçu, et qui subsistera à l'intérieur de ce don ; ainsi, un don est offert à du néant qui le reçoit, par là qui se remplit et de ce fait qui est effacé en tant que néant, converti en être, tout en subsistant comme néant à l'intérieur de ce qui lui est donné ; à cette condition, le récepteur est à la fois extérieur (pour lui être antérieur) au don, sans cesser d'être posé par ce don même (en tant qu'il lui est intérieur, par là concomitant, voire postérieur). Mais le néant, considéré en lui-même, n'est pas. L'être du néant ne peut être autre chose que l'être dont il est le néant, lequel être décide de se néantiser, par là s'affirme pour *se* néantiser, ainsi pour opérer sur lui-même la néantisation de lui-même, et s'affirme dans sa négation ; et cela n'est possible que s'il est, considéré en lui-même, déjà négation de sa propre négation, inclusif de son autre ; c'est moyennant son statut de **réflexion** (acte de revenir à soi à partir de la négation de soi-même) que l'être peut faire être un néant, ainsi poser un néant qui est, c'est-à-dire se néantiser sans cesser de demeurer identique à soi comme être puisqu'un tel néant est un moment de sa réflexion constitutive. Et c'est moyennant son aptitude à se faire néant sans cesser d'être de l'être, que cet être peut avoir ce qu'il est, entretenir à l'égard de ce avec quoi il coïncide une relation d'avoir, ainsi d'altérité. De plus, le « non-être ce qu'il est », intérieur à son être, exige d'être un non-être pur, et non un non-être relatif ; un non-être relatif est la négation relative d'un être, laquelle, n'étant que relative, fait que ce non-être est encore de l'être ; le « non-être ce qu'il est » intérieur à son être doit être un néant pur, parce que si ce non-être n'était que le non-être déterminé d'un être, et non de tous les êtres ou de toutes les manières d'être, il serait incapable, étant lui-même un être, de se refuser à cet être qu'il serait, parce qu'il serait condamné à coïncider avec ce dernier et ne saurait appréhender, en cet être dont il serait le non-être relatif, l'envers de lui-même et l'objet de ce qu'il a vocation à être. Il serait un être qui a un (autre) être, sans jamais ni l'être ni éprouver le désir de l'être. Il ne serait pas ce qui jouit du pouvoir d'avoir ce qu'il est, et qui consiste dans ce pouvoir même.

Étant cet être en forme de négation souveraine du non-être absolu en lequel il s'anticipe, l'homme, en tant que libre, et considéré du point de vue de ce non-être intestin de lui-même, est à même de s'insurger contre ce qu'il est.

Il est dès lors permis de rectifier (à tout le moins de préciser) ce dont nous sommes parti : l'homme pécheur ne s'accepte pas tel qu'il est ; oui, mais en ce sens qu'il refuse de consentir à *se choisir* tel qu'il est : il est définitionnel de son être, en tant qu'il est un être libre, de ratifier son être en se choisissant. Il est sujet-objet, sujet de cet objet qu'il est en tant qu'il l'a et le choisit.

Tout être, même les choses, a la forme d'une victoire sur le néant. Les choses ne sont pas dotées du pouvoir de se choisir, de ratifier le don qui leur est fait d'elles-mêmes, mais elles possèdent leur acte d'exister qui demeure extérieur à ce qu'elles sont ; elles sont des essences qui possèdent un acte d'exister qu'elles reçoivent et dont elles tiennent leur statut de récepteur, de sorte que, bien que n'étant pas des sujets, ou des libertés, elles sont bien telles, cependant, qu'elles ont ce qu'elles sont, puisque c'est leur acte d'exister qui pose, en chacune, l'essence par laquelle il se fait accueillir : l'essence n'est pas cet acte d'exister, cet acte dont elle tient son être d'essence et en lequel, par conséquent, elle préexiste en tant qu'essence ; pourtant, la chose qui existe, cette essence existante, est bien, sous ce rapport, un acte d'exister : il ne lui est pas indifférent d'exister puisqu'il faut exister pour être quelque chose ; ce qui n'existe pas, ce qui ne jouit d'aucune manière d'exister, n'est même pas un possible, car un possible jouit d'une existence de possible, et ainsi ce qui ne jouit d'aucune manière d'exister ne saurait être quelque chose ; dès lors, la chose est un acte d'exister se déterminant essentiellement, par là un acte d'exister enveloppé par son essence, et tout autant, contradictoirement, elle est une essence différente de son acte d'exister qu'elle reçoit.

Précisons, avant de poursuivre, en quoi il convient d'*être*, si l'on entend être *quelque chose*. Quand on déclare que A est B, le « est » a valeur de copule et désigne une identité : il y a identité entre A et B, identité absolue ou relative. Mais cet être-copule a lui-même valeur existentielle, parce que dire que A est B, c'est dire que B existe dans A : « l'homme est mortel » signifie que la mortalité subsiste dans l'homme. « Ceci *est* cela » : ici, « est » signifie « être identique à, s'identifier à » ; « être copule » n'est pas étranger à « être » entendu comme « exister » : « qu'est-ce que cela *est* ? » signifie : « qui (ou quoi) exerce l'acte d'être de cela ? ». A la question « qu'est-ce que ceci est ? », on répond : « ceci est cela », mais cette réponse signifie : « cela exerce l'acte d'être de ceci » ; la recherche du « ce que c'est », ou de l'essence, est recherche de ce qui exerce l'acte d'exister et qui n'est essence que par cet exercice même. Quelque chose se présente à l'esprit qui enregistre le fait que cela est de l'être et non pas rien, c'est-à-dire quelque chose qui ne se réduit pas au mot par lequel on le signifie ; quelque chose se présente donc à l'esprit qui prend acte du fait qu'il est confronté à un acte d'être, à un exister, car dire de quelque chose qu'il est, c'est déclarer qu'il existe. Quand on ne sait pas ce que c'est, on se demande ce que cela est ; on sait que cela est, on sait de ce quelque chose qu'il est, on l'appréhende tel un acte d'être, sans savoir ce qu'il est ; on sait néanmoins que c'est quelque chose qui est capable d'exister, une substance (quelque chose qui existe en soi) ou un accident (ce dont le propre est de subsister dans un autre), et c'est déjà beaucoup. « Qu'est-ce que cela est ? » signifie : « en quoi consiste ce qui exerce cet acte d'exister, c'est-à-dire en quoi consiste ce qui n'existe lui-même que par l'acte d'exister qu'il exerce ? ». Et, de ce que l'acte d'être quelque chose est l'exercice par quelque chose d'un acte d'exister, il est bien clair qu'il faut être, pour être quelque chose.

Les créatures ont un exister, et elles diffèrent à jamais de Dieu qui est son exister. Dieu est celui dont l'essence est d'exister : oui, si « ce dont l'essence est d'exister » est quelque chose qui existe, car, comme on vient de le voir, il faut *être*, pour être *quelque chose* ; donc Dieu est ce dont l'essence est d'exister parce que Dieu est quelque chose qui existe ; or *ce* qui existe est une essence exerçant l'exister ; donc, ce dont l'essence est d'exister est tel que, en tant qu'il existe, il est une essence exerçant l'exister ; dès lors, **ce dont l'essence est d'exister est une essence exerçant l'exister qui, par là qu'elle l'exerce, entretient à son égard une relation d'avoir, et que donc elle n'est pas**. Ce dont tout l'être est d'être, ce qui *est* cet acte d'être que les êtres finis se contentent d'avoir, c'est ce qui, lui aussi, n'est ce qu'il est qu'en l'ayant, et donc n'est ce qu'il est qu'en ne l'étant pas ; pour être, sans contradiction, le non-être de ce que l'on est, on doit être une réflexion, un acte de revenir sur soi moyennant l'épreuve de la négation de soi-même (rédimée par sa propre négation de négation) ; selon une telle exigence, on est un acte de s'identifier réflexivement à soi qui se pose en un moment de soi-même tel le non-être de soi-même. Et l'on constate sous ce rapport que cette propriété d'avoir ce que l'on est n'est pas l'apanage exclusif des esprits finis (qui s'objectivent), il est définitionnel de tout être, en tant qu'il est être. Avoir ce que l'on est, cela demeure quand même une exigence aporétique qui appelle une résolution : ce qui *est* sa réflexion, c'est ce qui instaure une relation à soi-même telle qu'il se fait être en se réfléchissant, une relation à soi-même qui par là le pose telle une cause de soi ; or le concept de cause de soi est bien aporétique.

Ce n'est pas le lieu de résoudre une telle aporie, mais il est bon de l'évoquer ici parce qu'elle rappelle que l'identité de l'être et de l'avoir doit se vérifier jusques en Dieu, être inhérente à l'être en tant qu'il est être. Le problème psychologique de la structure ontologique du moi (être ce que l'on est en se dédoublant par objectivation de soi, être identique à soi moyennant sa différence d'avec soi) n'est qu'un cas particulier de l'exigence ontologique générale à raison de laquelle être, c'est toujours, d'une certaine façon, avoir ce que l'on est.

Il reste que, doté d'une essence ou nature, l'homme, la personne, le sujet libre, est habité par un ordre immanent, ainsi par une disposition interne qui définit sa finalité objective, laquelle n'est pas objet de choix, ou n'en est objet qu'en tant qu'elle en est aussi le principe. Il est condamné à se choisir selon ce qu'il est, à peine de se défaire, puisque c'est ce qu'il est (un homme et non un chien ou un tournevis) qui lui donne d'être libre. Et la vision du monde selon laquelle il existe un ordre objectif que l'homme doit se faire un honneur de choisir, c'est ce que l'on appelle classiquement la conception de la vie de l'homme de droite.

L'homme de droite est cet homme qui se sait sommé de choisir cet être (cette essence) à l'élaboration duquel il n'a pas été convié, mais qui est responsable de sa puissance de le choisir, cependant qu'un tel homme se reconnaît le devoir de ratifier ce qu'il est, ce qu'il lui a été donné d'être.

L'homme de gauche est celui qui se réduit à une pure subjectivité sans nature, à une pure liberté qui se donne son essence et par là qui crée les fins qu'elle consent à poursuivre. Mais alors ce moi, qui est néant pour n'être rien de déterminé, est un néant qui n'est pas suspendu à une nature se néantisant et demeurant identique à soi dans sa négation, ce qui est pourtant la condition de possibilité de l'existence et de la subsistance d'un néant. Dès lors, en réduisant l'homme à sa liberté pure et absolue, c'est-à-dire à un néant créateur de son essence par ses choix et ses actes, on en vient à adopter une position qui réduit le néant à néant : le néant n'est pas, il n'y a pas de négativité dans l'être, il n'y a que du plein, mais par là il n'y a pas de liberté, pas de contingence, ce qui revient à dire qu'il n'y a que de la nécessité ; et l'on est renvoyé aux positions de Spinoza, de Nietzsche, de Schopenhauer et de Marx ; c'est, en particulier pour ce dernier, la vie sociale qui détermine la conscience et non la conscience qui détermine la vie sociale. Ainsi est-il rationnel que l'homme de gauche, après s'être déifié en absolutisant sa liberté, en vienne à revendiquer un déterminisme réduisant la liberté, entendue comme libre arbitre, à une fiction. Et l'homme de gauche s'en réjouit, pour deux raisons. D'abord il s'innocente de ses actes, tenant pour impossible de ne pas les poser. Ensuite, en se sachant objet d'un déterminisme aveugle, il se réjouit d'être soustrait à une finalité qui aurait été inscrite en lui par une Volonté créatrice, par un Sujet qu'il n'est pas. L'absolue dépendance à l'égard des choses est moins douloureuse, pour l'orgueilleux, que la dépendance à l'égard d'une Personne, quand bien même une telle dépendance est créatrice de libre arbitre.

Sous ce rapport, l'homme de droite, ou encore le réactionnaire, celui même que la modernité accuse de haïr la liberté, est le seul à affirmer réellement son existence, et à fonder sa morale sur elle. L'homme de droite est celui qui accepte d'affronter cette tension indépassable entre plébiscite de la causalité d'une nature humaine intemporelle, et effectivité de la liberté invitée à servir la première dans l'épreuve obligée du risque de s'y refuser. Et il n'est pas certain que les conditions d'une épreuve réussie de cette indépassable tension aient été adéquatement définies par le corpus des doctrines dites de droite, c'est-à-dire par l'Ecole antimondialiste.

« Je conteste, donc j'existe ». L'homme de gauche est celui qui se pose en s'opposant, il est révolté par essence, il tient que son statut d'homme consiste à être révolté, il prétend se faire être en contestant, en refusant toute condition qui lui aurait été imposée. L'homme de droite est celui qui accepte la condition que la Providence lui a choisie.

Et l'homme de droite est pourtant ce ghettoïsé dont il a été question ici plus haut, lequel, peut-être en partie du fait même de cette ghettoïsation, s'est révélé être mûr pour le ressentiment, pour la révolte, tel un homme de gauche. Il y a donc dans l'homme de droite quelque chose qui lui manque pour se rendre adéquat à son concept. Il est assez naturel d'être saisi par l'amertume quand on est contraint de se couler dans la condition d'un sempiternel vaincu ; le problème est de savoir pourquoi cette compréhensible amertume ne parvient pas à être surmontée.

Les lignes qui suivent, non innocentes parfois de fantaisie grinçante, sont destinées à illustrer diversement la tension, constitutive de la condition humaine, ainsi indépassable, entre causalité d'une nature qui conditionne l'homme, et existence d'une liberté plébiscitant un tel conditionnement ; mais cette liberté est aussi capable, pour son malheur, de refuser ce conditionnement qui la fait liberté. Ces mêmes lignes ont aussi pour vocation de tenter d'esquisser les conditions requises pour qu'une telle tension soit vécue de manière féconde.

On nomme « suppôt » ce sujet dernier auquel est référée l'essence d'un être, même son essence individuée : il *a* une essence et une manière unique — individuée — d'en réaliser les potentialités ; il a cette essence, que sous ce rapport il n'est pas, bien que sous un autre rapport il se réduise à cette individuation même. Puis donc que la tension entre essence et suppôt est universelle, au point de se retrouver jusque dans Celui dont l'essence est d'être, c'est qu'une telle tension n'est pas peccamineuse et ne relève pas du mal, c'est-à-dire de la privation. Elle est intrinsèque à l'être en tant qu'être. Qui dit tension dit négativité, c'est-à-dire hymen entre attraction et répulsion : s'attirer pour faire l'épreuve de se repousser (tel est bien le mouvement réflexif), et réciproquement, et nourrir le dynamisme de l'un en amorçant son contraire. Le mal n'est donc pas le négatif, il est la fatigue s'emparant d'un tel négatif devenu languide, incapable de s'appliquer sa propre négativité pour la surmonter ; en d'autres termes, le mal moral n'est pas l'ouverture aux degrés inférieurs du bien, il est le fait de l'impuissance à s'en arracher pour aller plus haut. En retour, le bien en général, quelle qu'en soit l'espèce, a toujours la forme d'une victoire sur la possibilité du mal. L'amitié, fondée sur l'amour de soi, est à ce titre même victoire sur la possibilité de l'égoïsme corrélatif de la haine d'autrui : le fond du moi est plus que ce moi, il est la nature ou essence dont le moi est l'individuation, et il invite le moi à s'arracher à lui-même dans l'acte même de le faire s'enraciner en lui-même, et à s'arracher à lui-même en vue du service de ce en quoi se veut aussi cette nature, à savoir dans d'autres moi. Dans le même ordre d'idée, on peut remarquer que l'homme de droite est celui qui se rend victorieux du risque ou de la tentation de chuter dans l'esprit de gauche, qui est celui de la révolte et de la contestation. On voit combien, cela dit, toute tentative de « synthèse » entre la droite et la gauche est irrationnelle et vouée à l'échec. Ce qui à gauche fait mémoire d'un bien dont la droite pourrait se sentir dépourvue — le souci d'autrui, l'esprit communautaire, la justice sociale, le renouvellement des élites, la participation de tous au service de la chose publique — n'est que le résultat d'une confiscation et d'une dénaturation, par la gauche, d'une vertu originellement de droite.

Quand la garce Démocratie se fait dame patronnesse au service de la volonté de puissance théocratique.

§ 4. Les tourments de l'abbé X.

L'abbé X, directeur d'une école catholique hors-contrat parce que de tendance traditionaliste, a dans les mains une petite plaquette dont il sent le caractère subversif. Il l'a confisquée à un élève trop curieux, issu d'une famille qui « fait des histoires ».

C'est terrible, la curiosité intellectuelle, c'est l'une des innombrables formes que prend le mauvais esprit. La plaquette a pour titre « Le fascisme et la liberté religieuse ». Cette publication est manifestement assez ancienne, à en juger tant par les pages jaunies que par le style du rédacteur : on savait encore écrire à cette époque. Mais ne figurent ni nom d'auteur, ni maison ni date d'édition, comme s'il s'agissait d'un samizdat. En page de garde, son ancien propriétaire a écrit : « Gabriel Spillebout, 91, rue du Faubourg de Dunkerque, Armentières (Nord) ». Au dos : « Cent. 60. Soc. An. La Polygraphique ». Et puis c'est tout. Qui a bien pu jadis publier ce méchant travail de quarante-huit petites pages ?

L'abbé X veut faire son salut. Il sait que la vertu d'obéissance est l'instrument privilégié de la lutte contre l'orgueil. On lui a dit de ne point trop penser à certaines choses, et il s'y emploie avec zèle. Il y a des questions qu'il vaut mieux ne pas se poser, et il entend en persuader les âmes qui lui sont confiées. On n'est jamais trop prudent.

L'obéissance sans réflexion a ceci d'expédient qu'elle permet de vivre sur le mode de l'humilité des choix qui relèvent tantôt de la lâcheté, tantôt de l'obséquiosité, tantôt de la fainéantise.

« Ce texte m'invite, se dit-il, à la réflexion, mais je ne dois pas réfléchir. Il faut pourtant lire ces pages ; le Supérieur du district en a réclamé un résumé qu'il entend exploiter pour détruire l'unité de cette famille par trop indépendante et séditieuse. C'est mal de détruire l'unité d'une famille, mais enfin, quand cette unité est dirigée contre nous, hommes de Dieu, il faut bien se défendre pour viser un plus grand bien, surnaturel… Le Supérieur est un héros qui, de temps à autre, me désigne les gens à abattre ; il les choisit toujours de manière judicieuse, animé par le zèle de la charité à l'égard des victimes de ces ennemis de Dieu que sont les catholiques indépendants et peu cléricaux : c'est à leur soumission aux clercs que se mesure l'authenticité de la ferveur de la foi. C'est que, quand une pomme pourrie est placée dans un panier avec des fruits sains, elle finit par gâter tout l'ensemble ; il y a ici des familles bien soumises et généreuses, matées, tenues en laisse comme il convient à des laïcs, qu'il faut protéger des mauvais exemples et soustraire à l'influence des propos séditieux. Quand on aime Dieu, on aime l'Eglise, et quand on aime l'Église on aime ses ministres, on ne voit pas leurs défauts, leurs bévues, leur ignorance, leurs abus d'autorité, leur cruauté aussi ; *on porte sur eux un regard surnaturel* ».

« On doit savoir par les enfants ce que pensent les parents, ces laïcs toujours potentiellement insurgés, rétifs au bienveillant magistère des ecclésiastiques. On a déjà la confession pour sonder les cœurs. On a aussi les bavardages vaniteux des enfants pour pénétrer dans les secrets des familles, et puis aussi les confidences des femmes insatisfaites de leur vie conjugale ; et puis encore on a celles des enfants aspirant à se soustraire au joug paternel ; c'est délicat de leur apprendre l'obéissance, le respect des autorités, tout en suscitant leurs confidences en exacerbant doucement leur instinct d'insurrection ; c'est tout un art ; nous sommes experts en cette matière. Les choses sont bien faites. Les dissensions entre familles nous aident, elles aussi, qui favorisent les imprudences, les mouvements d'humeur, les indiscrétions et les délations. Puisque Dieu est assez puissant pour tirer le bien du mal, ne peut-on être indulgent à l'égard de ces maux qui nous servent si bien, à nous qui sommes les instruments privilégiés de la cause de Dieu ? Il y a aussi cet art en lequel nous sommes experts, qui consiste à flatter certains fidèles en leur proposant, feignant de se livrer à eux tout en leur donnant de l'importance et en excitant leur vanité par la confiance que l'on fait mine de leur accorder, de nous renseigner sur ce qu'ils entendent dans les milieux catholiques, dans les familles, les salons, les paroisses, les écoles de la Tradition ; ainsi en sait-on beaucoup sur tout le monde, jusques et y compris sur ses propres confrères, ce qui n'est pas toujours inutile ; mais ce serait là sans grand piquant si, corrélativement, nous ne faisions les mêmes offres à d'autres naïfs pour leur faire espionner ceux que l'on a sollicités pour la même basse besogne. Plus ils sont vertueux et soumis, mieux ils tombent dans le panneau ; c'est vraiment l'illustration parfaite de la bêtise de la vertu... Comme il est aisé de manipuler les laïcs ! Or précisément, avec l'affaire de cette plaquette, il me faudra la jouer serré ».

« Que raconte donc cette plaquette ? Cela m'ennuie beaucoup de la lire, mais il le faut. L'élève Machin, ce gamin que j'ai surpris à la dévorer, est d'une famille rebelle, qui nous observe et nous dénigre ; ce sont des fascistes qui n'ont rien à faire dans nos bonnes maisons. C'est à cause d'eux que nous avons si mauvaise réputation. Pourquoi faut-il qu'une minorité d'extrémistes vienne polluer notre atmosphère, au lieu de se réfugier dans leurs ghettos néo-païens ? Ils nous empoisonnent la vie, compromettent la cordialité de nos relations avec les autorités de notre République bonne fille. Nous risquons encore à cause d'eux d'avoir des rapports houleux avec le rectorat, le ministère et les gendarmes. Heureusement que j'informe le préposé des Renseignements généraux ; en échange de mes tuyaux sur ces familles inquiétantes, il passe l'éponge sur les dysfonctionnements de l'établissement, sur les affaires de mœurs, les vols, les retards de paiement des charges fiscales, les installations non conformes, l'incompétence des maîtres que nous recrutons (les autres coûtent trop cher) et autres misères de notre bonne maison pieuse, vivier de futurs séminaristes. C'est, au reste, pourquoi nous avons fondé ces écoles : assurer la succession ecclésiastique de la Tradition catholique. Telle est la raison pour laquelle nous avons si peu de zèle à faire, de ces jeunes monstres, de trop bons élèves qui n'auraient d'autre désir que celui d'intégrer les filières de réussite laïques et de bouder la sublime vocation chrétienne que nous leur dévoilons. Quant à ceux qui n'avaient pas la vocation, ils marcheront toute leur vie sur une patte, ça leur apprendra à être des laïcs ; ils végéteront. Vive la médiocrité « ad majorem Dei gloriam »…

Allons, il faut lire ces horreurs, c'est pour la bonne cause. Tiens, l'un des lecteurs de cette plaquette a ajouté un nombre copieux de remarques sur quelques feuillets auxquels renvoient certains astérisques sur les marges de la plaquette : je les lirai en même temps pour traquer l'esprit de sédition ; encore des laïcs qui pensent, et qui pensent même les choses de la religion… Ces gens-là, ça ne sait pas rester à sa place ; leur salut dépend de nous, et nous ne leur demandons pas de penser mais de prier et d'obéir ; de payer aussi, ce qui est la moindre des choses. Ils sont nos Goïm, nous sommes leurs Juifs. Ils ne doivent pas s'unir, ils le feraient contre nous. Il faut les diviser tout en prêchant la charité et l'entente. Nous devons ruser avec eux, comme on ruse avec des enfants physiquement trop forts pour qu'on puisse les fustiger. Il faut les inquiéter pour les déstabiliser, leur faire peur, puis les flatter, puis les émouvoir, surtout ne jamais omettre de les humilier ; c'est bon pour eux. Tout cela relève de notre zèle apostolique. Nous agissons pour leur plus grand bien, et ces crétins ne s'en rendent même pas compte, vautrés dans l'ingratitude. Oh ça arrive bien de temps à autre, à certains d'entre nous, de tripoter leurs gamins, de les escroquer dans les affaires d'héritage, de semer la zizanie dans les couples et de faire exploser des vies de famille, de mentir pour la bonne cause aussi, et encore de détruire des réputations sur plusieurs générations. Mais on ne fait pas d'omelette sans casser des œufs. Et il y en a, parmi ces larves, qui ont le culot de nous en vouloir, de nous demander des comptes ! M'enfin où allons-nous ? ! C'est le signe de la venue de l'Antéchrist ! »

« On est sur terre pour gagner son ciel. Gagner est lutter, lutter est souffrir. Il n'y a pas de raison pour que les ecclésiastiques soient les seuls à souffrir. Nous sommes les champions de la souffrance — cette si bonne souffrance chrétienne ! — et de l'abnégation, du renoncement, du sacrifice ; mais la souffrance nous est aussi pénible qu'aux laïcs qui la fuient, même si nous feignons de l'aimer en prenant l'air inspiré ; ça nous torture, le renoncement à tous ces plaisirs auxquels nous nous livrons en cachette de manière furtive, alors ça nous rend agressifs et vengeurs, et envieux et mesquins. Mais c'est notre manière d'aimer notre prochain : le faire souffrir, lui faire supporter l'injustice, c'est le mettre sur le chemin de ce renoncement salvateur que nous avons vocation, de manière sublime, à exercer et à promouvoir, en nous donnant en exemple. En cédant à ce désir d'humilier les laïcs, qui nous venge de nos frustrations, nous faisons la volonté de Dieu, nous gagnons notre Ciel et leur faisons gagner le leur.

L'état normal du rapport entre clergé et fidèles, c'est celui de la guerre ; il est messéant, il est même indécent de le dire, mais nous ne devons, nous religieux, jamais l'oublier, tout en protestant du contraire auprès des membres de notre troupeau qu'il s'agit de mater en l'empêchant de fuir ou de s'insurger. C'est cette grande et terrible vérité — terrible parce qu'inavouable, sauf entre nous, et encore... — qui, selon qu'on la fait sienne ou qu'on la rejette, permet de discriminer entre traditionalistes et modernistes, entre les vrais traditionalistes vraiment de chez nous, et les faux qui soutiennent les mêmes idées que nous sur la crise de l'Église mais qui refusent d'adopter notre sensibilité. Tout est pourtant dans la sensibilité : vivre ses idées est plus important que les penser, et c'est cet ensemble de références implicites, de souvenirs non réfléchis, d'inclinations et d'aversions enracinées qui constituent cette sensibilité capable de pallier les inachèvements du domaine des idées, les incertitudes rationnelles, les contradictions de notre armée ordonnée au « bonum certamen ». Nous nous infligeons des tortures en nous persuadant de leur caractère délectable ; nous envenimons, ce faisant, l'esprit de ressentiment que nous dirigeons corrélativement contre les fidèles que par là nous torturons avec le sourire grave des médecins des âmes, les conformant à nous pour leur salut ; ils en deviennent aussi faux, aussi désaxés, aussi sournois, aussi malades que nous... Tel est le travail de la grâce en eux !

Comme les choses sont bien faites ! Je sais bien qu'il y en a, parmi nous, qui contestent ces choses, des confrères optimistes qui aiment la vie sur Terre, qui répugnent à embrasser cette psychologie machiavélienne voulant qu'on ne fasse pas du bon apostolat avec de bons sentiments ; il y en a même, portant soutane, qui ne cèlent pas leur sympathie pour les fascismes pourtant vomis par l'enfer ; qui disent du bien de la pratique sportive, qui fustigent les pâles figures des chrétiens résignés, qui plaident pour la réussite et l'amour de la vie, l'ambition terrestre et le désir d'être heureux dès ici-bas. Ils voudraient nous faire accroire que le vrai chrétien est ce qu'ils nomment, de manière amphigourique, un « païen surmonté »... Présomption, orgueil, cécité ! Cette engeance n'est pas de chez nous ; nous la marginalisons autant qu'il est possible. Un de ces blancs-becs frais émoulus du séminaire, affreusement athlétique par-dessus le marché, et belle gueule, m'a déclaré récemment que j'étais un gnostique qui s'ignore, un révolté qui se ment et se love dans le sein de la catholicité... Quel toupet ! Homo homini lupus, mulier mulieri lupior, sacerdos sacerdoti lupissimus... Avec de telles recrues, on est mal parti pour reconquérir la société... Au premier faux pas, je m'emploierai, saintement, à le faire réduire à l'état laïc.

Nous sommes, nous prêtres, les préposés à la victoire du surnaturel en toute chose. Une finalité surnaturelle s'est *substituée* — parce que Dieu l'a voulu — à la finalité naturelle. Or la nature d'une chose est sa fin. Donc la surnature a vocation à se substituer à la nature qui doit être exténuée, mortifiée, mise à mort ; la transcendance exclut l'immanence. Voilà ce qu'ils ne comprennent pas, tous ces prêtres aspirant à marier le Christ et Bélial, graine de moderniste qui s'ignore, païens badigeonnés de vertu chrétienne. C'est là notre vérité secrète et l'objet occulte de notre mission : nous sommes en guerre contre le monde, en nous et hors de nous, parce que le monde s'est identifié à ses propres péchés.

Mais cessons ces méditations édifiantes. Il faut lire ».

§ 5. Lectures interdites.

La charbonnerie et l'illuminisme évidemment condamnables furent présents aux origines du *Risorgimento*, mais ces origines, paradoxalement, ne furent, en tant que telles, ni anticléricales ni antireligieuses ; l'esprit maçonnique s'y est engouffré parce que ceux qui auraient dû logiquement soutenir cette renaissance, incapables — par paresse, cécité, conformisme ou lâcheté — de se réformer en y adhérant, ont laissé leurs propres ennemis s'emparer — pour la dénaturer — d'une cause qui aurait dû être la leur.

De 1821 à 1831, « patrie » et « religion » furent unies. Maints religieux y participèrent. Le *Quarantotto*, 1848, année des grands espoirs où l'on vit la nation s'affirmer contre ce qui restait de l'absolutisme et de la féodalité, fut nettement catholique. L'absolutisme et la féodalité n'avaient jamais été que les moments — nécessaires mais subordonnés — du processus de genèse et de prise de conscience de soi des réalités nationales. Dans l'unité d'une Italie rêvée comme fédérale, le catholicisme eût été religion d'Etat, et Rome, avec ses territoires pontificaux, aurait dû prendre sa place dans une telle fédération. On se fit libéral pour se vouloir national, parce qu'il fallait se soustraire à l'absolutisme et à ce qui restait en lui de féodalisme, qui compromettait dans son principe ce souci d'organicité définitionnel du vrai bien commun : l'Ancien Régime était devenu une hiérarchie statique abstraitement plaquée sur une multitude humaine indifférente, ballottée par les appétits conflictuels des princes, au lieu que l'organicité veut que la forme hiérarchique de la société se fasse vivre de la vie même des parties qu'en retour elle fait vivre et qu'elle unifie en se les subordonnant.

Le fédéralisme échoua parce que le maintien des anciens Etats, dont la disparate était trop accusée, excluait qu'il y eût unité ; il aurait fallu un État centralisateur et fort. La dissolution de ce qui empêchait l'éduction d'une forme étatique nationale pour l'Italie entière prit la forme d'une revendication libérale, au vrai anti-organique et individualiste, mais c'est dans ce désordre que, dialectiquement, se préparait l'avènement du fascisme antilibéral et organiciste. C'est là ce que ne comprennent pas les esprits qui croient saisir l'essence d'une chose en remontant sa généalogie. Autant dire, selon ce tour d'esprit, que l'hylémorphisme d'Aristote, résultant chronologiquement d'Héraclite et de Parménide, cumulerait les erreurs du mobilisme et du monisme. Cavour voulait la liberté pour l'État mais aussi pour l'Eglise, laquelle, attachée à ses Etats pontificaux, choisit le camp de l'absolutisme et prépara, par ses décisions diplomatiques et sa propagande, l'argumentaire, aussi fallacieux qu'irrationnel, appelé à faire florès dans les milieux réactionnaires, selon lequel l'idée nationale et l'idée organiciste seraient des rejetons vomis par le libéralisme relativiste, antidogmatique et au fond maçonnique.

Mussolini revendiqua la paternité intellectuelle de Cavour sur le point suivant : l'État doit « être complètement libre et souverain en tout ce qui regarde ses propres attributions, et non pas exclusivement dans l'ordre matériel et pratique comme on le croit généralement ; l'Eglise, d'autre part <doit> être complètement libre en ce qui concerne son magistère et sa mission pastorale et spirituelle » (13 mai 1929). Dès le 2 octobre 1870, le roi d'Italie avait déjà déclaré : « En proclamant l'unité de l'Italie, je reste, comme Roi et comme catholique, fermement décidé à assurer la liberté de l'Église et l'indépendance du Souverain Pontife ». Mais Rome et la province romaine faisaient partie intégrante du royaume d'Italie. Il n'y eut pas d'accord ni de conciliation entre l'Église et l'État jusqu'à l'avènement du fascisme, lequel, seul, parvint à régler le formidable problème de la coexistence à Rome de deux pouvoirs. En fait, la Cité du Vatican demeura toujours hors du territoire du royaume et sous l'exclusive souveraineté du pape. Nul n'ignorait plus que la Donation de Constantin, fondement historique supposé des revendications territoriales du Saint-Siège, était un faux[1]. Et tout le monde savait, parmi les esprits lucides, qu'une situation inspirée par un mensonge ne pouvait procéder du Saint-Esprit.

Pie IX fut dissuadé de quitter Rome, malgré la pression des intransigeants de la Curie romaine. Léon XIII fit de la question de Rome le pivot de son action diplomatique ; après avoir vainement sollicité l'Autriche, il se tourna vers la France et lança sa politique du Ralliement, espérant amener la Gueuse à faire un geste en sa faveur. Le *non expedit* et l'action des organismes officiels contraignirent les catholiques italiens à s'inféoder à la politique des revendications pontificales.

Saint Pie X, pour contrer tant les tendances démocratiques sévissant dans son jeune clergé que les progrès du socialisme dans la société, favorisa ainsi le rapprochement entre forces conservatrices catholiques et forces libérales. Pour cette raison, on vit en 1905 et en 1909 entrer à la Chambre des « catholiques députés » qui ne pouvaient se dire « députés catholiques » : il s'agissait non de cautionner la démocratie mais d'user de ses ressorts pour les retourner contre elle et détruire l'influence maçonnique sur laquelle la monarchie de la Maison de Piémont s'était appuyée pour rendre possible l'unité de l'Italie compromise par la revendication papale des Etats pontificaux ; il s'agissait

---

[1] Même un Louis Marion, auteur d'une *Histoire de l'Eglise* (Paris 1922, tome 1 p. 357) qui fait aujourd'hui autorité dans les séminaires catholiques traditionalistes français, en convient : la *Donatio Constantini*, insérée par le faux Isidore dans sa collection et passée au XIIème siècle dans le décret de Gratien, « est très certainement inauthentique ; personne ne le conteste aujourd'hui ». Elle aurait été rédigée à Rome au VIIIème siècle ou plus volontiers en France au IXème siècle, dirigée contre les Grecs « qui voyaient d'un œil jaloux la restauration de l'Empire d'Occident en la personne de Charlemagne ». Son caractère apocryphe fut dénoncé au XVème siècle par le cardinal de Cusa et Laurent Valla.

en même temps de signifier que les catholiques devaient s'occuper de politique, mais n'entendaient pas conférer au catholicisme la forme et la vocation d'un parti politique, ce qui était là remettre en cause le principe de ce que serait l'Action catholique. Benoît XV affirma la neutralité du Saint-Siège dans le conflit européen, évitant par là de remettre sur le tapis diplomatique la Question romaine. Le Parti Populaire, démo-chrétien, fut autorisé par le Saint-Siège dès la levée du « non expedit » à l'époque où le fascisme naissait.

En 1922, Mussolini apostropha ainsi les élus de ce parti, incapables de poser la question du rapport entre l'Église et l'État : « vous êtes des rats aux dents aiguës ; vous êtes entrés dans le fromage ministériel pour le dévorer ». Après que le nouveau Régime se fut emparé du pouvoir en octobre 1922, Mussolini rappela le rôle universel de la papauté, fierté de l'État italien, et libéra la politique de diverses confusions.

Il libéra la politique des confusions créées par le cléricalisme d'une Action catholique qui réduisait les laïcs à des sous-curés substituant l'apostolat mené par les clercs à l'action politique. Il libéra la politique de l'anticléricalisme maçonnique et antichrétien. Le crucifix fut rétabli dans les écoles et dans les tribunaux, la réforme « Gentile » étendit l'enseignement religieux dans les écoles publiques ; les écoles privées et publiques furent mises sur un pied d'égalité, l'université catholique de Milan obtint une existence juridique, les autorités ecclésiastiques furent à nouveau présentes lors des cérémonies publiques, les clercs furent exemptés du service militaire. Par les accords du Latran en 1929, la Question romaine fut enfin réglée : Rome était capitale du royaume d'Italie, la Cité du Vatican était créée. Le concordat, troisième des Actes du Latran, réglait les rapports entre l'État et l'Eglise, ainsi que la politique ecclésiastique dans les matières dites mixtes. L'État se disait catholique sans se vouloir confessionnel ; l'Église obtenait une situation de privilège parce que, de fait, la majorité des Italiens était catholique. Mais l'État fasciste ne se proposait pas d'imposer ou de recommander particulièrement le catholicisme ; les citoyens étaient tenus pour égaux devant la loi, quelle que fût leur confession religieuse. Le mariage religieux était reconnu tel un acte d'état civil, et l'Église obtenait un privilège en matière d'enseignement primaire et secondaire.

Revint dans l'esprit de beaucoup l'idée d'une suprématie de l'Église sur le pouvoir civil. Pie XI dans ses discours la rappela. Voici ce qui est déclaré à la page 28 de notre brochure : « La renonciation définitive au pouvoir temporel était, à leurs yeux, légitimée et compensée par cette *prise de possession de la société civile* <nous soulignons>, au nom de la Royauté du Christ et de son Vicaire ».

Telle était la conviction des anciens membres du Parti Populaire dissous, et des adhérents de l'Action catholique révélant par là ses intentions théocratico-démocratiques : on hait le pouvoir politique fort qui peut prétendre à donner des limites à l'ingérence du clergé dans les affaires civiles, on favorise un pouvoir faible de type démocratique pour se donner toute la latitude requise par la prise en main de la société civile ; et l'on entend bien, à l'ombre d'un pouvoir fort qu'on est contraint de supporter, mais qui laisse la bride sur le cou des gens d'Eglise, profiter de cette attitude débonnaire pour en venir à réhabiliter, dans les paroles et dans les actes, la doctrine théocratique — d'inspiration bernardienne — de Boniface VIII : l'Église aurait tous les pouvoirs, politique et religieux, elle disposerait par essence des deux glaives temporel et spirituel, elle serait dépositaire de l'autorité et du pouvoir, mais elle confierait « magnanimement » le glaive temporel aux laïcs en retour chargés, par elle, d'exécuter ses décrets même en matière politique ; elle garderait l'autorité en déléguant le pouvoir.

Il est vrai que les dispositions de l'État nouveau, en ce qui concerne la liberté religieuse, n'étaient pas pleinement catholiques, parce que la fin dernière du politique est bien le salut, l'ordre naturel étant sommé de trouver son accomplissement propre moyennant son ouverture et sa soumission à l'ordre surnaturel : le salut exige que l'on soit catholique, la neutralité n'est pas neutre puisqu'elle confère égale importance à la vérité et à l'erreur ; l'État est en demeure, en la proclamant religion d'Etat, de soutenir la religion catholique et de la protéger, non seulement parce que les citoyens sont catholiques de fait, mais en droit parce qu'elle est l'unique religion vraie ; les autres religions ne peuvent jouir que d'une tolérance, même si, dans les faits, cette dernière est irrévocable puisque, aussi bien, l'on ne peut imposer l'adhésion à la foi catholique — par définition libre — par la force. Ces dispositions fascistes malheureuses, libérales et donc modernistes en tant que promotrices de la liberté religieuse, ne purent que réjouir les pasteurs et rabbins d'Italie, qui ne se firent pas faute de le faire savoir. L'État fasciste ne se contentait plus, comme dans le Statut de 1848, de tolérer simplement les cultes non catholiques, il les reconnaissait ; il se réservait le droit de reconnaître les institutions religieuses. L'État vraiment catholique doit non seulement assurer à l'Église le libre exercice de son pouvoir spirituel, mais il doit lui offrir ses services pour réprimer l'hérésie. Et reconnaître cette vérité n'eût aucunement porté atteinte à l'essence du fascisme, s'il est vrai que ce dernier se caractérise d'abord par une conception de l'État induite par la recherche systématique de l'organicité.

Cela dit, que les biens surnaturels dispensés par l'Église aient raison de fin du Politique, cela fait-il de l'Église la cause efficiente de ce dernier ?

L'homme est par nature un animal domestique, la famille est une société naturelle. Pour cette raison, le pouvoir monarchique du père de famille, qui procède de Dieu comme tout pouvoir, est directement conféré au père par la nature humaine, et non par l'Eglise. Le père est moralement en demeure de confier sa progéniture aux clercs pour sa formation religieuse, mais il ne tient pas d'eux son pouvoir sur ses enfants ; et l'Église ne saurait court-circuiter cette autorité naturelle, aussi longtemps qu'elle est en droit de s'exercer, quand bien même un tel père ne serait pas catholique. Le même raisonnement vaut pour le pouvoir politique, qui est naturel puisque l'homme est par nature un animal politique ; il appartient à celui qui le prend pour autant qu'il l'ordonne au bien commun, et l'autorité qui lui est attachée procède directement de Dieu par la nature humaine, non par l'Église dont le dépositaire d'un tel pouvoir n'a pas à solliciter le mandat. Il existe un ordre moral naturel que le chef politique doit respecter, et une finalité surnaturelle de la vie sociale que ce même chef doit contribuer à servir ; mais il ne reçoit pas son autorité de l'Eglise, non plus que les directives qu'il doit suivre pour réaliser le bien commun naturel ; parce que l'Église a autorité morale directe, en matière de foi et de mœurs, sur les baptisés, elle est fondée à inviter son troupeau à se soustraire à l'autorité d'un mauvais chef ; mais là se limitent ses prérogatives politiques. Cela rappelé, ces considérations pratiquement délicates sont conditionnées par une question préjudicielle essentielle, qui est celle de savoir si le point d'articulation entre ordre naturel et ordre surnaturel a été bien élucidé par la pensée catholique elle-même.

Dans le régime fasciste, les ecclésiastiques avaient mission de former les professeurs destinés à l'enseignement de la religion ; ils étaient habilités à intervenir dans l'établissement des programmes. Mais ils n'avaient aucun droit de surveillance sur l'enseignement des autres disciplines. L'Église ne pouvait compter sur le pouvoir coercitif de l'État pour imposer aux élèves sa doctrine et sa pratique du culte. Mussolini affirma à la Chambre, en 1927 (page 34 de la plaquette) : « un Régime qui ne serait pas le nôtre, un Régime démo-libéral, un de ces régimes que nous méprisons, peut estimer utile de renoncer à l'éducation des jeunes générations. Nous non. Sur ce terrain, nous demeurons intraitables. L'enseignement nous appartient. Certes ces enfants doivent être élevés dans notre confession religieuse, mais nous avons besoin de compléter cette éducation, nous devons donner à ces jeunes gens le sentiment de la virilité, de la puissance, de la conquête. Nous avons surtout besoin de leur transmettre notre foi et nos espérances ».

Le lendemain du discours du Duce, Pie XI rappela devant les élèves du collège de Mondragone que l'éducation de la jeunesse devait être revendiquée comme un droit essentiel et inaliénable des familles et, en leur nom, de l'Eglise. Devant le Sénat, Mussolini répondit — de manière, il faut l'avouer, quelque peu ambiguë — que la complexité du monde moderne excluait que les familles pussent assurer cette instruction, et que seul l'Etat, par les moyens dont il disposait, le pouvait. Au vrai, si l'Église s'interdit d'arracher les enfants aux familles qui, de droit naturel, ont autorité sur leurs enfants, quand bien même ces familles ne seraient pas catholiques, a fortiori l'État ne saurait le faire. Cela dit, ce qui ne répond pas à la vérité objective et à la rectitude morale n'a, de soi, aucun droit à l'existence ; cela est vrai tant pour l'ordre naturel qui concerne l'État que pour l'ordre surnaturel qui concerne l'Eglise. On ne peut pas ne pas tolérer l'influence des familles sur leurs enfants quand ces dernières, moralement et religieusement, prodiguent un enseignement dévié, mais cette tolérance ne constitue pas un droit. Et ainsi, que l'État interdise l'ouverture d'écoles privées anticatholiques ou dispensatrices d'un enseignement faux jusque dans le domaine naturel n'est nullement contraire à la vocation et aux prérogatives de l'État ; on n'arrache pas les enfants aux familles, lesquelles, en l'occurrence, sont seules responsables du préjudice qu'elles causent à leurs enfants.

On aborde là un problème sur lequel il faudra revenir après lecture complète de ce texte : comment concevoir le rapport entre nature et surnature pour subordonner la première à la seconde sans que celle-ci se substitue à celle-là, et sans même compromettre la souveraineté de l'autorité naturelle sur son domaine propre ?

Ce qui est assuré, c'est que le bien en général est d'autant meilleur qu'il est plus commun ; par conséquent le bien de l'État l'emporte sur le bien de la famille ; la Politique est science pratique architectonique, non la morale ;

« (…) tota moralis philosophia videtur ordinari ad bonum civile » (saint Thomas d'Aquin, *In VIII Ethic. Lect. I, n. 1542*). Toute la philosophie morale est ordonnée au bien commun de la Cité.

« La fin la meilleure appartient à la science qui tient le premier rang et qui est au plus haut point architectonique (…) sous la science ou l'art qui traite de la fin sont contenues les disciplines qui se consacrent à l'étude des moyens. Et en conséquence il est nécessaire que la fin ultime ressortisse à la science qui est au premier rang du fait qu'elle traite du but le plus élevé et le principal, et qui est au plus haut point architectonique en cela qu'elle prescrit aux autres ce qu'il faut faire. Et la politique paraît être telle, c'est-à-dire la science qui occupe le premier rang et qui est au plus haut point architectonique. C'est donc à elle qu'il appartient de considérer la fin la meilleure » (Idem, *In I Ethic. Lect. 2 n. 25*, traduct. de Louis Lachance modifiée, *L'humanisme politique de saint Thomas d'Aquin*, Montréal 1965, p. 552).

Que l'État ne soit pas en droit de court-circuiter l'autorité des chefs de famille sur leurs enfants n'empêche pas la vie politique d'avoir raison de fin par rapport à la vie familiale.

§ 6. Revendication théocratique.

Un différend surgit entre l'Église et le régime fasciste à propos de l'article 42 du Concordat, qui concernait l'Action catholique. Le projet de cet article, qui exprimait les premiers desiderata du Saint-Siège, était formulé comme suit (pages 36 à 39 de la plaquette) :

« L'État reconnaît les organisations dépendantes de l'Action catholique italienne, celle-ci étant constituée par le Saint-Siège, en dehors et au-dessus de tous les partis et sous la dépendance immédiate de la hiérarchie, dans le but d'affirmer, de répandre, d'appliquer les principes catholiques *dans la vie individuelle, familiale et sociale*. D'autre part, le Saint-Siège renouvelle à tous les ecclésiastiques et à tous les religieux d'Italie l'interdiction d'appartenir à quelque parti politique que ce soit ou de déployer une activité quelconque de parti ». Les mots en italique furent supprimés de la version définitive. Le rédacteur de la plaquette poursuit ainsi :

« A s'en tenir de très près à la lettre et à la logique ecclésiastique, l'activité politique des citoyens tombe directement sous l'application des principes catholiques en matière de *vie sociale*, l'ordre social et les règles qui le protègent et l'assurent constituant l'essence même de la mission de l'Etat. Dans la lettre qu'il adressait le 13 novembre

1928 au cardinal Adolf Bertram <lequel eut plus tard, dit-on, le courage de célébrer une messe de requiem à l'intention d'Adolf Hitler>, Pie XI écrivait en effet :

'L'*Action catholique* peut être appelée à bon droit *Action sociale*, parce qu'elle tend à élargir le royaume du Christ et à procurer à la société le maximum des biens et par suite tous ces autres avantages qui en dérivent, c'est-à-dire ces avantages qui appartiennent à la bonne ordonnance d'une Nation et qui s'appellent *politique*'.

C'est là la conséquence inéluctable de la supériorité du Spirituel sur le Temporel, de l'âme sur le corps, ce qui, en langage catholique, signifie la supériorité de l'Eglise, c'est-à-dire du Pape, dans le domaine civil. Toutes les distinctions les plus minutieuses entre les deux pouvoirs s'écroulent devant le développement logique de cette idée dans laquelle réside en germe la théocratie papale, idée qui permet à cette dernière de toujours renaître ».

Tel était bien le but de Pie XI : dans la ligne ralliériste de Léon XIII, et sous le prétexte de la doctrine du Christ-Roi, il s'agissait de faire taire tous les mouvements politiques des laïcs et d'inviter ces derniers, politiquement hongrés, à faire de l'apostolat dans la société civile ainsi progressivement convertie à l'autorité des prêtres ; ce qui explique au passage la férocité de la condamnation de l'Action française qui, non directement confessionnelle et proprement politique, gênait la stratégie politique de Pie XI. **Un club de pétanque, une salle de sport, un regroupement de scouts, une association artistique, une société réunissant des ménagères soucieuses de parfaire leur savoir culinaire, un cercle de réflexion philosophique ou d'échanges littéraires, un institut d'histoire, une coopérative agricole ou une mutuelle bancaire — tout cela, avec évidemment les écoles et les syndicats, les maisons d'édition et les revues de presse, avait, selon la conception de l'apostolat développée par Pie XI, vocation à être confessionnalisé, mais sous l'égide des curés par là dotés du pouvoir de prendre en main toute la société civile ainsi unifiée par une curaille démocrate-chrétienne**

désormais assez puissante socialement pour faire les gros yeux à l'Etat. Il s'agissait de s'emparer, par la conquête de la société civile, du pouvoir politique et de le remettre au pape qui, dans l'optique des émules de Boniface VIII, ferait du Politique un appendice de la praxis ecclésiastique. Et la fidélité des membres du troupeau à l'Église coïnciderait avec leur soumission inconditionnelle à la diplomatie vaticane. Le résultat de ce pieux machiavélisme fut le suivant : en tentant de christianiser la démocratie, on démocratisa l'Eglise, ce qui induisit la conquête de l'Église par les modernistes. Corrélativement, en désarmant de manière inique les militants catholiques investis dans la politique pour en faire des enfants de chœur destinés à transformer la société entière en patronage, on suscita chez maints d'entre eux un tel dégoût de la très prosaïque et mondaine volonté de puissance ecclésiastique, qu'on leur fit perdre la foi en les réduisant à des anticléricaux féroces ; telle est la cause d'ordre psychologique (elle se combine avec d'autres causes) du succès rémanent du néo-paganisme. Selon la méthode judaïque de l'inversion accusatoire, les hommes d'Église eurent beau jeu ensuite de déclarer qu'on n'était pas allé assez loin dans l'œuvre de l'Action catholique, que la prétention du Politique à recouvrer sa souveraineté dans son domaine propre était satanique, qu'il fallait choisir entre théocratie cléricale et retour au paganisme.

Le surnaturel des surnaturalistes s'empare de la nature pour la réduire à un cadavre, au prétexte de la rendre docile aux suaves injonctions de la grâce. L'Église a joui pendant des siècles de possessions temporelles fondées sur de pieux mensonges (Donation de Constantin, Décrétales) pourtant ratifiés par l'autorité de divers papes qui étaient peut-être de bonne foi, mais ces possessions furent remises en cause sous la pression de la montée des identités nationales qui se cherchaient dans les constructions mouvantes des organisations féodales. Alors les hommes d'Eglise, frustrés de ces biens temporels, décidèrent, à titre de compensation, de reconquérir une mainmise temporelle sur leurs ouailles dans la forme d'une hégémonie opérée sur les sociétés civiles et promue par l'esprit démocrate-chrétien.

« Crapule fasciste !, s'étrangla l'abbé ; brute totalitaire, hégélien, païen, immanentiste, antichrétien, gnostique, communiste, maçon infiltré, insolent, impudent ; tu tiens des propos vomis par la bouche de l'enfer ; le temporel est au spirituel comme l'est le corps à l'âme ; l'âme informe le corps et le dirige, l'autorité politique est déléguée par l'Église ; la dualité des pouvoirs temporel et spirituel, et le maintien de chacun d'eux dans un domaine bien défini, cela produit un *monstrueux bicéphalisme* ; comme si la royauté du Christ n'était pas absolument souveraine en tous domaines, comme si l'on pouvait se dispenser de confessionnaliser tous les aspects de la vie sociale, professionnelle, éducative, sportive, politique, familiale, conjugale, artistique, ludique !.. Il faut bien des prêtres pour faire s'accomplir tout cela, qui sachent se faire obéir et auxquels le bras séculier de l'État doit être soumis sans condition.

La monarchie française, par ses origines divines, reviendra parce que la France, *tribu de Juda du Nouveau Testament*, est chérie de Dieu, malgré l'indignité de ses enfants, surtout de ces fascistes qui prétendent dénoncer notre « surnaturalisme » (quel mot affreux ! quelle folie !). Le meilleur régime pour notre temps, soit dit entre nous, n'est pas la monarchie, même si nous professons volontiers le contraire pour ne pas donner l'impression que nous serions solidaires des conquêtes de la Révolution française ; nous nous souvenons, nous les clercs, du gallicanisme, de l'Affaire de la Régale, de la Pragmatique Sanction de Bourges, et de ces rois orgueilleux qui prétendaient mettre au pas le clergé ; ils n'étaient pas fidèles au testament de saint Remi, à la triple donation de sainte Jeanne d'Arc, ils se laïcisaient ; plutôt : ils prétendaient, pour se soustraire à notre autorité, tenir de Dieu une mission surnaturelle qui faisait d'eux des rivaux de l'Eglise. Et ne parlons pas du césarisme ! Horreur ! Le meilleur régime, quand les hommes ne sont pas écrasés par la pauvreté, la bonne et sainte souffrance chrétienne, la résignation sanctifiante, les iniquités temporelles acceptées qui font se tourner l'âme vers l'espoir d'une vie céleste, quand donc ils osent encore lever la tête, c'est une démocratie censitaire, sans cette aristocratie qui toujours est gonflée d'orgueil ; une oligarchie vertueuse bourgeoise à la tête d'un capitalisme saupoudré de vertu, idéale pour l'apostolat tel que l'Action catholique le conçoit ; ou bien une dictature paternaliste mais telle qu'elle ne puisse se passer de l'appui des dynasties industrielles catholiques ; celles-là, nous les tenons bien en main, leurs dirigeants sortaient souvent de nos écoles, et nous devons œuvrer pour faire en sorte qu'il en soit de nouveau ainsi. Nous avons besoin de ces dynasties pour tenir le peuple en laisse, et nous avons besoin de l'argent de ses patrons ; et ces derniers ont besoin de nous pour inviter le peuple à la résignation.

Il n'y a pas de finalité naturelle pour l'homme, il n'y a plus qu'une fin surnaturelle. La nature, cette saleté païenne, c'est le fumier de la grâce ; les fleurs poussent dans la merde, mais la merde est la merde. On doit faire son Purgatoire sur Terre, c'est la meilleure et même l'unique façon d'éviter l'enfer. Il faut être un ecclésiastique ou un patron bourgeois pour jouir sans risque des biens de ce monde, pour développer ses facultés intellectuelles. La fange populaire, ça doit être tenu à distance, l'ouvrier qui réclame trop fort son dû aura tôt fait d'aller le boire ; mieux vaut favoriser l'exploitation économique, qui fait rêver du Ciel au lieu d'enraciner l'homme dans la Terre, et qui protège l'homme contre lui-même. L'odeur de sainteté, quand on est réaliste, ce sont la mauvaise haleine et les pieds odorants des confessionnaux ; l'homme pieux est sale, se laver donne de mauvaises pensées, tout comme la trop bonne santé éclatante de désirs ; le bon chrétien aime la maladie, les physiques souffreteux, les visages ingrats. Là au moins la nature est adéquatement fustigée, qui tend toujours, la salope, à s'affirmer au détriment de la grâce ; c'est bien normal, la grâce nous fait quitter la Terre, elle s'épanouit au Ciel, et la Terre c'est le règne de la Nature. La monarchie, oui, mais comme appendice du royaume du pape, avec des clercs pour la diriger, des rois soumis à l'autorité du prêtre, exécutants de ses décrets. Tel est l'ordre voulu par Dieu. C'est embêtant que saint Thomas ait prôné l'organicité, voire la démocratie, alors que notre sainte Église l'a recommandé comme docteur commun ; il faut être augustinien en politique, mais on ne peut pas le dire trop ouvertement ; c'est des choses qui se sentent et se comprennent à demi-mot ; de toute façon les laïcs sont des bêtes obtuses, ils n'ont pas à essayer de comprendre. Ils sont faits pour être embobinés. Poursuivons cette satanée lecture ».

L'Action catholique, de manière à peine voilée, aspirait à faire renaître la théocratie papale. Et c'est ce qui invita Mussolini à revendiquer pour l'État une capacité éthique et une autonomie en vue de fins naturelles qui, à ce titre, intéressent elles aussi tout l'homme et toute sa vie. L'État et l'Église représentent deux institutions juridiques, incarnent deux idées universelles, qui tirent, l'une de l'histoire, l'autre de la Révélation, leur raison d'être.

L'Action catholique devint, grâce à la paix religieuse gagnée par le Concordat, extrêmement prospère ; les unions professionnelles se reconstituaient. Les groupements de jeunes catholiques dans les universités devenaient toujours plus actifs. Ce n'était pas là, cependant, la simple manifestation d'un réveil de la foi, parce que bon nombre de nouveaux adhérents n'avaient jadis guère fréquenté les sacristies.

« On commença même à parler de succéder éventuellement au Parti Fasciste. Il fallait, disait-on, commencer à s'y préparer » (page 39 de la plaquette).

Il s'agissait bien d'une prise de pouvoir *politique* menée sous les auspices apparents du réveil de la foi et de l'exigence morale. Les mêmes causes engendrant les mêmes effets, on peut se souvenir, au passage, que se produisit en Espagne un phénomène analogue sous le gouvernement du général Primo de Rivera, à partir de 1928 : « Dans les campagnes, les syndicats agraires catholiques qui aspiraient à un monopole syndical dans l'agriculture espagnole se dressaient contre les corporations agraires promulguées par le dictateur » (Marcotte, *L'Espagne nationale-syndicaliste*, Bruxelles 1943 p. 53). Et, bien entendu, l'esprit démo-chrétien qui sévissait dans les rangs du clergé espagnol appuya de tout son poids les forces franquistes dans le processus de marginalisation de la Phalange. On sait la suite : le régime franquiste, sous le prétexte de lutte anticommuniste et de christianisation de la société, se laissa complaisamment déborder par les financiers de l'Opus Dei, ultra-capitalistes, économiquement et philosophiquement libéraux, c'est-à-dire modernistes.

La Fédération romaine de la Jeunesse catholique Italienne annonçait à la même époque (1931) la constitution d'un Secrétariat National Ouvrier et de groupes ouvriers qui devaient flanquer les Cercles de la Jeunesse catholique, et dont le but explicitement avoué était de veiller à la formation *technique* des ouvriers adhérents, de développer les œuvres d'assistance, de déployer sur le *terrain social* toute action pouvant aider ou encourager l'ouvrier dans les diverses conditions de sa vie, ce qui était une véritable incursion sur le domaine des syndicats reconnus par l'Etat. En septembre 1930, à la Semaine sociale des Assistants ecclésiastiques, Mgr Pizzardo, haut prélat de la Secrétairerie d'Etat, avait exhorté les catholiques « organisés » à s'occuper des ouvriers et des problèmes du travail.

Cette confessionnalisation, sous couvert de christianisation des mœurs et des rouages de la société, n'était que le paravent d'une entreprise de prise du pouvoir politique par le clergé et par l'Église qui, de ce fait, entendait se substituer aux autorités politiques naturelles au nom du primat de la surnature sur la nature. Evidemment, les autorités politiques ne pouvaient rester indifférentes à cette manœuvre relevant en son fond d'une ruse assez grossière et non moins présomptueuse qu'imprudente du point de vue même du vrai souci du salut des âmes et des sociétés : il suffit de prendre la mesure de la décadence spirituelle et morale sans précédent qui a suivi la défaite de 1945 pour s'en rendre compte ; la chute morale est le fait des antichrétiens, certes, de la méchanceté des méchants et de la faiblesse ou tiédeur des bons. Elle est aussi le fait des mauvais chefs et des stratégies suicidaires, en l'occurrence plus à cause des gens d'Église qu'à cause des laïcs engagés dans la politique : entre la juiverie rooseveltienne flanquée de la canaille stalinienne et les fascismes, l'Église a choisi, obstinée dans sa conception démo-théocratique de l'apostolat : elle s'est prononcée en faveur de l'antifascisme. On attend toujours qu'elle exprime ses regrets. Si les modernistes conciliaires n'en sont évidemment pas capables, à tout le moins les ténors de la Tradition catholique s'honoreraient à le faire ; il faudrait pour cela qu'ils ne fussent pas surnaturalistes... La curaille souffre incontestablement, aujourd'hui, de la marginalisation de l'Église dans les sociétés maçonniques contemporaines tout affairées à affaiblir les nations pour promouvoir l'État mondial ; mais elle n'est pas la seule à en souffrir. Le peuple demeuré attaché à l'ordre naturel des choses en souffre lui aussi, et plus qu'elle ; mais elle ne cesse de s'en prendre à ce peuple qui ne lui obéit pas assez, qui n'est pas assez généreux, qui désormais rechigne à lui faire inconditionnellement confiance ; cela vaut aussi pour les milieux traditionalistes et anti-conciliaires ; la curaille réactionnaire a sommé ses fidèles de désobéir à la Rome moderniste, ce qui était bien normal, mais ensuite elle s'est dotée d'une prétention à l'infaillibilité exigeant une obéissance inconditionnelle. Plutôt qu'à reconnaître ses erreurs stratégiques passées, elle impute à ce troupeau la responsabilité de sa propre marginalisation.

Sous la présidence de Mussolini, peu de temps après (9 juin), le Directoire du Parti Fasciste réuni à Rome formulait l'ordre du jour suivant :

« Le Directoire, après avoir examiné les polémiques suscitées récemment par l'attitude, caractérisée par l'hostilité, ouverte ou cachée, de quelques secteurs de l'Action catholique, affirme d'une part son respect profond et immuable pour la religion catholique, pour son Chef suprême, ses ministres, ses églises ; il déclare d'autre part, de la manière la plus explicite, qu'il est fermement résolu à ne point tolérer que, sous quelque drapeau que ce soit, ancien ou nouveau, les restes d'un antifascisme, jusqu'à ce jour épargné, puissent trouver refuge et protection ». Les fascistes avaient compris que l'antifascisme avait endossé la défroque des chrétiens-démocrates pour avancer ses pions subversifs, et que la chose s'était faite avec la complicité du clergé.

Pie XI, de tempérament extrêmement autoritaire et embarqué dans sa mortifère stratégie politique démocrate-chrétienne, crut bon de se solidariser avec les hommes dont le Directoire venait de dénoncer les menées antifascistes, de sorte que *l'Osservatore romano* publia, début juillet 1931, l'encyclique *Non abbiamo bisogno* ; elle portait la date du 29 juin, jour de la fête de saint Pierre, et fut répandue à l'étranger avant d'être connue en Italie. Le pape, remontant des incidents de détail à des questions de principe, exprimait des jugements âpres et véhéments sur la doctrine du fascisme lui-même. Qu'on en juge :

« L'Église de Jésus Christ n'a jamais contesté les droits et les devoirs de l'État touchant l'éducation des citoyens : Nous les avons proclamés Nous-même dans Notre récente Lettre encyclique sur l'éducation chrétienne de la jeunesse ; ces droits et ces devoirs sont incontestables aussi longtemps qu'ils restent dans les limites de la compétence propre de l'État qui est, à son tour, fixée clairement par les finalités de l'État, lesquelles ne sont pas seulement, certes, corporelles et matérielles, mais sont, en soi, nécessairement contenues dans les frontières du naturel, du terrestre, du temporel. Le divin mandat universel dont l'Église de Jésus-Christ a été, par Jésus Christ lui-même, investie, d'une façon incommunicable et exclusive, s'étend à l'éternel, au céleste, au surnaturel, ordre de choses qui, d'une part, est étroitement obligatoire pour toute créature raisonnable, et qui, d'autre part, requiert que tout le reste lui soit subordonné et soit coordonné avec lui.

L'Église de Jésus Christ est certainement dans les limites de son mandat, non seulement quand elle dépose dans les âmes les premiers principes indispensables de la vie surnaturelle, mais encore quand elle éveille cette vie, quand elle la développe suivant les opportunités et les capacités, et avec les modes et moyens qu'elle juge appropriés, même dans l'intention de préparer à l'apostolat hiérarchique des coopérations éclairées et vaillantes. Elle est de Jésus Christ, la solennelle déclaration qu'il est venu précisément afin que les âmes n'aient pas seulement un certain commencement ou quelques éléments de vie surnaturelle, mais afin qu'elles les aient en plus grande abondance : « Moi je suis venu pour que les brebis aient la vie et l'aient en abondance » (Jn 10, 10). Et Jésus lui-même a posé les bases de l'Action catholique en choisissant et formant, dans ses apôtres et dans ses disciples, les collaborateurs de son divin apostolat, exemple immédiatement imité par les premiers saints apôtres, comme le texte sacré en fait foi.

C'est, en conséquence, une prétention injustifiable et inconciliable avec le nom et la profession de catholiques, que celle de simples fidèles qui viennent enseigner à l'Église et à son Chef ce qui suffit et doit suffire pour l'éducation et la formation chrétienne des âmes, et pour sauver, pour faire fructifier dans la société, principalement dans la jeunesse, les principes de la foi et leur pleine efficacité dans la vie.

À l'injustifiable prétention s'associe la très claire révélation de l'absolue incompétence et de la complète ignorance des matières en question.

Les derniers événements doivent, à tous, avoir ouvert les yeux : ils ont, en effet, démontré jusqu'à l'évidence ce qu'on a réussi en quelques années, non point à sauver, mais à défaire et à détruire, en fait de vraie religiosité, d'éducation chrétienne et civile. Vous savez, Vénérables Frères, évêques d'Italie, par votre expérience pastorale, quelle grave, quelle funeste erreur c'est de croire et de faire croire que l'œuvre accomplie par l'Église dans l'Action catholique et par le moyen de l'Action catholique a été remplacée et rendue superflue par l'instruction religieuse dans les écoles et par la présence d'aumôniers dans les Associations de Jeunesse du parti et du régime. L'une et l'autre sont très certainement nécessaires ; sans elles, l'école et les Associations en question deviendraient inévitablement, et bien vite, par fatale nécessité logique et psychologique, des choses païennes.

Nécessaires donc, mais non suffisantes : en effet, par cette instruction religieuse et cette action des aumôniers, l'Église ne peut réaliser qu'un minimum de son efficacité spirituelle et surnaturelle, et cela sur un terrain et dans un milieu qui ne dépendent pas d'elle, où l'on est préoccupé par nombre d'autres matières d'enseignement et par de tout autres exercices, où commandent immédiatement des autorités qui, souvent, sont peu ou point favorables et dont il n'est pas rare que l'influence s'exerce en sens contraire par leur parole et par l'exemple de leur vie. Nous disions que les derniers événements ont achevé de démontrer sans laisser de possibilité de doute ce qu'en peu d'années on a pu, non point sauver, mais perdre et détruire, en fait de véritable religiosité et d'éducation, Nous ne disons pas chrétienne, mais simplement morale et civique.

Nous avons, en effet, vu en action une religiosité qui se rebelle contre les dispositions des autorités religieuses supérieures et qui en impose ou en encourage l'inobservation; une religiosité qui devient persécution et qui tente de détruire ce que le Chef suprême de la religion apprécie notoirement le plus et a le plus à cœur ; une religiosité qui se permet et qui laisse se produire des insultes de paroles et d'action contre la personne du Père de tous les fidèles, jusqu'à lancer contre lui les cris de « À bas » et « À mort », véritable apprentissage du parricide. Pareille religiosité ne peut en aucune façon se concilier avec la doctrine et la pratique catholiques, elle est plutôt ce qu'on peut concevoir de plus contraire à l'une et à l'autre.

L'opposition est plus grave en elle-même et plus funeste en ses effets quand elle ne se traduit pas seulement dans des faits extérieurement préparés et consommés, mais aussi quand elle consiste en des principes et en des maximes proclamés comme constituant un programme et comme fondamentaux.

Une conception qui fait appartenir à l'État les jeunes générations, entièrement et sans exception, depuis le premier âge jusqu'à l'âge adulte, n'est pas conciliable pour un catholique avec la doctrine catholique ; elle n'est pas même conciliable avec le droit naturel de la famille. Ce n'est pas, pour un catholique, chose conciliable avec la doctrine catholique, que de prétendre que l'Église, le Pape, doivent se limiter aux pratiques extérieures de la religion (la messe et les sacrements) et que le reste de l'éducation appartient totalement à l'État »

§ 7. Quand la nature se rebiffe, les bien-pensants crient haro sur le naturalisme.

Le pape, comme on peut s'en rendre compte ici, reconnaît les droits de l'État et sa souveraineté dans son domaine propre, qui enveloppe l'éducation des citoyens ; c'est là une chose importante, un aveu de taille dont il conviendra de se souvenir : cette éducation n'est pas la chasse gardée de l'Église ; elle n'est pas non plus celle, exclusive, des familles, comme si les familles avaient raison de finalité de l'État ; l'éducation est une catégorie politique qui relève en droit du public et non du privé, au rebours des prétentions libérales qui, sous couvert de soustraire la jeunesse à l'influence maçonnique et/ou marxiste d'un État antichrétien, réduisent l'État au statut d'instrument de coordination des intérêts privés et d'arbitre neutre de leurs conflits, réduisant par là le bien commun à l'intérêt général.

Le pape limite le champ d'application de l'autorité de l'État au domaine naturel et terrestre. Il rappelle la nature du mandat de l'Église qui est défini par l'ordre surnaturel et éternel, lequel concerne tout homme, et a raison de fin pour l'ordre naturel lui-même. Ces thèses sont incontestables pour un catholique, avec une réserve sur le point suivant : **pourquoi l'ordre naturel se limiterait-il au domaine terrestre ?**

La fin surnaturelle assignée à l'homme par la Révélation supprimerait-elle toute fin naturelle ultime ? Si la nature d'une chose est sa fin ; si la grâce ne supprime

pas la nature mais la parfait, alors la surnature ne saurait supprimer la fin naturelle, laquelle, en cet état de pure nature qui eût nécessairement été possible puisque la grâce est gratuite, eût excédé le domaine strictement terrestre, dès lors que l'âme humaine est par soi immortelle ; et il n'est pas du tout évident que l'Église se soit jamais prononcée sur la manière dont la fin surnaturelle assume la fin naturelle en la dépassant. La fin naturelle eût excédé le domaine terrestre en état de pure nature, et elle l'excède en régime de nature blessée et rachetée, puisque la grâce restitue la nature à elle-même — ainsi à sa fin — dans l'acte où elle la surélève.

Pie XI s'exprime en fait comme si la fin surnaturelle ultime *s'était substituée* à la fin naturelle. Et cette position est gravide de conséquences politiques et morales catastrophiques, parce qu'elle introduit une dimension de conflit entre nature et grâce, qui se soldera par l'atrophie de la nature, laquelle, sujet obligé de la grâce, entraînera celle de la vie surnaturelle elle-même.

Mais le pape n'est certainement pas infaillible quand il prétend, non sans une outrecuidance révoltante, que les bases de l'Action catholique *telle qu'il l'entend* auraient été posées par NSJC qui, au contraire, invitait à rendre à César ce qui est à César et à Dieu ce qui est à Dieu ; le pontife identifie la nécessité objective, voulue par Dieu, de l'apostolat, avec sa conception très humaine et très datée de ce même apostolat. Le pape est encore dans l'excès quand il avance que les responsables fascistes auraient prétendu lui donner des leçons, alors qu'ils s'étaient contentés de refuser de subir sa tendance, ses prétentions et ses manœuvres théocratiques. Pourquoi l'instruction religieuse dans les écoles et la présence d'aumôniers dans les associations seraient-elles insuffisantes pour promouvoir le règne social du Christ ? Et plus précisément : pourquoi, supposé que ces dispositions soient insuffisantes, le complément qu'elles appellent ne devrait-il pas être adopté par suite de la seule demande des laïcs inspirés par les bienfaits surnaturels dispensés en chacun par l'Église ? On touche là à la matrice des différends entre l'Église et l'Etat, enracinée dans le problème, plus vaste, du rapport vrai entre nature et grâce.

La grâce ou surnature est « sanans » et « elevans » ; elle surélève la nature et la soigne. Il n'y a pas une essence surnaturelle qui se substituerait à une essence naturelle ; il y a un don surnaturel qui recrée la nature par l'acte de se donner à elle, en la haussant au niveau de Dieu afin de la faire vivre de la vie même de Dieu, mais qui, corrélativement, restitue la nature à son intégrité native compromise par le péché originel et par les péchés subséquents ; et sous ce rapport, un tel don surnaturel faisant de la nature le sujet du don qui la recrée, la même nature qui était à métamorphoser ou à recréer subsiste dans et comme la nature recréée. Il n'y a pas composition de deux forces qui produiraient une résultante telle que la nature aurait d'autant moins de mérite qu'elle serait plus aidée. C'est tout le contraire qui se produit : plus elle est aidée par la grâce, plus la nature est méritante, ce qui revient à dire qu'elle est d'autant plus efficiente, d'autant plus restituée à elle-même, d'autant plus maîtresse d'elle-même et de ses actes, que plus surélevée ; elle est d'autant plus parfaitement contre-divisée à l'ordre de la grâce qu'elle lui est plus ouverte, d'autant plus encline à se clore sur son idéale perfection que plus disponible pour ce qui la transcende ; les opérations déiformes rendues possibles par la grâce sont posées par l'intellect et par la volonté, ainsi par la nature elle-même qui demeure plus que jamais leur sujet d'exercice ; ce n'est pas la grâce qui pose les actes de charité, c'est la nature humaine investie et recréée par la grâce qui le fait, et cette nature recréée est cette même nature et ce même sujet personnel que celui qui était en attente de recevoir la grâce. La grâce n'opère pas dans l'homme à la place de l'homme, c'est l'homme qui opère aidé de la grâce. L'Église dispense aux hommes le trésor de ses grâces, et les hommes réagissent en opérant chrétiennement dans toutes leurs activités individuelles, familiales et sociales ; l'Église n'agit pas, à tout le moins n'a pas vocation à agir en se substituant aux initiatives des hommes ou en se les subordonnant. Que la vie dispensée par et dans l'Église soit la cause finale de l'ordre naturel ne fait pas de l'Église la cause efficiente de ce dernier. *C'est d'eux-mêmes que les responsables d'associations culturelles, de troupes de scoutisme, de syndicats professionnels, de corporations professionnelles et autres fruits des initiatives humaines sont invités, en tant que fécondés par les dons de grâce dispensés par l'Eglise, à appeler pour le service religieux la présence d'un aumônier, de conférenciers et de conseillers appartenant à la gent ecclésiastique. C'est d'eux, laïcs, que doit partir l'initiative de faire venir chez eux les gens d'Église ; c'est sur des fondements naturels que doivent s'édifier ces œuvres sociales subsumées par l'autorité de l'Etat, et de l'État seul, forme et opérateur privilégié du bien commun politique ; et c'est en tant qu'édifiées qu'elles peuvent être christianisées ;* supposé même que l'indigence naturelle appelle, par accident, la participation intrinsèque de l'Église pour l'édification de cet Etat, cette participation s'achève en restituant à l'ordre naturel son autonomie normale. Ce n'est pas à l'aumônier de fonder et de diriger le syndicat, l'école ou la troupe de scoutisme qui a sollicité sa présence. Ce qui surélève et soigne tout en un, c'est ce qui a raison (en tant qu'il surélève) de fin, et qui, en tant qu'il soigne, a raison de moyen. La grâce se fait moyen de ce dont elle est la fin, et les ministres du culte sont autant de moyens de dispensation de la grâce. Les puissances opératives naturelles adéquatement reconstituées par la grâce sont ordonnées à la position de leurs actes naturels propres ; que ces actes et ces fins naturels aient eux-mêmes raison de moyens en vue d'actes visant des biens surnaturels n'habilite nullement les ministres du culte à diriger l'ordre naturel lui-même.

L'homme étant pécheur, faible, désobéissant, rétif au joug suave mais exigeant de la grâce, il faut bien que l'Eglise, dotée légitimement d'une autorité morale immédiate sur les baptisés, jouisse d'un pouvoir de contrainte pour empêcher les acteurs sociaux hostiles à sa bienfaisante influence de compromettre sa divine mission. Mais précisément, cette autorité morale immédiate sur ses ouailles doit suffire — à peine de court-circuiter le sujet obligé de réception de la grâce, à savoir la nature humaine elle-même — pour exercer une puissance coercitive sur l'État rebelle : l'Eglise, au cours des âges, ne s'est pas fait faute — et elle est là, en l'occurrence, dans son rôle adéquat — d'inviter les membres de son troupeau à désobéir à une autorité politique indigne, voire à renverser le dépositaire de cette autorité quand il en fait mauvais usage. Le pouvoir politique de l'Église est et doit rester *indirect*, et à ce titre il doit rester *négatif* : non pas diriger les affaires humaines qui ressortissent à l'ordre naturel, encore moins les fonder, mais les vivifier quand, sous l'effet de son apostolat, les responsables de ces affaires, catholiques, la sollicitent. L'Église sanctifie ses fidèles par la messe, par les sacrements, par la prière silencieuse ou publique, par l'exemple, par la prédication, et, selon le catholicisme, aucun État ne doit l'empêcher de le faire ; mais il n'est pas dans l'ordre qu'elle se permette — sinon pour réprimer l'hérésie dans la Cité et hors d'elle — d'en appeler, se les subordonnant, aux services de l'Etat, et il est encore moins dans l'ordre qu'elle en vienne à diriger de tels services en les confisquant.

Saint Thomas d'Aquin enseigne (*Somme théologique*, II^a II^{ae} qu. 10 a. 1) qu'il est contre nature de refuser la foi et la grâce, bien qu'elles soient gratuites. Il en résulte qu'il doit bien exister une espèce de point de suture entre les ordres naturel et surnaturel, philosophiquement problématique, voué à faire s'unir deux domaines pourtant incommensurables, par là un principe de médiation tel qu'il n'unit qu'en séparant, mais ne différencie qu'en identifiant, à raison duquel, en se soustrayant à lui, l'homme rebelle se soustrait non seulement à l'ordre surnaturel, mais encore trahit le vœu de sa propre nature.

Et cela conditionne la conséquence suivante de manière obligée : la fin naturelle n'est nullement abolie par la fin surnaturelle, mais assumée et dépassée par elle, et confortée dans son ordre propre dans l'acte d'être dépassée. Et les moyens naturels requis pour tendre à cette fin naturelle — dont l'ordre politique — demeurent plus que jamais d'actualité, avec la forme de souveraineté qui doit leur être reconnue sur leur domaine

propre. Il n'est pas possible de satisfaire au réquisit de l'ordre naturel considéré en sa complétude sans consentir aux exigences — en particulier ecclésiales — de l'ordre surnaturel ; **il n'est pas possible, en retour, de satisfaire aux exigences de l'ordre surnaturel sans poursuivre jusqu'à leur terme, autant qu'il est possible en ce bas monde tissé de contingence, *toutes* les exigences droites de l'ordre naturel**.

Le Christ est roi, chef souverain des ordres naturel et surnaturel, maître absolu des deux glaives. Mais le Christ est Dieu, créateur de l'ordre naturel lui-même, et origine des pouvoirs induits par l'ordre naturel. Que le pape soit vicaire du Christ ne fait pas de lui le créateur de l'ordre naturel, lequel est doté de pouvoirs qui viennent aux hommes directement de Dieu par la nature humaine, et non du pape. Redisons-le : l'État ne saurait court-circuiter l'autorité des chefs de famille et leur arracher leurs enfants, bien sûr ; mais il reste dépositaire du souci du bien commun, dont il est la cause formelle, et d'un bien commun qui assume en le dépassant ce bien particulier qu'est le bien de la famille, régi par la morale ; la politique a raison de fin pour la morale, même si elle est en demeure de ne pas transgresser ses préceptes, qui relèvent du droit naturel, c'est-à-dire d'un droit qui est naturel et divin parce que naturel. L'État ne peut arracher les enfants aux familles, mais il est fondé à désavantager les chefs de famille hostiles à la promotion du bien commun dont l'État a le dépôt. Et au fond Mussolini n'a jamais voulu dire autre chose, dont le « totalitarisme » ne signifiait rien d'autre que ceci : l'ordre naturel se contre-divise à l'ordre surnaturel à proportion de son ouverture à la grâce, et il poursuit sa fin propre qui demeure d'actualité, sachant qu'il ne renvoie le citoyen à une fin qui transcende le bien commun politique que pour autant que ce même citoyen s'est lui-même tout entier subordonné à ce même bien : « totus homo ordinatur ut ad finem ad totam communitatem cujus est pars » (*Somme théologique*, IIᵃ IIᵃᵉ qu. 65 a. 1). L'homme *tout entier* est ordonné à la Cité comme à sa fin. Si l'on se souvient que la Cité a vocation à faire se réaliser toutes les virtualités de la nature humaine à l'intérieur d'une communauté expressive d'une personnalité archétypale — nationale — de destin, on comprendra que la Cité est comme un « homme en grand », une réalisation en acte de l'essence humaine, ainsi la réalisation hypostatique de ce bien éminemment commun qu'est, pour chaque homme, la nature commune à tous les hommes et dont chacun n'est que l'individuation. Pour cette raison, la Cité est d'une certaine façon — sur le mode de l'immanence, en lui, de sa nature — tout entière dans chaque homme, sans y être totalement, de sorte que, s'ordonnant tout entier à elle, ainsi sans rien garder par-devers soi, il ne fait que répondre au réquisit de sa propre nature, c'est-à-dire de cette nature dont la transgression des lois est le constitutif formel de ce que la théologie nomme péché. Le tout est dans la partie comme sa cause et sa raison d'être, et la partie a vocation à s'inscrire dans le tout, ainsi dans l'extériorisation en acte de sa vie intérieure et de cette raison d'être à laquelle, par définition, la partie tend comme s'y rapportant.

Qu'est-ce que la totalité ? C'est l'unité de la pluralité et de l'unité, l'unité d'une pluralité ; c'est la projection ad extra de ce principe d'unité immanent à chaque homme, qui devient principe « extra-posé » d'unité de tous les hommes, principe par là déployé et rendu connaissable et aimable, contractant la valeur morale et pédagogique d'un idéal naturel que chaque homme a vocation à intérioriser ; sous ce rapport, la morale est intériorisation de la perfection de l'ordre politique auquel, en retour, elle renvoie. Si donc l'ordre surnaturel invite l'homme à aller au-delà de son destin naturel, c'est encore en s'ordonnant à la Cité comme à sa fin — ainsi à la Cité « totalitaire » — qu'il peut parvenir à se disposer à un tel ordre surnaturel, puisque la grâce ne détruit pas la nature mais la perfectionne ; *encore faut-il savoir quelle est cette nature idéale* si l'on entend discerner ce à quoi la surnature renvoie l'homme en le soignant, ainsi si l'on entend comprendre la manière dont la surnature reconstitue la nature blessée. Faute de cette connaissance, on ne retient de l'office de la surnature que son pouvoir de surélever l'homme, lequel, en ce contexte tronqué, prendra la forme d'un devoir de s'arracher à sa nature : la nature d'un être étant sa fin, l'imposition d'une nouvelle fin, faute d'une médiation entre l'ancienne et la nouvelle, est aussi la négation de la nature d'origine. Et cela se traduira pratiquement par une tendance à frustrer l'homme de ses aspirations politiques naturelles au profit du service du salut individuel. Au fond, le problème de l'harmonie entre politique et religion ne sera résolu que lorsque celui du rapport entre nature et surnature le sera.

§ 8. *La* condition d'un mariage viable entre nature et surnature.

Les choses seraient simples si l'ordre naturel ou politique était une réalité aisément distinguée de l'ordre surnaturel ou ecclésial ; mais il existe, « materialiter », des domaines mixtes. En effet, la morale relève à la fois des prérogatives de l'État et de celles de l'Eglise. Elle relève de l'État parce que la politique visant le bien commun a raison de discipline architectonique par rapport à la morale finalisée par un bien qui, privé, est subordonné à celui-là. Elle relève de l'Église parce que les mœurs, vécues selon la foi et la charité, concernent la vie spirituelle surnaturelle, de sorte que le salut requiert la définition, la mise en évidence et le respect des lois morales. Et la science comme l'art politiques sont ultimement subordonnés au bien surnaturel pour la diffusion duquel l'Église est mandatée.

Tout le problème consiste à respecter toutes les hiérarchies, sans en détruire aucune. Il existe à cet égard deux positions unilatérales.

Pour les uns, la morale concernerait l'État seul, puisqu'elle est médiatement subordonnée au bien commun dont le Politique a la charge, dans le moment où le registre de la morale appartient à l'ordre naturel : même le Décalogue — selon la doctrine catholique elle-même — est par essence naturel, et ne relève du droit positif que par accident. Selon un tel point de vue, le domaine de compétence de l'Église et son champ d'application ne concerneraient au fond que l'homme privé qui, en plus de sa vocation de citoyen, et en vue de la seule vie qui suit la vie terrestre, peut se préoccuper des devoirs du chrétien. Cela est évidemment complètement erroné ; la proclamation du Christ-Roi signifie précisément que le Christ possède en propre les deux glaives et qu'Il règne sur les nations comme sur les individus.

Pour les autres, dès lors que la morale concerne l'autorité de l'Église qui se la subordonne en vue du bonheur céleste, il faudrait dire que c'est l'État qui est subordonné à la morale, et que tant la morale que l'État doivent être dans la main de l'Église ; et telle est la position surnaturaliste. Ce qu'il y a de véritablement problématique pour l'avenir de la Tradition catholique, c'est que cette position est adoptée, consciemment ou non, par l'immense majorité des catholiques, clergé compris. On comprend que, lorsqu'ils se mettent à faire de la politique, ils aillent d'échec en échec. Le drame et le scandale, qui font d'eux des objets de dérision, c'est que ces échecs ne les invitent aucunement à procéder à une révision critique de leurs propres postulats. C'est pour n'avoir pas été assez cléricale, théocratique et surnaturaliste que — pensent-ils — leur action aurait échoué. Et ces déboires seront bien entendu imputables à l'absence de docilité des laïcs, véritable engeance d'esprits rétifs, tordus et malfaisants.

C'est, en vérité, la seule considération de la subsistance d'une fin ultime *naturelle* en régime historique post-lapsaire de nature blessée et rachetée, qui permet de résoudre l'antinomie entre État et Église :

Il doit exister un point de suture entre nature et grâce, une limite commune aux deux ordres, qui soit paradoxalement le principe de leur séparation comme celui de leur continuité. Ce point médiateur doit être tel que le « terminus ad quem » de l'ordre naturel soit en même temps le « terminus a quo » de l'ordre surnaturel. Le propre d'une limite commune est de séparer deux zones en les faisant s'identifier l'une à l'autre en elle, de telle sorte que ce en quoi ces deux zones s'identifient est aussi ce qui les répudie toutes deux, par là ce en quoi chacune des deux se nie ; la limite est ce en quoi elles s'*achèvent*, aux deux sens du terme. On peut penser, pour illustrer ce paradoxe, à l'instant qui, intérieur au temps, n'est pas de l'essence du temps, bien qu'il soit le terme du passé et le principe du futur : le présent est bien médiateur entre passé et futur, et il est l'instant, aussitôt nié qu'il est posé. Il n'est pas du temps, en ce sens qu'il n'est pas de même nature que le temps, parce que, s'il l'était, on devrait pouvoir distinguer en lui un passé et un futur, ce qui fait qu'il perdrait son pouvoir de médiation entre passé et futur ; ce passé et ce futur intérieurs à l'instant seraient eux-mêmes séparés par un autre instant, et l'on serait renvoyé à l'infini. L'instant est ce en quoi passé et futur s'identifient mais en même temps se renient, par là s'opposent l'un à l'autre en s'opposant à ce qui les unifie, puisque cet instant, qui est le *présent dans* le temps, n'est médiateur entre passé et futur qu'en tant qu'il est aussi *présence du* temps lui-même ; il est bien la seule chose, à vrai dire, qui soit réelle dans le temps, c'est-à-dire ce par quoi il y a du passé et du futur, puisque le passé n'est plus quand le futur n'est pas encore. Moyennant la convocation d'un principe de médiation analogue à l'instant, on peut tenir pour envisageable qu'il y ait convenance entre nature et surnature, non écartèlement entre les deux, sans compromettre l'absolue gratuité de la grâce et son incommensurabilité par rapport à l'ordre du créé ou du créable, lesquels doivent être tenus pour possibles, réalisables, quand bien même la libéralité divine eût choisi de ne pas les orner du don de la surnature.

S'il avait plu à Dieu de créer l'homme en état de pure nature, le « terminus ad quem » de sa vie naturelle n'eût pas été le « terminus a quo » d'une vie surnaturelle réelle, bien qu'il en soit le « terminus a quo » possible. Un tel terme médiateur entre les deux sphères de la nature et de la grâce peut être considéré comme naturel, et sous ce rapport il concerne effectivement l'Etat, en tant que la morale est assumée par la politique. Tout autant, il peut être considéré, en régime de création dispensatrice de grâce, comme surnaturel, et sous ce rapport il relève de l'autorité de l'Eglise. Quand l'Etat, chargé de finaliser la morale en vue du bien commun politique, abuse de son pouvoir et s'écarte de la morale ou la néglige, alors l'Église est fondée à sommer ses ouailles — lesquelles, « materialiter », se trouvent être des citoyens de l'État — de changer de régime, fût-ce par la force et en ayant recours au tyrannicide. Et la légitime revendication, par l'Etat, d'une reconnaissance de sa propre majesté, ne doit pas se sentir frustrée par de telles injonctions de l'Eglise. Au reste, dans *Quas primas* (1925, institution de la fête du Christ-Roi), est bien rappelé que « les Etats, les princes, les Gouvernements sont les maîtres en leur domaine, et [que] le Christ, dont le royaume n'est pas de ce monde, ne veut pas que son Église y intervienne ; mais il tient à ce qu'elle leur rappelle les principes spirituels et moraux auxquels doit se conformer leur œuvre, qu'elle leur redise qu'ils ont, eux aussi, à promouvoir et à étendre le royaume de Dieu ». Et une telle requête de l'Eglise, parfaitement légitime du point de vue catholique, n'a en soi, bien comprise, rien de théocratique, même si elle fut comprise, par beaucoup, de manière théocratique ; même si — osons l'hypothèse — la possibilité même d'être ainsi comprise ne fut peut-être pas étrangère aux intentions machiavéliennes du rédacteur extrêmement autoritaire de cette encyclique.

§ 9. Indignations vertueuses.

« Oh la sale bête, s'égosille l'abbé X ! Quel culot ! Et ça lit saint Thomas, et ça philosophe, et ça donne des leçons au pape ! Non mais pour qui se prend-il ? Ces gens-là devraient être fusillés, torturés, dépecés, écorchés, roués ; on devrait leur couper la langue ; un athée vaut mille fois plus qu'un sale laïc prétendant à critiquer, se disant catholique par-dessus le marché, les décisions diplomatiques et les mesures disciplinaires de la Sainte Église ; un sale laïc qui s'autorise à critiquer son clergé, qui nous rend responsables des maux dont souffre notre divine Maison, notre Patrie militante, notre Mère immaculée… Mauvais esprit, insurgé, nuque raide ! Je m'en vais faire expulser vite fait ce gosse qui lit un tel torchon, et faire la plus mauvaise réputation à ses parents indignes ! Ils refusent le magistère de Jean Vaquié et des maîtres de la contre-révolution… « De même que, pour le chrétien, la philosophie séparée n'existe pas, de même, pour lui, il n'y a pas d'histoire purement humaine.

L'homme a été divinement appelé à l'état surnaturel ; cet état est la fin de l'homme ; les annales de l'humanité doivent en offrir la trace », écrivait dom Guéranger. Le marquis de la Franquerie a bien exposé la vocation de la France et de sa monarchie ; le trône de France a des fondements surnaturels qui seuls éclairent le passé, le présent et l'avenir de l'Histoire. Malgré cette sale bête fasciste, il y aura une résurrection de la France et de la monarchie dont le fascisme est l'immonde caricature infernale ; la France est fille aînée de l'Église et le peuple élu du Nouveau Testament, c'est comme ça, n'en déplaise aux germanophiles et aux antisémites ! Elle a une vocation surnaturelle, *surnaturelle* ! Elle est au fond d'essence surnaturelle, élue par Dieu, forgée par Lui, ex nihilo, sans assise naturelle, bienheureusement artificielle ! Le catholicisme est universel, mais Dieu est Français puisque la France est son peuple élu ; or Dieu est catholique, donc le catholicisme est français ; l'apostolat du catholicisme, c'est l'apostolat de la francité ; irriter la France, c'est irriter Dieu, et elle reste la bien-aimée même quand elle erre ; le crime de 89 ne l'a pas révoquée ; les dons de Dieu ne sont-ils pas sans repentance ? Sans cette clé d'interprétation, les hommes politiques de droite, qui pullulent chez nous, ne comprendront jamais rien. Et au fond tout pouvoir de l'homme sur l'homme est sous-tendu par une instance surnaturelle qui seule le légitime, et qui procède de l'Eglise. Le Saint-Père est vicaire du Christ, il Le représente et en tient lieu, Il est donc roi, le Roi des rois. Ce sont même la reconnaissance de ce fait, et la mise en œuvre des conséquences qui logiquement en procèdent, qui sont pour nous, hommes de Dieu, l'horizon de nos aspirations temporelles : la théocratie, la sainte théocratie, le magistère des soutanes, le règne du surnaturel ! Il y aura toujours une guerre entre l'Église et l'État aussi longtemps que ce dernier ne sera pas entre les mains de l'Eglise, fermement empaumé par elle, parce qu'il y aura toujours une guerre entre la nature et la surnature, entre les enfants de la colère et les enfants de Dieu.

Je repense à ces propos de l'ignoble Rousseau, fils d'un Fénelon qui eût été volage et d'une femme de chambre particulièrement dévergondée : « Celui qui ose entreprendre d'*instituer* un peuple doit se sentir en état de *changer pour ainsi dire la nature humaine*, de transformer chaque individu qui, par lui-même, est un tout parfait et solitaire, en partie d'un plus grand tout *dont cet individu reçoive en quelque sorte sa vie et son être* ; d'altérer la constitution de l'homme pour la renforcer… il faut, en un mot, qu'il ôte à l'homme ses propres forces pour lui en donner *qui lui soient étrangères, et dont il ne puisse faire usage sans le secours d'autrui. Plus ces forces naturelles sont mortes et anéanties, plus les acquises sont grandes et durables, plus aussi l'institution est solide et parfaite* ; en sorte que *si chaque individu n'est rien, ne peut rien que par tous les autres*, et que la force acquise par le tout soit égale ou supérieure à la somme des forces naturelles des individus, on peut dire que la législation est au plus haut point de perfection qu'elle puisse atteindre » (*Contrat social*, II 7).

Qu'un peuple soit institué procède du refus de reconnaître en l'homme un animal naturellement politique ; le fameux et fumeux Législateur est prêtre de la nouvelle religion de l'homme, instance inavouable qui contredit le système pour l'instaurer et le rendre viable.

Je ne saurais faire miennes de telles idées constructivistes. Mais il y a quelque chose que je retiens de ce malade, qui, transposé dans l'élément de nos besoins théologiques, peut rendre de grands services : de même que, selon Jean-Jacques, la nature solitaire du bon sauvage doit être chassée par la nature construite de l'homme social, de même, pour le christianisme, la nature païenne doit être surnaturalisée, investie par la grâce, elle doit renoncer à sa vie propre afin de vivre d'une vie désormais divine ; elle doit se réduire à un spectre, tel un drap flottant au gré du vent divin, elle doit s'exténuer. Nul ne peut servir deux maîtres, l'État et Dieu, il faut choisir ; ne doit être rendu à César que ce que l'Église lui a donné et qu'elle lui reprend quand elle le veut, ne le lui ayant laissé qu'en dépôt ; quand ces abrutis de laïcs rendent à César, c'est à nous qu'ils rendent sans le savoir, et c'est très bien ainsi, pour autant que César n'oublie pas qu'il nous doit tout ; Dieu le veut. Quand survient la surnature, la nature doit n'être rien que par la grâce qui ne la conserve que comme son habit, son apparence, sa manière de se manifester propre à la condition de créature. La monarchie des peuples catholiques, conçue dans le contexte de cette conception de la surnature, qui réduit le roi au rôle de lieutenant du pape, est évidemment le meilleur régime mais, aussitôt que la nature prétend reprendre ses droits, la royauté devient aussi corruptrice que les autres régimes, au point que nous sommes bien obligés de répandre de temps à autre les ferments de l'esprit démocratique pour nous débarrasser de cette tyrannie naturaliste. C'est très cohérent tout ça, seuls ceux qui s'attachent au premier degré de nos discours peuvent être désorientés, mais ce sont des crétins. Ils manquent d'ailleurs tellement d'esprit surnaturel… ».

La suite de la plaquette si férocement incriminée par le bon abbé relate que le fascisme fut contraint de se défendre contre l'attaque virulente de *Non abbiamo bisogno*, en forme d'encyclique, dirigée contre lui — attaque qui avait, bien entendu, trouvé un écho bienveillant, voire favorable, dans les milieux maçonniques et dans l'antifascisme du monde entier. Et Mussolini dut prendre la décision de révoquer la compatibilité entre l'inscription au Parti fasciste et l'inscription aux associations catholiques qui dépendaient de l'Action catholique. Il avait simplement tiré les conséquences du fait que l'Action catholique entendait, usant de la carotte et du bâton, enterrer le fascisme en douceur et se substituer à lui. Le Saint-Siège n'ignorait pourtant rien des prétentions « totalitaires » du fascisme quand il l'avait sollicité pour obtenir une paix religieuse. Il s'agissait donc d'une ruse, d'un concordat consenti pour mener au sein de la société civile des actions subversives de l'ordre fasciste. Le pape comprit qu'il ne pourrait pas, cette fois-ci, endosser l'habit de théâtre fort usé de l'Église martyrisée par un césarisme antichrétien, et que tout le monde comprendrait qu'il s'était agi d'une ruse ecclésiastique — de forme assez judaïque : poser en victime afin de masquer son impuissante volonté de puissance, ainsi faire de sa faiblesse une force, selon la définition nietzschéenne du sous-homme — destinée à renverser le fascisme au profit de l'Action catholique démocrate-chrétienne et théocratique. Alors il fit machine arrière. Fut confirmé le caractère simplement religieux des organisations de l'Action catholique dont les associations locales devraient adopter le drapeau national, qui renoncerait à toute initiative d'ordre syndical dans ses sections internes professionnelles catholiques. Les cercles de jeunesse renonçaient à s'adonner à des activités quelconques ayant un but athlétique et sportif. La plaquette s'achevait sur un discours de Mussolini prononcé le 10 mars 1929 à l'Assemblée quinquennale du régime :

Après de nombreux siècles de division et de servitude étrangère, l'Italie renaissait et Rome redevenait sa capitale. La fatale conclusion de la première phase du *Risorgimento* provoqua un grave différend qui, depuis 1870, n'avait cessé de tourmenter la conscience des Italiens. Les Accords du Latran l'avaient définitivement réglé.

« Seul un régime de concordat, affirmait Mussolini, peut permettre de réaliser entre l'Église et l'État une séparation logique, normale et bienfaisante ; lui seul peut faire la distinction entre les attributs de l'un et de l'autre. Chacun a ses droits, ses devoirs, sa puissance, ses frontières. C'est seulement sur cette base que peut s'établir, sur certains terrains, une collaboration de souveraineté à souveraineté. Il est puéril de parler de vainqueurs et de vaincus ».

Le pape a reconnu solennellement le Royaume d'Italie, sous la monarchie de la Maison de Savoie, avec Rome comme capitale de l'État italien.

« *De notre côté, ajoutait le Duce, nous avons loyalement reconnu la souveraineté du Saint-Siège, non seulement parce qu'elle existait de facto, non seulement à cause de l'insignifiante exiguïté du territoire qui a été demandé, ce qui d'ailleurs ne porte nulle atteinte à sa grandeur, d'une autre nature, mais parce que nous avons la conviction que le Chef suprême d'une religion universelle ne peut être le sujet d'aucun Etat, sous peine de voir décliner la catholicité qui est synonyme d'universalité. Nous avons reconnu à l'Église catholique une place prééminente dans la vie religieuse du peuple italien, ce qui est parfaitement naturel pour un peuple catholique comme le nôtre, et pour un régime comme le régime fasciste ».*

Le seul point sur lequel le discours du Duce s'écartait probablement de la doctrine catholique, par un excès réactif au surnaturalisme et à l'esprit théocratique, était que l'État désormais ne se contentait pas de tolérer les fausses religions, mais les reconnaissait.

§ 10. Fascisme et maçonnerie.

« Ah !, se dit l'abbé X, voilà qu'on m'apporte une autre plaquette du même tonneau, intitulée cette fois « Fascisme et franc-maçonnerie », et produite par les mêmes éditeurs. Elle a été trouvée dans le casier de cette graine de désordre qu'est l'élève Machin, fils de fasciste. Il va falloir que je me farcisse cette nouvelle lecture peu ragoûtante. Mais je trouverai peut-être là quelques aveux précieux pour justifier le renvoi de ce gosse et clore le bec de son père arrogant ».

L'abbé X fut déçu. Cette lecture qu'il croyait subversive lui apprit ceci :

La maçonnerie fut introduite en Italie au XVIIIème siècle, en Toscane, probablement par des gentilshommes anglais. L'Ordre se développa tout particulièrement dans le royaume de Naples, où étaient les plus fortes les revendications des prérogatives souveraines du Politique contre les ingérences de l'Église dans la vie civile et sa prétention séculaire de haute souveraineté. Il fut soutenu par la reine Marie-Caroline d'Autriche, avant que cette sœur de la pauvre Marie-Antoinette, affligée par le spectacle de l'effroyable Révolution française, ne rompît en visière avec la maçonnerie. En fait, croyant devoir lier son destin temporel à l'existence des Etats pontificaux dont la définition, fondée sur un pieux mensonge, s'était élaborée dans un contexte féodal, l'Église se sentait liée aux restes de féodalité qui subsistaient dans la monarchie absolue, et ne concevait pas qu'un besoin national d'organicité pût se faire légitimement jour dans les peuples chrétiens ; de plus, en situation de repli défensif par rapport aux progrès de la science expérimentale et aux défis de la philosophie moderne, elle était hostile aux manifestations de cette liberté d'esprit certes périlleuse mais aussi nécessaire à tout effort intellectuel de nature « peirastique » ou dialectique. C'est ainsi que la maçonnerie, en soi perverse, intrinsèquement viciée, gnostique dans son essence et donc antichrétienne, put rassembler les mécontents de tous les bords, mais aussi les curieux et les déçus, qui pressentaient que la conception traditionnelle du trône et de l'autel appelait des progrès auxquels il faudrait consentir pour ne pas être balayée par des révolutions sataniques qui jetteraient le bébé avec l'eau du bain — ce qui finit par se produire pour le plus grand malheur de l'humanité.

La Révolution française et le modernisme théologique réalisèrent de manière viciée des projets dont les concepts étaient contenus dans les flancs idéologiques de la monarchie et de la philosophie de l'Église catholique, mais dont ces dernières ne surent pas accoucher, laissant à leurs ennemis le soin de les actualiser en les corrompant. Face à de telles crispations, maints esprits trouvèrent, ou crurent trouver, dans les Loges, le moyen de méditer et d'essayer de faire venir au jour les intuitions qui les animaient confusément. Institution gouvernementale en France pendant la période napoléonienne, la maçonnerie essaima en Italie quand la prépondérance française s'y affirma. La Carboneria, tenue pour une arme dans la lutte contre les Français, trouva entre 1812 et 1815 un appui et un encouragement dans le gouvernement des Bourbons réfugiés en Sicile et chez les Anglais qui les soutenaient. Maints agents de l'Autriche furent en Italie maçons, mais un plus grand nombre de maçons italiens furent du côté des patriotes anti-autrichiens. Cela prouve au moins que les cercles maçonniques de l'époque n'étaient pas mus par un projet politique bien défini. Et pendant les années décisives du *Risorgimento*, entre 1848 et 1860, la maçonnerie italienne resta en sommeil. Plus tard, un

Corrado Corradini, homme de lettres et professeur, fut maçon pendant un an dans sa jeunesse. « Mais, dit-il, ni ce que j'ai appris alors dans la Maçonnerie, ni ce que j'en ai entendu dire, ne me permettent de savoir exactement ni ce qu'elle est, ni ce qu'elle voudrait être (…) Méfiance, soupçons, jalousies, craintes engendrées par le secret qui enveloppe les actes de la vie, et exagérées par les ombres mêmes de ce mystère, tout cela ne peut être un bien ni pour les familles, ni pour aucune classe sociale, ni pour aucun pays » (p. 20 de la deuxième plaquette). Le grand juriste triestin Giacomo Veneziani, engagé volontaire en dépit de son âge et tombé en héros pendant la Grande Guerre, fut aussi maçon dans ses jeunes années, comptant sur l'appui efficace de l'Ordre pour la libération des régions italiennes soumises à l'Autriche, en sortit désillusionné : « Portée par sa nature à assurer le pouvoir tyrannique d'une minorité, la Maçonnerie exerce sur la vie publique une action délétère ; elle devient l'instrument des intérêts personnels de ses adeptes » (pp. 21-21).

La maçonnerie se fit un mérite d'avoir pris part à la Marche sur Rome ; le général Capello, en chemise noire, entra dans la capitale en tête des formations fascistes. Mais dès le 12 février 1923 un ordre du jour du Grand Conseil sommait les fascistes résiduels du Parti de choisir : **on tenait pour une incompatibilité le fait de se dire fasciste et celui d'appartenir à une société secrète**. En 1924, Mussolini s'exprima lui-même sur cette question (pp. 35-36 de la deuxième plaquette) :

« Nous connaissons tous la part que prirent les sociétés et les sectes secrètes dans le mouvement de notre *Risorgimento* national. Le jugement sur l'appui qu'elles apportèrent à ce mouvement appartient à l'histoire. Certes, si l'existence des sociétés secrètes et leur activité pouvaient se justifier à une époque de servitude, comme une arme mise à la disposition du peuple italien pour combattre la domination étrangère et ces gouvernements qui formaient la clientèle de l'étranger, ces sociétés auraient dû disparaître ou se transformer le jour où notre indépendance et notre unité nationale devinrent notre définitive conquête. Et cela parce que toute forme d'activité qui pouvait concourir à élever et à diffuser l'esprit national devenait chose licite et même méritoire. C'est tout le contraire qui advint ». Les hommes de notre *Risorgimento* « avaient considéré les sectes et sociétés secrètes comme un mal nécessaire, fruit normal de tout despotisme et de toute servitude, mais un mal qui devait disparaître avec les causes qui l'avaient engendré. Armes légitimes, lorsqu'il n'existe ni patrie ni liberté, Mazzini estimait que la Nation a le droit de les briser, lorsqu'elle est parvenue à constituer cette patrie et à conquérir cette liberté (…). Chacun peut certainement comprendre que cette superposition d'une hiérarchie particulière ou occulte à celle de l'État est non seulement chose pernicieuse, mais même fatale pour l'autorité de l'État à l'intérieur et pour son indépendance à l'étranger », parce que ces sociétés secrètes « ont souvent, à l'étranger même, leurs centres de direction et d'influence ».

En somme, Mussolini reprochait aux Loges d'une part leur héritage jacobin complètement condamné, avec l'esprit des Lumières, dans la « Doctrine du Fascisme », d'autre part leurs méthodes apparentées aux visées de ce que l'Action catholique entendait devenir : un État dans l'Etat.

Au terme de cette lecture, l'abbé frustré s'aperçut qu'il avait omis de prendre connaissance des derniers feuillets qui accompagnaient les plaquettes. L'un des anciens lecteurs de ces travaux les avait rédigés pour clore sa réflexion. L'abbé n'y comprit rien, mais crut y discerner des relents d'hégélianisme et de modernisme inspiré par le Père de Lubac et Karl Rahner. Il en déduisit que le fascisme est une modalité du modernisme et de l'esprit libéral ; ce en quoi il se conformait à la doctrine de ses maîtres surnaturalistes. L'élève Machin fut exclu. Son père navré vint le chercher, et il fit un grand effort pour ne pas infliger à l'abbé X le traitement que Guillaume de Nogaret avait appliqué à Boniface VIII. Ce qui retint ce papa indigné, c'est le souvenir de sainte Rita, patronne des causes désespérées, qui sut si admirablement supporter dans la joie les plus terribles épreuves.

Ce qui permet de distinguer entre le vrai chrétien adorateur de la Croix et le surnaturaliste, c'est ceci :

Le vrai chrétien aime la vie et le monde et les biens qu'il contient, il les aime jusque dans la démesure du désir qui tend vers eux, il n'hésite pas à s'y risquer en sachant qu'il lui faudra s'en arracher afin de se réserver pour des biens plus élevés ; il ne redoute pas la souffrance liée à cet arrachement, et il l'affronte avec pugnacité et sans révolte, avec douceur et surtout joie. Le frustré clérical aime ses souffrances, il aime les contempler en autrui au point de les susciter autant qu'il lui est possible de le faire, mais par haine du monde qui le fascine et dont il est incapable de se détacher parce qu'il n'a pas l'audace de s'en emparer, ainsi par ressentiment contre ce monde qui ne lui a pas fait cette place qu'il convoitait secrètement ; dès lors, il se venge sur lui-même et sur autrui de ses propres frustrations, il le fait sans joie mais dans l'épreuve d'une jouissance mauvaise et vindicative.

§ 11. L'enfer est pavé de bonnes intentions.

Voici donc le contenu de ces feuillets « subversifs » :

La grâce est « elevans » : elle est fin de la nature.
La grâce est « sanans » : elle est moyen pour la nature.
La grâce ou surnature n'est autre que la nature divine.
Comment chacune des deux — nature et grâce — peut-elle avoir, par rapport à l'autre, raison de moyen et de fin tout ensemble ?
En tant que l'une fait de l'autre son moyen, elle se vise elle-même selon une intention que le souci de représentation invite à décrire dans la forme d'un mouvement réflexif par lequel elle s'atteint. Dire en effet d'une chose qu'elle a besoin d'une autre chose pour être elle-même, c'est signifier qu'elle n'est pas véritablement elle-même sans l'autre et qu'elle est étrangère à elle-même aussi longtemps qu'elle en est privée. Elle a donc vocation à devenir ce qu'elle est par le moyen de l'autre. Mais cela même consiste à se faire procéder de cet autre en lequel on s'anticipe, et c'est bien là un parcours

réflexif. Mais ce qui est réflexif est circulaire, et ce qui est circulaire a la forme d'une négation de négation, d'un sacrifice de soi qui, concomitamment, fait se sacrifier dans l'intérêt du sacrifié celui pour qui ce dernier se sacrifie. La grâce s'ordonne à la nature qui en retour, à partir d'elle-même, s'ordonne à la grâce. Quelle est la signification de ce schéma ? Chaque fois que l'on est confronté à une action réciproque, on est invité à méditer sur une telle figure, laquelle donne l'impression que l'un des deux termes est la médiation obligée du processus par lequel l'autre terme revient sur soi et se pose ou s'atteint lui-même. Mais, des deux termes, l'un est privilégié, parce qu'il désigne une réalité plus parfaite que celle qui est désignée par l'autre terme : la surnature étant la nature de Dieu, cause première, ainsi cause de l'ordre naturel, elle assume superlativement les vertus de l'ordre naturel, elle les contient sur le mode à raison duquel une cause est virtuellement riche de ses propres effets ; si la surnature s'ordonne à la nature pour la soigner, c'est pour lui enjoindre de s'ordonner à elle comme à sa fin ultime.

Pour prévenir les procès d'intention, il faut préciser que la nature humaine ne requiert nullement la surnature, et qu'elle peut seulement l'implorer, en tant qu'elle est congénitalement blessée, et blessée d'une blessure naturellement inguérissable qui procède du péché originel. Et cette requête est un appel impuissant à la guérison, laquelle lui est gratuitement octroyée parce qu'elle n'a rien à exiger, qu'elle soit blessée ou non. Et la surnature, en retour, n'a nullement besoin de la nature pour être parfaite et infinie en acte. Elle n'en a nul besoin précisément parce qu'elle la contient idéellement avant la position de cette dernière dans l'existence créaturelle. Cela dit, les choses étant historiquement ce qu'elles sont (l'homme naît pécheur, et il est gratuitement racheté en pure libéralité divine par les mérites du Christ), on est fondé à se poser les questions suivantes :

Que doit être cette nature, comment doit-elle être faite, pour être dotée du pouvoir d'être déiformée, infinitisée, sans cesser d'être nature, ainsi sans cesser d'être finie ?

Et comment concevoir cette surnature pour comprendre qu'elle puisse s'approprier à la finitude de la nature et l'investir sans la défaire, et tout autant sans se renier elle-même, ainsi pour être dotée du pouvoir de se faire finie sans renoncer à son infinité ?

Dans l'action réciproque qui régit leurs rapports, ce n'est pas la surnature qui est moment de la vie de la nature, c'est la nature qui est moment de la vie surnaturelle, parce que la surnature a raison de cause pour la nature. Si donc la surnature est capable d'investir la nature sans renoncer à sa perfection infinie et sans illimiter — ainsi défaire et réduire à néant — le sujet créé qu'elle gratifie, c'est qu'elle a en soi, indépendamment de et antérieurement à l'acte de s'investir dans le fini, une structure bien déterminée qui l'habilite à éprouver en elle-même la finitude sans cesser d'être infinie. C'est parce qu'elle est en elle-même identique à soi dans sa différence qu'elle peut s'approprier à ce qui est différent d'elle sans le réduire ou l'identifier à elle, et sans s'identifier à lui en renonçant à son identité à soi. De toute éternité, indépendamment du monde et d'un esprit créé, la surnature assume, selon un mode d'existence éternel et non créaturel, l'excellence de toutes les natures des réalités créables.

Mais quelle est la signification pratique, pour la vie temporelle des hommes, de ce constat ? Ceci :

Si, dans l'élément divin de la vie surnaturelle, la nature est un moment obligé de l'exercice de cette vie, alors, pour la vie naturelle posée ad extra sur un mode créaturel, l'ordination à la vie surnaturelle enjoint à cette nature de tendre vers son entéléchie naturelle propre ; c'est la poursuite de cette fin qui confirme la nature dans son excellence propre, par là qui la rend disponible pour la réception de la vie surnaturelle : s'ouvrir à la surnature, c'est s'ouvrir à ce qui, ayant la structure d'une assomption et d'un dépassement de la nature, invite cette nature, intronisée réceptacle de la grâce, à s'assumer elle-même afin de se faire surélever, dût-elle ne pouvoir s'assumer que par son élévation. Si la surnature, pour être surnature, n'est pas — indépendamment du monde et de la décision contingente de le créer — sans la nature qu'elle assume en la surmontant, en retour la nature, dans l'épreuve de sa surnaturalisation, n'est pas sans son enracinement en elle-même puisque, aussi bien, s'approprier aux exigences de la surnature, c'est commencer par s'approprier à cette détermination, intrinsèque à la surnature, qui veut que la surnature éprouve en elle-même un moment de naturalisation. Si la surnature contient un moment idéel nécessaire de finitude naturelle aussitôt vaincu qu'assumé, alors, en investissant la nature réalisée comme créature, cette surnature ne fait s'excéder la nature gratifiée qu'en lui enjoignant de s'enraciner tout autant en elle-même, par là de poursuivre au mieux ses vocations immanentes, ou sa fin ultime naturelle.

En termes très pratiques, la surnature n'arrache pas la nature à elle-même, elle ne la fait pas se désintéresser de ses fins immanentes ; elle lui enjoint au contraire de s'ordonner à elles en s'y rapportant, et c'est à cette condition qu'il est possible à l'ordre naturel de ne point refuser ce surcroît gracieux de dignité et de béatitude. Certes, un tel surcroît somme la nature humaine, plus encore que si elle était livrée à elle-même sans finalité surnaturelle, de domestiquer l'animal qui est en elle et de le fustiger, afin de ne pas déifier ce qui n'est que poussière et mirage et qui fait se désaxer la nature spirituelle de l'homme quand il parvient à le fasciner ; il est dans la nature de cette nature déjà considérée en elle-même, indépendamment de sa blessure imputable au péché, de se rendre victorieuse de ses puissances inférieures posées en elle pour être sacrifiées, comme matière sacrificielle d'actuation des puissances supérieures ; c'est dans la lutte contre la possibilité d'une chute que se conquiert la vie spirituelle, parce qu'il est définitionnel de cette dernière d'être libre. Mais autre chose est, pour la nature, de combattre en soi-même ce qui, quoique naturel, risque, par son hypertrophie morbide, de la dénaturer ; autre chose est de ne concevoir l'intromission de la grâce que sur le mode d'un écrasement de la nature en tant que nature.

Pour trop de catholiques, l'appel aux exigences de l'esprit surnaturel n'est que la substitution, au conflit fécond et naturel de la nature contre ses puissances inférieures, du conflit —

destructeur de la nature — de la surnature contre la nature. L'appel aux exigences de l'esprit surnaturel est trop souvent la caution d'une certaine démission des puissances irascibles : puisque ma nature m'invite à lutter, je vais lutter contre ma nature elle-même pour supprimer cette héroïque invitation à la lutte, d'où la tendance à exténuer toute manifestation de vitalité pour n'avoir pas à lutter contre ses déviations possibles ; et ce vice vertueux explique la féminisation des âmes aspirant à la sainteté, ou plutôt à une conception dévoyée de la sainteté ; trop souvent, donc, l'appel aux exigences de l'ordre surnaturel est l'expression d'une tendance à la haine de soi : on fusille — en autrui, d'ailleurs, plutôt qu'en soi-même — sa propre nature parce qu'on la hait. On ne se reconnaît une fin surnaturelle que pour se soustraire aux exigences de sa fin naturelle. Le surnaturalisme est le fruit du ressentiment. Il est la cause première de ce collapsus de pugnacité des peuples anciennement catholiques.

Il est aussi la cause première des échecs de la Tradition catholique, c'est-à-dire de son incapacité à sortir de son ghetto de déclassés, tant ceux qui y trouvent refuge que ceux qu'elle sécrète. Elle les sécrète en professant pratiquement qu'aucune fin naturelle ne mérite que l'on s'y donne tout entier, sous prétexte que rien ne devrait prévaloir ici-bas pour qui se sait focalisé par une fin surnaturelle ablative de toute véritable finalité naturelle. Elle les attire parce qu'elle cautionne leur faiblesse et leur lâcheté et prétendant qu'elles relèveraient de l'humilité.

Aussi ne faut-il pas s'étonner des réactions suivantes, déplorables en leur talentueuse expression, affreusement tristes en leur formulation burlesque, terriblement riches d'une vérité captive que leur démesure et leur insolence rendent inaudibles :

« (…) Drumont et Gobineau se raccrochent à leur Mère l'Eglise, leur christianisme sacrissime, éperdument. Ils brandissent la croix face au juif, patenté suppôt des enfers, l'exorcisent à tout goupillon. Ce qu'ils reprochent surtout au youtre, avant tout, par dessus tout, c'est d'être le meurtrier de Jésus, le souilleur d'hostie, l'empêcheur de chapelets en rond... Que ces griefs tiennent peu en l'air ! La croix antidote ? quelle farce ! Comme tout cela est mal pensé, de traviole et faux, cafouilleux, pleurard, timide. L'aryen succombe en vérité de jobardise. Il a happé la religion, la Légende tramée par les juifs expressément pour sa perte, sa châtrerie, sa servitude.

Propagée aux races viriles, aux races aryennes détestées, la religion de 'Pierre et Paul' fit admirablement son œuvre, elle décatit en mendigots, en sous-hommes dès le berceau, les peuples soumis, les hordes enivrées de littérature christianique, lancées éperdues imbéciles, à la conquête du Saint Suaire, des hosties magiques, délaissant à jamais leurs Dieux, leurs religions exaltantes, leurs Dieux de sang, leurs Dieux de race. Ce n'est pas tout. Crime des crimes, la religion catholique fut à travers toute notre histoire la grande proxénète, la grande métisseuse des races nobles, la grande procureuse aux pourris (avec tous les saints sacrements), l'enragée contaminatrice.

La religion catholique fondée par douze juifs aura fièrement joué son rôle lorsque nous aurons disparu, sous les flots de l'énorme tourbe, du géant lupanar asiate qui se prépare à l'horizon.

Ainsi la triste vérité, l'aryen n'a jamais su aimer, aduler que le dieu des autres, jamais eu de religion propre, de religion blanche.

Ce qu'il adore, son cœur, sa foi, lui furent fournis de toutes pièces par ses pires ennemis.

Il est bien normal qu'il en crève, le contraire serait le miracle » (*Les Beaux draps*, Céline, Nouvelles éditions françaises, 1941, pp. 80-82).

Oui, elle crève aujourd'hui, plus sûrement encore que du temps du génial imprécateur terriblement injuste et aussi aveuglé par sa passion que ne l'étaient ses ennemis judéo-marxistes et maçons : la Cité antique n'a pas attendu le christianisme pour dégénérer ; les poisons qu'elle sécrétait en son propre sein y suffisaient largement, et c'est le christianisme qui a sauvé ce qu'elle avait conservé de sain et d'intemporellement bon ; quand une religion coexiste avec une autre sans prétendre l'absorber, c'est qu'elle n'est pas à prétention universaliste, mais de ce fait elle convient à la culture et à l'histoire particulières de cet homme et non à l'homme en tant qu'homme qui palpite en chaque homme, elle n'épuise pas la quintessence de l'homme et donc elle ne prétend pas sublimer l'humanité dans l'homme ; il en résulte qu'elle est religion, effort de mise en relation avec le divin, mais au profit de l'homme en sa finitude, dans les intérêts de l'homme seulement homme, selon le caractère commun à tout ce qui relève de la magie et de la superstition, irrationnelle et hédoniste ; peut-on encore parler d'authentique religion, entendue comme mise en relation avec l'absolu, lequel ne peut être invoqué que pour être servi ? Et si le christianisme est né en Orient, c'est précisément parce qu'il se voulait sublimation de ce dont il se faisait procéder, achèvement qui parfait en exténuant ; il ne reste rien de l'esprit oriental dans le christianisme, en tant même que celui-ci se fait procéder de celui-là; s'il était né en Occident, il ne se fût accompli en aspiration authentiquement religieuse qu'en se faisant oriental, ou bien il fût demeuré une religiosité particulière, laquelle, privée d'universalité, n'aurait pu prétendre au statut de vraie religion, mise en relation avec l'absolu, parce que, un et simple par définition, l'absolu est transcendant à toutes les manières particulières dont les hommes, par leurs seuls forces, s'efforcent à l'exprimer, afin de convenir à toutes en même temps.

Le néo-paganisme est essentiellement réactif, et sa vision du monde, foncièrement gnostico-panthéiste, l'identifie en son fond à ce à quoi il prétend s'opposer, à savoir ce judaïsme qui entretient avec lui la même passion antichrétienne, l'esprit réactionnaire de la larve impuissante à assumer son destin d'hyménoptère qui la parfait en la sacrifiant.

Mais, avec le recul du temps, il faudra bien se demander un jour si le clergé n'est pas responsable, par ses outrances théocratiques, de réactions aussi malheureuses et aussi radicalement erronées, mais psychologiquement compréhensibles, que celles d'un Céline ou d'un néo-païen : le surnaturalisme transforme les chrétiens en sous-hommes ; et quand les hommes d'Église entendent nous persuader que le christianisme serait par essence surnaturaliste, il est inévitable que l'homme soucieux de son humanité devienne antichrétien, pour la plus grande satisfaction des judéo-maçons.

§ 12. Comment s'articulent vie politique et vie religieuse.

Evidemment, les bonnes âmes se demanderont, non sans une part de bonne foi qu'il convient tout de même de leur concéder sans crispation, comment il est possible d'être tout entier à quelque chose sans lui appartenir totalement.

Le chrétien sait que la vraie vie commence après la séparation de l'âme et du corps, laissant loin derrière lui les turbulences et ambitions de la vie mondaine ; qu'il est de passage sur Terre pour gagner son Ciel ; un pape lui a même enseigné que, si certes le bien commun de la Cité n'est pas pour le bien particulier de l'individu, la Cité demeure néanmoins pour l'homme, et que l'homme n'est pas pour la Cité ; le chrétien est donc presque invinciblement tenté de considérer que la vie politique est le moyen requis pour acquérir des vertus qui, métamorphosées par la vie surnaturelle, lui donneront de mériter la vie éternelle ; il est acquis pour lui que les palpitations de la vie politique ne sont pas les échanges délectables de la communion des saints, et qu'au-delà de la vie terrestre se dessine pour lui un univers spirituel qui transcende le bien commun politique. Dès lors, peut-il encore se vouloir tout entier à la vie de la Cité, ainsi se résoudre à embrasser à son égard le statut d'instrument, à la manière dont la partie ne vit du tout que pour le servir ? Comment s'ordonner au bien commun de la Cité, ainsi aimer cette dernière en se rapportant à elle et non en la rapportant à soi ?

Il est en effet à remarquer que s'ordonner à la Cité comme à sa fin, c'est se donner à elle sans rien conserver jalousement par-devers soi qui, comme réservé pour des fins plus élevées, aurait raison de fin pour la Cité elle-même. Mais procéder à une partition du moi selon une instance noble et une instance servile, cela reviendrait à faire de la Cité l'instrument de la partie la meilleure de l'homme se faisant, par sa partie moins noble, instrument de la Cité. Or une telle démarche en viendrait à détruire le bien commun. L'homme ne donnerait à la Cité que ce qui, en lui, est instrument de lui-même, et il ne *se* donnerait pas véritablement à elle, il ne lui concéderait que son écorce en se rétractant dans ce qu'il tiendrait pour l'essentiel de lui-même, ce qui revient à dire qu'il ferait en vérité de la Cité l'instrument de lui-même considéré en cette partie centrale de soi à laquelle il se serait réduit. Or faire de la Cité l'instrument de l'individu, fût-il condensé dans son instance la plus noble, c'est détruire cette exigence de diffusibilité définitionnelle du bien commun : est diffusif de soi ce qui est aimé à raison de soi-même et non en vue d'un autre bien dont le premier serait l'instrument. Comment donc s'ordonner à la Cité comme à sa fin, sans cesser de nourrir le pouvoir de se consacrer à un bien transcendant évidemment supérieur à ce bien qu'est le bien commun politique ?

La Cité n'est pas sans l'homme qui s'inscrit en elle ; mais il n'est pas sans la Cité : individuation d'une nature universelle, l'homme est celui dont la nature est tout entière en lui (chaque homme porte en lui la marque entière de l'humaine condition) sans y être totalement (aucun individu humain n'épuise la richesse de sa nature, il n'est qu'une manière particulière d'être homme), et cela implique que la nature universelle se veuille en l'individu, exige de lui d'être communiquée pour s'incarner à nouveau et y manifester sa fécondité, ce qui se produit chronologiquement dans la forme de la procréation, et synchroniquement dans la forme du désir de société, laquelle, dans cette perspective, se veut en l'homme, lui enjoint de la faire exister ; l'homme est par nature animal politique, il frustrerait sa nature s'il était solitaire et, au reste, il ne serait pas viable en cet état ; mais s'il y a réciprocation de causalité entre l'homme et la

Cité, c'est qu'ils sont équivalents, ou encore identiques sous un certain rapport ; ce qui, en la Cité, est son ordre correspond, dans l'homme, à son âme. La Cité est ainsi « extra-position » de l'âme humaine. Dès lors, **la Cité a vocation à se réaliser dans la forme d'un « homme en grand » déployant toutes les virtualités d'une nature humaine immanente à chacun des membres de la Cité, c'est-à-dire d'une nature ayant en lui raison de cause efficiente et de finalité :** on existe en tant qu'homme par sa nature, mais pour actualiser les potentialités de sa nature ; et la dynamique active génératrice de l'appétit de les réaliser est encore cette même nature (l'âne préfère la paille à l'or, parce qu'il est âne et non homme) ; la nature humaine, en et comme Cité, se fait déployer par ceux qu'elle fait exister en s'individuant en eux. En tant qu'elle est un « homme en grand », la Cité, habitée par des appétits spontanés quant à leur origine et immanents quant à leur terme, peut être dite vivante ; mais elle est un tout d'ordre et non une substance ; donc elle n'est vivante que sous le rapport de l'analogie. Aussi est-elle incapable de régénérer ses parties (les hommes) à la manière dont un corps vivant régénère ses cellules, de sorte que, quand un homme rend son âme à Dieu, c'est d'une certaine façon la Cité qui meurt avec lui : n'existant que par les hommes qu'elle intègre, elle s'éclipse en chacun de ceux que sa mort lui dérobe ; comme *réalité subsistante*, la Cité, qui peut être tenue *fonctionnellement* (et non entitativement) pour substantielle en vertu de son organicité (primat du tout sur les parties), demeure vivante quand un individu la quitte en mourant ; mais comme *tout d'ordre*, elle meurt avec ceux qui la quittent, elle meurt à elle-même en chacun d'eux. Elle meurt à elle-même tout en se pérennisant, elle est donc *conservée et niée* quand ses parties se renouvellent. Or ce qui conjugue la conservation et la négation relève de la sublimation, acte de s'excéder en accédant à un mode d'être plus parfait, à la manière dont la chrysalide s'*achève* (se supprime et s'accomplit) dans le papillon.

Notons cependant que si la société se pérennise en faisant se renouveler son contenu humain par la fécondité de ses membres eux-mêmes destinés à mourir, elle ne conjure sa propre mort que jusqu'à un certain point, car elle finit elle-même par périr puisque toutes les sociétés humaines, comme toutes les civilisations seulement humaines, sont mortelles par nature. Elle meurt à elle-même en ses morts et ressuscite en ses nouveaux rejetons, se réinventant en eux ; par là elle vit bien du couple contradictoire de la négation et de la conservation de soi ; elle est donc bien habitée par la tendance à se sublimer — en termes techniques : à se « sursumer » —, mais elle est tourmentée par un désir *avorté* de se « sursumer », se contentant de se reconduire indéfiniment dans la succession des générations ; et c'est là faire l'aveu de son impuissance à se sublimer dans son propre élément.

Force est ainsi d'en déduire que, si une telle sublimation n'est pas avortée, la Cité se sublime, mais en changeant de registre ontologique, non pas en elle-même où elle ne se prolonge jamais que de manière précaire, mais en chaque homme livré à l'épreuve de sa propre mort. Il faut comprendre que si l'essence de la Cité est de faire se réaliser de manière concomitante et hiérarchisée toutes les potentialités de la nature humaine, c'est qu'elle est objectivement habitée par le désir de se réaliser dans la forme d'une personne, puisque l'individuation de la nature humaine, qui la fait existante ou réelle, contracte le statut de personne. Mais une personne est éminemment substantielle, quand la Cité, en son être de tout d'ordre, est ontologiquement impuissante à se substantifier, et n'a nullement vocation à le faire ; cela revient à dire qu'elle est habitée par un désir qui la mène au-delà d'elle-même, mais en et par ceux qui la quittent et qui en quelque sorte l'emportent avec eux ; c'est d'ailleurs par refus de s'excéder, par sa prétention à satisfaire dans son propre élément sa pulsation d'autodépassement constitutive, que la vie politique dégénère en aspiration à l'État mondial, lequel entend déifier l'homme en le substituant au vrai Dieu, et se défait en se démesurant, selon la logique marxiste du thème du dépérissement de l'Etat.

Il résulte, de cette vocation à s'excéder, que la Cité accuse réception, chaque fois qu'elle mène en terre un de ses citoyens, de son impuissance à se constituer en personne substantielle, et opère en eux le processus de sa propre sublimation, mais dans un élément qui excède l'ordre politique : tout mortel humain a vocation à s'intégrer dans une Communion des Saints qui est le corps mystique du Christ, réalité ecclésiale qui, sans supprimer la substantialité de ceux qu'elle intègre, confère à la communauté qu'ils forment une subsistance analogue à celle d'une substance ; surnaturellement, tous vivent de la même vie, ils vivent de la vie même de Dieu, tels les organes d'un même et unique corps, et c'est en cela qu'ils se substantifient, non pas naturellement mais mystiquement. Ce qu'il faut comprendre ici, c'est que chaque citoyen *n'est invité à dépasser le service du bien commun de la Cité que parce que la Cité se sublime elle-même en lui et n'opère cette sublimation d'elle-même que dans la mort terrestre de celui-là. Aussi, à toute distance — sous la pression de la recherche d'un « ultimus finis » supra-politique — d'un souci de se soustraire au bien commun immanent de la Cité terrestre, l'homme de la Cité, qui est en même temps membre du Corps du Christ, est invité à s'ordonner à elle tout entier, corps et âme, parce que le bien commun qui en résulte est cet opérateur de la sublimation de la Cité, en vertu de laquelle l'homme se révèle excéder le domaine du Politique.*

L'animal politique est tout entier ordonné à la Cité, quoique non totalement, en ce sens que la Cité s'achève en se consumant dans le service de la genèse d'une communauté *religieuse* qui, « materialiter », est mêlée à la première : ce même citoyen membre de l'État est aussi, comme baptisé, membre de l'Église ; et la présence d'une vie communautaire religieuse dès le stade de la vie politique est l'annonce, dans cette vie politique, de sa vocation à mourir pour se transfigurer ; telle est la réalité ecclésiale. Même un païen ne contestera pas ce fait, qui se souvient que César était « pontifex », médiateur, en tant même que chef politique, entre le peuple et les dieux. Mais il s'agissait là de religion naturelle et non de religion révélée. Excédant, en tant que révélée, l'ordre naturel du Politique, la religion est *extrinsèquement* reçue par lui, d'où la nécessaire distinction entre autorité politique et autorité religieuse dotée d'un clergé spécifique et séparé.

Voilà donc ce que l'on peut retenir des considérations qui précèdent :

L'homme non tronqué ne garde rien par-devers lui que la Cité ne mériterait pas qu'on lui donnât ; il lui donne tout mais, précisément, lui donnant tout, il la parfait et, la parfaisant, *il la fait se sublimer en lui, il lui donne le pouvoir de le libérer pour des fins excédant la perfection du Politique* ; l'homme vertueux, plébiscitant son ordination au bien commun, s'émancipe de la Cité, en vue de biens célestes, d'autant plus parfaitement qu'il lui est, paradoxalement, mieux subordonné. C'est donc à condition de se faire encore plus excellemment citoyen que ne l'est le païen, encore plus dévoué à la Cité que ce dernier, que le catholique œuvre efficacement en vue du Ciel.

On a là l'illustration du bien-fondé de l'idée — même si elle n'a pas l'heur de plaire à tout le monde — selon laquelle le vrai chrétien est un *païen surmonté*.

Voilà ce que le bon abbé X ne parvenait pas à comprendre, non sans une part de mauvaise volonté inspirée par son surnaturalisme générateur d'esprit théocratique. Il recevra plus tard une lettre amère du père de l'élève Machin, à laquelle il ne répondra pas, qui s'achevait sur les propos suivants :

§ 13. Volonté de puissance ecclésiastique refoulée.

« L'Église est dépositaire d'un trésor de grâces qu'elle est seule, par ses ministres consacrés, à pouvoir dispenser aux laïcs, lesquels en ont vitalement besoin pour éviter la damnation. Et c'est pourquoi on ne peut se passer de prêtres qui méritent la reconnaissance et le respect des laïcs pour lesquels les premiers se sacrifient.

Cela dit, comme j'ai essayé de vous le faire voir, la grâce soigne la nature et la surélève. Elle redresse la nature blessée qui, restituée à elle-même dans l'acte d'être surnaturalisée, est rendue capable de poser des actes de foi, d'espérance et de charité qui, sans la grâce, seraient strictement impossibles. Mais la nature humaine a toujours vocation à poser des actes naturels dans les domaines de compétence profanes. Or, que les prêtres soient les ministres de dispensation des moyens surnaturels de réfection de la nature ne fait pas d'eux les maîtres habilités à diriger les initiatives naturelles ; que le médecin rende possible la récupération de la santé nécessaire à l'exercice du métier de laboureur ne fait pas du médecin un spécialiste de l'art agricole.

Cela dit, je vous concède que, surélevée dans l'acte d'être soignée, la nature est encline à placer même les activités profanes sous la protection et l'inspiration de la vie surnaturelle, d'où une certaine confessionnalisation — légitime — des activités profanes telles celles qui relèvent du métier, de la vie et de la hiérarchie domestiques, des activités culturelles et sportives, militaires et artistiques, de l'étude et de tout autre domaine naturel. Mais cette inclination est exercée par les laïcs, et les modalités de sa réalisation leur appartiennent ; si les religieux se chargent eux-mêmes de tout confessionnaliser, si les aumôniers des camps de jeunesse et des armées se mettent à prendre la direction des modalités de cette confessionnalisation, ils en viendront immanquablement à prétendre à diriger ces activités profanes, à en concevoir les modalités en fonction de l'idée étroite qu'ils se font des exigences de l'ordre naturel; et c'est là une usurpation de pouvoir. Ils se font une idée étroite, réductrice, des exigences de l'ordre naturel, parce qu'ils ne retiennent de ce dernier que ce qui est instrument du salut individuel : la vie est courte, pensent-ils, menons une vie cachée, misérable, en attente de la mort libératrice. Le laïc est pour eux un curé au rabais, et c'est bien à cela qu'ils entendent le réduire, en partie par une pieuse cécité, mais aussi pour des raisons moins avouables et, pour le coup, beaucoup plus prosaïques. Pour ce qui est des raisons avouables, j'évoquerai la vie ecclésiastique elle-même, toute tissée théoriquement de prières et de cérémonies, de prêches, de visites aux malades, etc. L'ecclésiastique ne se reconnaît pas le devoir d'accomplir une vocation naturelle (exceller dans un métier, accomplir une œuvre profane), parce qu'il se veut le préposé à la diffusion des moyens surnaturels de salut ; à cela, il n'y a rien à rétorquer, sinon que l'homme de Dieu, tendant à se poser en modèle du laïc, en vient à mépriser les activités profanes, à détourner insidieusement le laïc du souci de les bien pratiquer. Mais il y a aussi que les ecclésiastiques, démangés par le prurit théocratique, nourrissent une volonté de puissance vaine et refoulée qui, de ce fait, cherche, par ce que d'aucuns ont nommé le principe de réalité, à se satisfaire par des moyens détournés, ce qui produit en eux la tendance à la médisance, à l'insinuation, selon les pulsions de glandes féminines qui leur poussent comme des parties honteuses qu'ils croient plus innocentes que celles dont ils ont glorieusement fait le sacrifice.

Sous ce double rapport, évidemment, ils se trompent lourdement, pour le plus grand malheur de leurs troupeaux.

Vous avez mis, l'abbé, sur le compte de votre devoir de charité, dans la forme de l'obligation d'exercer la correction fraternelle, vos pulsions fielleuses d'homme naturellement médiocre rendu envieux par les prétentions que lui fait nourrir son statut de consacré. Et ce n'est pas là la meilleure façon de faire respecter la soutane. On a la foi non pas grâce à vous, mais malgré vous. De là à penser qu'on fait son salut non par vous mais malgré vous, c'est une distance que je ne franchirai pas, mais je vous inviterai, pour votre propre salut, à méditer une telle hypothèse en vous dispensant, au moins une fois, de vous mentir. Ce sont non tant la doctrine catholique en tant que telle, que les petits esprits de votre espèce qui nourrissent les fureurs du néo-paganisme ».

Les turbulences de l'« Insurréaction », ou de la difficulté d'être auteur dans certains milieux faisandés.

§ 14. La droite-ghetto.

L'« Insurréaction », c'est cette frange de la droite qui constitue la droite réellement de droite, nommée extrême droite ou ultra-droite, ou fascisme, ou droite radicale, ou droite révolutionnaire, celle qui sait que l'on ne revient jamais en arrière ; celle qui a compris que la victoire de ses ennemis est le résultat des déficiences de son propre camp, de telle sorte qu'elle est réactionnaire dans sa lutte contre la gauche en laquelle elle voit une décadence, mais moyennant une révolution à l'intérieur de sa propre tradition, afin précisément de conjurer sa propension à se faire déborder par ce qui la conteste. Cette droite de conviction met les biens spirituels au-dessus des biens matériels, la communauté au-dessus de l'individu, la vérité au-dessus de la liberté, la joie de servir au-dessus du plaisir de prendre et de consommer ; elle affirme l'existence d'un ordre naturel des choses que l'honneur de l'homme consiste à dévoiler et à respecter, et c'est sous ce rapport qu'elle est réactionnaire : elle réagit contre les nouveautés qui prétendraient bousculer ce qu'il y a d'intemporel dans le réel, à savoir son ordre ; mais elle est révolutionnaire en cela qu'elle innove et bouscule ce qu'il y avait d'obsolète dans les représentations passéistes de cet ordre qu'elle entend, précisément, rendre actuel. La droite radicale, qui revendique pour elle seule le nom de droite, est tenue aujourd'hui, par les « penseurs » institutionnels et faiseurs médiatiques d'opinion, pour le refuge supposé des paumés, des malades, des fous, des ratés, des abandonnés de la nature, des asociaux, des pervers, des abrutis, des dégénérés, des méchants, des jaloux, des tarés, des psychopathes, des refoulés, des perdants congénitaux, des hallucinés, des enragés, des marginaux déclassés et des faibles polymorphes.

Le moins que l'on puisse dire est qu'elle n'est guère aimée. Elle est critiquée non seulement par ses ennemis naturels, c'est-à-dire par l'infinie variété des manières de n'être pas de droite et qui sont toutes autant de négations plus ou moins accusées de son contenu, mais encore par tous ceux qui se disent de droite tout en abhorrant cette invitation à la révolution intérieure qui fait sa spécificité. Sous ce rapport, elle est conspuée par les réactionnaires nostalgiques, en général attachés à l'idée monarchiste, ou bien aux dictatures paternalistes et cléricales par ailleurs assez perméables aux tropismes religieusement modernistes et aux séductions du libéralisme économique.

Mais elle est aussi critiquée par d'autres « intellectuels » qui se piquent d'audace et de largeur d'esprit en contestant, non sans coquetterie, la pertinence de cette dichotomie droite-gauche qui ne serait adoptée, selon eux, que par les réactionnaires. Il est vrai que si le communisme est la consommation de l'esprit de gauche, alors la droite est anticommuniste et d'aucuns seront tentés de reconnaître quelque chose de la droite dans le libéralisme subjectivement anticommuniste, lequel est en vérité foncièrement de gauche puisqu'il nie l'existence d'un ordre naturel des choses ; il n'est pas d'ordre sans finalité puisque l'ordre dit la disposition des choses en vue d'une fin ; il n'est donc pas de politique de droite qui ne soit inspirée par une téléologie incarnée dans une téléocratie ; et le propre du libéralisme est de substituer une nomocratie à la téléocratie, par là de nier l'existence d'un ordre naturel. Il est donc légitime de condamner cette dichotomie droite-gauche si « droite » signifie « libéralisme » ; mais autre chose est de critiquer la dichotomie en question quand elle est fondée sur un contresens opéré sur le concept de « droite », autre chose est de répudier cette dichotomie elle-même. Ceux qui en nient la pertinence sont ou bien des esprits brouillons rêvant d'un ailleurs qui n'existe pas, ou bien des hommes de gauche qui s'ignorent (il s'agit pour eux de rectifier les erreurs de la fausse droite par la vraie gauche sous le couvert de sauver les valeurs de la droite), ou bien des fascistes honteux incapables d'assumer le poids d'anathèmes que vaut aujourd'hui un engagement revendiquant la paternité du fascisme.

Tartempion est un auteur qui « sévit » dans ce milieu ; il est peu reconnu même par ceux qu'il devrait tenir pour ses amis. Lourdement critiqué, il s'y sent mal à l'aise, tout en sachant que là est sa place dans l'actuelle conjoncture. C'est un peu comme l'enfer : même la création de l'enfer est œuvre de la miséricorde divine, parce qu'il est la place en laquelle les damnés trouvent un semblant de repos, de sorte que, si l'enfer n'existait pas, leur privation — qui est refus — de la vision béatifique, qui les constitue comme damnés, leur serait encore plus insupportable parce qu'ils se trouveraient dans un désordre encore plus grand. Si l'on ne peut parler d'enfer, à propos de la vie terrestre, au nom de l'espérance, il est au moins opportun, hélas, de parler de purgatoire, lequel est aussi douloureux que l'enfer, plus même peut-être.

Les citoyens de l'« Insurréaction » sont en quelque sorte, par une cruelle ironie de la Providence, les Juifs de ce début de troisième millénaire, s'il est vrai que la place naturelle du Juif est le ghetto. Si les antisémites sont ghettoïsés, c'est évidemment parce que le pouvoir appartient aujourd'hui aux Juifs. On sait, quand on est fidèle à ses certitudes inactuelles, ne pouvoir être ailleurs, tout en supportant mal d'y être, sans cesser de vouloir y rester. S'interroger sur les raisons de ces qualificatifs paradoxaux, qui relèvent d'une conjugaison de l'attraction et de la répulsion, peut être intéressant si l'on entend s'efforcer à mettre en évidence les causes des échecs sempiternels d'une telle mouvance.

C'est à travers les tribulations de l'âme perplexe de Tartempion qu'il sera ici procédé à une telle interrogation.

§ 15. Les idées vagabondes de Tartempion .

« Il n'y a pas la droite, la gauche et le centre, comme s'il s'agissait de trois options également consistantes, le centre s'efforçant à faire la synthèse de deux visions du monde opposées mais également dotées chacune d'un être positif. Voir les choses dans une telle optique, c'est un peu comme déclarer qu'il y a le bien qui est au centre, et deux extrêmes dont chacun serait unilatéral, développant deux modalités symétriques du mal, étant bien entendu que, pour un centriste, la gauche est mauvaise par accident, alors que la droite extrême est mauvaise par essence. Et cela suffit à comprendre que le « centre » est de gauche. Il y a, en vérité, la droite qui est le bien et la vérité, et la gauche qui est sa privation plus ou moins accusée ; être, c'est être de droite ; être de gauche est relever du néant, lequel n'a d'être que par l'être qu'il ronge et auquel il est suspendu ; l'homme de gauche se pose en s'opposant, son geste premier est celui du refus ; l'homme de droite s'affirme en s'ouvrant à ce qui est, en se réjouissant de ce qui est, son geste premier est celui de l'approbation. Même Schopenhauer était de droite, parce que son pessimisme profond ne faisait pas de lui un révolté. Le monde est selon lui absurde, mais il faut 'faire avec', le suicide est une solution illusoire, et, ce même monde en lequel il est criminel de naître, à raison duquel il est peccamineux d'exister, offre tout de même des voies de salut, dans l'exercice du renoncement aux désirs charnels, dans celui de la contemplation esthétique, et dans la pratique de la pitié ».

« Il y a la gauche et nous ; entre les deux il n'y a rien, se dit Tartempion, et la gauche consommée se confond avec le néant, c'est pourquoi elle ne va jamais jusqu'au bout d'elle-même. Être de gauche, c'est contester la droite, c'est se définir toujours par rapport à elle, c'est la renier sur tel ou tel point de son héritage.

C'est pourquoi il n'y a pas symétrie entre droite et gauche, comme si la droite pouvait se définir telle la négation de la gauche ; la droite existerait si la gauche n'existait pas ; la gauche se détruirait si elle se rendait totalement étrangère à la droite, ainsi s'il advenait qu'elle devînt absolument elle-même. Et pourtant, d'une certaine façon, on peut dire que la droite est la négation de la gauche, non au sens où la gauche est dite négation de la droite, mais au sens où la droite est toujours victoire souveraine sur quelque chose qui, livré à lui-même et non surmonté, comme tentation non sublimée, relèverait de l'esprit de gauche ; il s'agit de quelque chose qui, comme tentation vouée à être sublimée, a raison de matière sacrificielle ; il s'agit de quelque chose qui n'est posé que pour être nié, et qui est nécessaire, en tant même qu'il est à dépasser, à la vitalité et à l'intégrité de la droite ; c'est même cela qui la fait pleinement de droite. La droite, c'est le choix de la vérité objective normative de la liberté, c'est le plébiscite de l'ordre ayant raison de fin pour la subjectivité qui le dévoile et s'y soumet. Mais un ordre n'est réel et durable que s'il a en lui-même le principe de sa genèse et de sa régénération, par là il est absolument ordre seulement s'il est vivant, possesseur du dynamisme à raison duquel il se pérennise ; et le vivant a toujours la forme d'une victoire sur la mort puisqu'il consiste à poser en soi-même le non-être de soi-même à partir duquel il coopère à la genèse de son être : être vivant, c'est avoir en soi le principe de son mouvement, ainsi de sa genèse et de sa croissance, de son évolution et de sa conservation individuelle ou spécifique, et ce qui est au principe de soi-même se fait procéder, par définition, de ce non-être de lui-même ».

« Les esprits forts, qui se disent de droite, entendent, par pure coquetterie ou souci de se singulariser (ce qui est la meilleure façon de sombrer dans le conventionnel le plus plat), se distinguer de la droite conservatrice, et même de ce qui reste de conservatisme et de réactionnaire dans la droite révolutionnaire. Ils se plaisent à déclarer, d'un air suffisant et niais, que l'opposition entre la droite et la gauche n'aurait plus beaucoup de sens aujourd'hui, voire qu'elle n'en aurait jamais eu, et qu'il s'agirait d'une dichotomie artificielle. Ce jugement d'esprits supposés « avancés » est analogue à cet autre, formulé dans les années soixante et soixante-dix du siècle dernier : « il n'y a pas de la musique classique et de la musique moderne, il y a de la bonne et de la mauvaise musique ». Il y a, en vérité, une bonne musique classique et une mauvaise musique classique ; il y a parfois de la bonne musique moderne — celle qui relève d'une part plus ou moins du folklore propre à la négritude qu'est le jazz et de ce qui en procède, d'autre part de la « variété » qu'on nommait jadis « chansonnette » — et très souvent de la mauvaise musique moderne ; il reste que la musique dite moderne relève d'un genre moins noble que la musique classique, et que la musique moderne est bonne à proportion de son aptitude à rester fidèle à certaines exigences de la musique classique. L'opposition entre bonne et mauvaise musique supposée invalider l'opposition entre musique classique et musique moderne, est ainsi destinée à celer la différence d'ordre ou de genre, pourtant essentielle, entre musique classique et musique moderne, afin de hausser subrepticement, à la manière dont les parvenus entendent singer les aristocrates, la musique de charme à la dignité de la musique classique ; c'est le propre de tous les adeptes de la musique de charme que de conspuer, avec des airs de révolutionnaires inspirés, l'académisme supposé de la musique classique, pour se faire à bon compte une place au soleil de la renommée et de l'honorabilité, et puis d'en venir, une fois célèbres, à aspirer aux honneurs des maîtres du classicisme.

Mutatis mutandis, il en est de même pour l'opposition entre droite et gauche. Il existe des hommes de gauche capables de dire parfois des choses vraies et intelligentes, et des hommes de droite peu intelligents capables de proférer des sottises. Il reste que l'homme de droite est celui qui croit — qui sait — qu'il existe une vérité objective, un ordre naturel des choses, et que la sagesse consiste à les rechercher et à s'y conformer. L'homme de gauche est celui qui fait dépendre l'idée même de vérité, ou la valeur de cette idée, de la subjectivité qui produirait ses vérités comme un artiste produit ses œuvres ; il n'y a pas, de ce point de vue, de vérité, mais seulement des interprétations ; il n'y a pas de réalité mais du chaos et du devenir ; il n'y a pas de sens ou de rationalité dans le réel parce que la seule subjectivité est tenue pour génératrice de sens ; il n'y a pas de raison normative du vouloir et des désirs, mais de la volonté et des appétits faisant de la raison l'instrument de leurs stratégies. S'il est vrai que la vérité consiste dans l'adéquation de la pensée et de la réalité, quand par ailleurs la fidélité à la vérité suppose que l'on commence par reconnaître son existence, force est de reconnaître que seul l'homme de droite est capable de vérité ; que la vérité est à droite et qu'elle est de droite, qu'elle est l'objet des appétits de l'homme de droite, à l'exclusion de tout autre homme. Il en résulte que l'opposition entre idée intelligente et idée sotte, supposée invalider la pertinence de l'opposition entre esprit de droite et esprit de gauche, est destinée à celer la différence d'ordre entre la droite et la gauche, laquelle gauche ne fait apparaître des vérités qu'à proportion de ce qui lui reste de dépendance à l'égard de la droite dont elle n'est, considérée en elle-même, que la privation, la maladie ou le parasite qui, comme chacun sait, vit sa dépendance dans la haine de lui-même et de ce dont il vit. Refuser la différence réelle entre la droite et la gauche politiques revient à déposséder la droite de ses attributs propres en en dotant une gauche prétendant par là accéder à la dignité de parti de la vérité objective. Et c'est un fait que tous les contestataires en viennent tôt ou tard à singer cette pesanteur de légitimité inhérente aux dépositaires de la vérité dogmatique. La droite est par elle-même, la gauche n'est que par la droite.

On contestera cette explication en rétorquant qu'autre chose est d'être une idée vraie, autre chose est d'être une idée intelligente. Or cette objection n'a de sens que si l'on adopte le point de vue de la gauche, qui nie l'existence de la vérité objective, ainsi d'une réalité *immuable* mesurant la pertinence des jugements que l'on peut porter sur elle, et fondement des valeurs destinées à servir de norme aux comportements humains : il doit y avoir de l'immuable, car si le réel était absolument réductible à ce qui, en lui, relève du devenir, alors la réalité, toute réalité serait en état de perpétuelle contestation de soi-même, elle ne serait jamais identique à elle-même et il serait impossible de tenir un discours qui lui fût adéquat, à moins qu'il ne se contredise en permanence au point de se rendre strictement inintelligible ; donc il y a vérité objective seulement s'il existe de l'immuable dans la réalité, qui doit être tenu pour le « réellement réel », index et paradigme de la réalité du réel.

L'intelligible est ce qui est à penser, il est la nourriture de l'intelligence. Dire qu'il y aurait quelque chose à penser hors de la réalité, c'est déclarer que ce qui fait sens ou relève de l'intelligible (et porte l'intelligence en exercice) est hors de ce qui est. Au sens strict, opposer l'intelligible ou le sens à l'être, cela revient à réduire le sens à l'irréel, ainsi au néant ; mais cela même, littéralement, n'a pas de sens : il faut être, pour être sens, puisqu'il est nécessaire, d'une manière générale, d'être pour être quelque chose. Opposer le sens ou le rationnel au réel n'est ainsi susceptible d'avoir un sens que si l'on considère que le sens relève d'une espèce d'intermédiaire entre le réel et l'irréel, quelque chose qui relève de l'être en puissance et qui subsiste sur le mode du *projet* : ce qui fait sens, ce qui à penser, ce n'est pas, dans l'hypothèse, ce qui est mais ce qui a à être, et qui a à être parce qu'il est *voulu*, et voulu par-delà toute raison ; il est voulu par-delà toute raison, autrement la raison aurait une raison d'incliner la volonté dans un sens déterminé, et, n'étant pas mue par la volonté mais se révélant motrice du vouloir, la raison serait déterminée par une réalité objective et ne saurait s'exercer hors du réel. Désolidariser l'intelligence de ce souci de vérité qui présuppose l'existence d'une réalité objective immuable, cela revient donc à déclarer que le réel n'est pas destiné à être contemplé mais à être créé — la manière humaine de créer consistant à contester pour refaire, à détruire pour reconstruire ; les philosophes, selon ce point de vue, n'ont fait qu'interpréter le monde de diverses façons, mais l'intelligence véritablement libre, humaine et intelligente, consisterait à le transformer ; et il serait insultant pour un marxiste que d'être classé ailleurs qu'à gauche, au-delà ou en deçà de la droite et de la gauche. Dès lors, déconnecter l'intelligence de la vérité, c'est embrasser une position de gauche qui fait du vouloir pur, émancipé de toute raison parce que fondateur de tout sens, par là d'un vouloir qui se réduit à l'arbitraire de la subjectivité tenue pour cause première et fin dernière, le moteur irrationnel de la raison. Est de gauche celui qui met la liberté au-dessus de la vérité ; est de droite celui qui fait de la vérité le fondement et la norme de la liberté. Or la conscience est intentionnelle : toute conscience est conscience de quelque chose, elle est « révélante-révélée », ne se révèle qu'en révélant, n'apparaît qu'en faisant apparaître ce qu'elle n'est pas, advient à l'existence comme intrinsèquement suspendue à ce qu'elle vise. Dès lors, elle est bien relative au réel et, en se voulant liberté soustraite à la norme de la réalité, elle ne peut se poser qu'en s'opposant au réel, elle n'existe que comme négation de ce qui plébiscite le réel. C'est pourquoi la gauche ne vit que par la droite qu'elle conteste. Et toute tentative de déconnecter l'intelligence de la vérité réhabilite la dichotomie droite-gauche dont — on s'en souvient — elle se voulait, vue d'une droite en mal de renouvellement, le pourfendeur ».

« Plus il est subjectiviste, plus l'homme de gauche est à gauche ; plus il est objectiviste, plus l'homme est de droite et par là amant de la vérité. Pour celui-là l'intelligence est essentiellement pratique, pour celui-ci elle est d'abord contemplative. Parce que l'on n'en n'a jamais fini avec la vérité que l'on trouve et qui est inépuisable, on n'a jamais fini de s'enraciner à droite ; parce que la vérité vaut pour elle-même et n'est aimée comme telle qu'en se subordonnant celui qui l'aime, on ne l'aime jamais assez ; aussi n'est-on jamais assez à droite. Il n'est de droite que de vraie droite puisque la droite, en tant que refus du subjectivisme, est l'expression politique du choix de la vérité. Donc il n'est de vraie droite que la droite extrême. Tout ce qui n'est pas absolument de droite est de gauche, selon tous les degrés possibles de dénaturation de la vérité. Dans l'ordre des vertus morales, le bien est toujours un juste milieu ; mais ce milieu quantitatif est un extrême qualitatif ; si le courage est le juste milieu que trahissent tant la lâcheté que la témérité, on n'est jamais, nonobstant le refus de ces glissements extrêmes, trop courageux. Et si l'on n'est jamais trop à droite, la droite, pour autant, n'exclut pas, dans sa radicalité même, le sens de la mesure ».

« Or c'est là que les choses se compliquent pour l'homme de droite, pour les hommes de droite incapables, de fait, de s'entendre sur la détermination de ce juste milieu qui est un extrême qualitatif. D'abord on doit admettre que ce que retient le vulgum pecus de l'extrême droite, ce sont ses caricatures qui ne sont pas toutes élaborées par la gauche : volontarisme se voulant nietzschéen, darwinisme social, culte féminin de la force pour la force, stupide conception de la force qui croit discerner une faiblesse dans la charité, la compassion, la douceur, le souci de justice.

Ensuite, tout le monde entend bien, à la droite de la droite, servir la bonne cause et faire preuve d'abnégation, mais à condition que chacun soit le chef ; ou bien tous entendent adhérer à la vérité, mais pour autant que chacun soit celui qui l'aura dévoilée le premier. **Il y a un subjectivisme qui hante la droite, et il convient de se demander pourquoi** ».

§ 16. **Les idées vagabondes de Tartempion (suite).**

Nos temps subjectivistes invitent chacun, même et surtout le plus ordinaire et le plus médiocre, à parler de soi, en lui livrant les moyens techniques de se donner en spectacle devant la Terre entière ; tel est le sens de la création de cet instrument du mondialisme qu'est l'Internet : avec le consentement et même l'initiative des victimes, il s'agit d'obtenir une société de transparence effaçant toute intimité, résorbant tout privé dans le public, afin de faire fusionner l'intériorité de chacun avec celle de tous par extériorisation de toutes en un noyau essentiel supposé commun à tous les individus, et cela dans le but de substantifier la société et de promouvoir une interdépendance radicalisée génératrice de mondialisme.

Les assoiffés de notoriété ne s'en privent pas, qui s'exhibent sans vergogne pour se construire un personnage crédible offert au public dont ils attendent qu'il leur renvoie cette idée qu'ils voudraient se faire d'eux-mêmes et à laquelle, sans l'adulation des foules, ils ne parviennent pas à croire. Tout se passe comme si nos contemporains avaient atteint un tel degré d'inconsistance, tout en étant conscients de leur déchéance, qu'ils éprouvaient le besoin de se reconstituer un être propre en s'efforçant à exister dans le regard des autres, dans l'œil unique du monde qu'est la foule anonyme : on me regarde donc je suis, puisqu'il faut être pour être regardé. Le virtuel est devenu le critère de la réalité du réel : cela a été vu par beaucoup, cela a accédé à la « dignité » de l'existence médiatique — par la télévision, le cinéma, les vidéos — donc cela existe. C'est là une conséquence obligée de la prétention de chaque moi à s'absolutiser, à se déifier : parce qu'il n'appartient qu'à Dieu de créer, la conscience aspire sans se le dire à être créatrice ; existe ce dont j'ai conscience et parce que j'en ai conscience ; mais parce que le moi pur conserve une sourde conscience de sa condition de créature, il devient victime de sa prétention : j'existe seulement si je suis regardé. Expliquons cela :

Aucun petit moi, à moins d'être fou à lier, n'ira seulement penser qu'il est Dieu, s'il se considère dans sa contingence, sa singularité insignifiante, sa faiblesse ; mais il prétend relever du divin parce qu'il se veut sans maître et sans origine ; par un déplacement nécessaire et inavoué, chaque moi tend ainsi à considérer que son moi profond est l'humanité, non pas la nature humaine dont il répudie le concept, mais la communauté humaine mondiale, gros animal substantifié dont chaque individu se voudra une conscience de soi ; dès lors, le moi orgueilleux consent à exister s'il se donne son existence, et il se donne son existence en ayant conscience de soi, en se faisant la conscience de soi du tout social qu'il fait être en s'inscrivant en lui, mais il s'agira d'un soi universel, le soi de la communauté humaine ; l'indépendance à l'égard de Dieu se solde par le plébiscite d'une absolue dépendance à l'égard du genre humain massifié dont le regard objectivant ratifie mon droit à exister. D'où le cabotinage, l'histrionisme ordinaire et l'absence totale de pudeur des moi individuels, dérisoires, qui s'affichent aujourd'hui sur les réseaux sociaux.

On rejoint là, de surcroît, un certain aspect de l'explication sartrienne du masochisme, identique en son fond au sadisme. Supposé sans nature ou essence, l'homme est sa liberté identique à sa conscience, il est sa mise à distance de soi, laquelle est néant puisque la seule chose qui puisse le séparer de lui-même sans détruire son unité est le rien ; fissure ou fêlure de l'En-soi, du règne du plein, de ce qui a une essence, le Pour-soi est relatif à ce qu'il nie, il est néant néantisant, et tels sont l'acte de connaître et l'acte de se déterminer : être conscience d'une chose est n'être pas ce dont elle est la conscience, par là c'est faire advenir en soi-même la néantisation de la chose dont on a conscience ; être libre est choisir, choisir est exclure, ainsi nier. Mais la conscience, comme néant d'être, comme désir d'être, est appétit d'être en-soi-pour-soi, désir d'être Dieu, et Dieu est unique, donc autrui est de trop. Le conflit des consciences est inévitable et indépassable, et le masochisme consiste à aimer sa honte, à choyer cette réduction du moi, qui est sujet, au statut d'objet, parce qu'une telle humiliation fait encore du moi un objet fascinant pour autrui, doué du pouvoir d'engluer autrui, de court-circuiter sa liberté. On peut se demander si le masochisme n'est pas le destin de tout homme se réduisant à sa subjectivité, et si l'exhibitionnisme, l'histrionisme, la destruction plébiscitée de toute vie privée et de toute intimité, n'est pas le destin de tout subjectiviste qui alors, loin de se soustraire à ce qui l'aliène, plébiscite furieusement le système de surveillance dont il est devenu l'objet. Avoir conscience d'exister n'est pas positionnel de l'existence de la conscience, même si la conscience ne peut exister qu'en ayant conscience d'exister : la liberté humaine n'est pas sa propre origine ; dès lors, quand elle se veut être sa propre fin, elle s'absolutise et se coupe de ce qui la fait être, par là cautionne ce qui l'exténue ; la liberté se consomme dans l'esclavage, et l'homme souscrit à la servitude non par manque de courage ou de goût pour la liberté (telle est cette platitude en quoi se résout le diagnostic de La Boétie), mais par exacerbation devenue morbide de ce goût libertaire. Et l'Internet fut inventé pour donner à chacun de se donner en spectacle, par là de se forger l'esclavage en lequel se reconnaît et se célèbre sa liberté délirante.

Ce qu'il y a de vraiment difficile à penser, c'est que même ceux qui revendiquent l'héritage d'une pensée de droite sont atteints par cette pathologie. Il est possible de guérir quelqu'un qui désire être guéri, il est presque impossible de guérir celui qui aime sa maladie. Et il devient strictement impossible de promouvoir la santé chez les malades quand les candidats au rôle de thérapeute sont affligés, sans le savoir, du mal qu'ils prétendent éradiquer.

Tartempion est essayiste, s'efforçant à philosopher ; un essayiste d'humble niveau, qui se contente de tenter de dire ce qu'il croit être vrai. Encore faut-il de surcroît, pour qu'il se sente autorisé à le dire, que ce soit quelque chose d'original, quelque chose qu'il n'a lu nulle part avant de prendre la plume. Au moins doit-il être question, quand cela ne sort pas du travail de ses propres méninges, de quelque chose sur quoi il lui semble qu'on n'a pas assez insisté et qui lui paraît fort important. C'est dire qu'il ne cède pas à cette démangeaison d'écrire qui trop souvent, sous le couvert d'une pulsation controuvée d'inspiration littéraire, n'est que l'effet d'une pulsion de vanité : être un homme qui « écrit », c'est se poser en « penseur », en « intellectuel », en « créateur », selon une intention valorisante qui habilite celui qui l'embrasse à se hisser, au moins dans sa propre tête, au-dessus de la trivialité prosaïque des gens qui travaillent pour satisfaire leurs besoins, par là qui consacrent leur vie à gagner les moyens de vivre, qui donc consument leur vie à retarder le moment de la quitter, en entrecoupant leurs temps de labeur de distractions, c'est-à-dire d'activités plaisantes qui les dispensent de penser, qui les détournent d'eux-mêmes et de leur véritable vocation.

Tartempion travaille, comme on dit, « dans son coin », à distance du monde et des conflits de personnes, des modes intellectuelles et des frénésies parisiennes, loin aussi des complaisances « youtubesques » qui, trop souvent (mais non toujours) séduisent l'histrionisme et le cabotinage des paumés en quête de reconnaissance et de promotion sociale ; ces derniers ne cueillent, de ces expositions indécentes des replis surets de leur cœur fragile, que l'adhésion d'autres paumés se reconnaissant dans les premiers, de sorte que, loin de leur faire gagner une ombre de consistance, de telles pratiques les rivent à leur médiocrité. Tartempion aime la discrétion. Il éprouverait de la honte à s'aligner sur les comportements des « youtubeurs ». S'il est un point commun entre lui et ce grand esprit que fut Jules Lachelier — et c'est sous ce rapport seulement que la comparaison se supporte —, c'est bien celui du souci de ne pas accéder aux charmes de la notoriété : Lachelier mit, nous apprend Gabriel Séailles dans le petit ouvrage qu'il consacra au philosophe idéaliste, « à se laisser ignorer le soin que d'autres mettent à se faire connaître ». Tartempion se dit, en ce moment, qu'il n'est pas facile de penser dans ce milieu de marginalisés sans être immédiatement assassiné par ses frères de combat, au point qu'il n'est pas nécessaire d'en appeler à l'iniquité du système qu'ils dénoncent pour expliquer les échecs de leur camp. Dans le milieu des proscrits, ce ne sont qu'aigreurs, ambitions contrariées, haines recuites, jalousies sédimentées, petitesses en tous genres, paranoïas dérisoires, dépressions, humeurs acariâtres, pièges, mensonges, frustrations et trahisons, manœuvres vénales et mesquineries : une pétaudière malodorante et un vrai marigot peuplé de petites bêtes malades et sournoisement venimeuses. C'est là la première raison de son souci de rester dans l'ombre : le moindre succès lui vaudrait des flots d'immondices, des procès d'intention, des accusations basses, une multitude de ces choses désagréables qui vous échauffent le sang, suscitent l'agressivité, mais auxquelles il est impossible de répondre parce que l'on ne sait jamais vraiment d'où partent les mauvais coups, et puis aussi et surtout parce que ce serait une affreuse perte de temps.

Si tant est qu'il aspire à être lu, Tartempion souhaite être reconnu pour ce qu'il pense et produit, et non pour ce qu'il est ou paraît ; la première des courtoisies est de s'effacer derrière son travail, de se faire oublier. Tartempion est à juste titre persuadé que sa personne ne présente aucun intérêt, et qu'elle ne contracte quelque valeur qu'en se mettant au service de ce qu'elle fait, pour autant que ce qu'elle fait ait une valeur.

Supposé que l'auteur soit sympathique aux lecteurs et que son œuvre ne vaille pas grand-chose, il obtiendra peut-être un relatif succès, mais fondé sur une méprise, et éphémère, et vain. Supposé qu'il leur soit antipathique et que son œuvre ait quelque valeur, le désagrément qu'inspire la personne de l'auteur brouille le jugement des lecteurs qui sont empêchés de s'ouvrir sereinement à une lecture pour eux féconde. Si l'auteur est sympathique et que son travail mérite quelque attention, il peut se croire réconforté, mais en fait il vivra sur une équivoque : de l'homme ou de ses textes, qui l'aura emporté ? Enfin, si l'auteur ne peut inspirer qu'antipathie au public et que son œuvre ne vaut rien, il vaut mieux pour lui qu'il soit méconnu de tous, parce que la seule place qui lui revient en droit est celle de l'anonymat. Dans tous les cas, la discrétion est préférable : « bene vixit, qui bene latuit », selon Ovide et Descartes. La grandeur morale de l'homme est son pouvoir de se faire l'instrument du dévoilement, de la production et de la diffusion de quelque chose d'intrinsèquement bon, et tout particulièrement de cette espèce de bien qu'est la vérité. Qui s'efface se grandit en s'effaçant : le moi, la subjectivité, n'est pas l'essence de la personne ; cette dernière n'est pas un sujet auquel s'ajouterait une nature (humaine) ; la personne est une individuation personnifiante de sa nature, elle est et n'est rien de plus que sa nature individuée, même s'il lui est loisible, dans l'extrême de cette individuation, d'entretenir à l'égard d'elle-même une relation d'avoir. Nos appétits procèdent de notre nature et, comme manques, ils attestent une inadéquation structurelle du sujet à son essence qu'il vise à travers les choses qu'il appète. Nos appétits procèdent de notre nature et ramènent à elle, et le moi n'est que ce terme momentané, sur le circuit réflexif de l'ipséité, en lequel l'appétit change de sens, procédant de la nature et se retournant sur lui-même, ainsi se réfléchissant pour faire retour à sa nature. En se subordonnant aux biens qu'il manifeste et communique, le moi se fait l'instrument du rayonnement de quelque bien en lequel sa nature se reconnaît, mais en retour sa nature essentielle, qui ne subsiste qu'en s'individuant, confirme l'effectivité du moi à proportion de la capacité de se dernier à s'effacer, puisque le moi s'atteint par réflexion, et même se constitue dans cette réflexion sur soi de son essence dont il est l'envers intérieur. C'est en renonçant à soi-même que l'on se trouve, en servant que l'on s'affirme. Quel besoin un auteur peut-il avoir de se faire connaître de ses lecteurs, sinon pour se rendre sympathique à eux afin de vendre ses productions, comme si ces dernières manquaient d'appétibilité ? Par là, chercher à se faire connaître, soi-même et non son œuvre, ou son œuvre à travers soi, n'est-ce pas déjà faire l'aveu du peu d'estime que l'on porte à son propre travail ?

Et puis, il y a une chose qu'il faut avouer : être connu et reconnu implique des devoirs qui peuvent être féconds, auquel cas il faut les accepter ; mais cela suscite aussi des contraintes vaines parce qu'infécondes, et dont l'auteur est en droit de se dispenser. Tartempion a fait l'expérience, réconfortante pour lui, de l'existence de lecteurs probes, exigeants, éclairés, dont les encouragements l'ont honoré, et par lesquels il fut extrêmement touché, ce qui lui fit leur signifier sa gratitude. Mais entre le lectorat et l'auteur, il y a aussi cette clique de rats de l'ergastule « insurréactionnaire », et maints lecteurs déjà gagnés à la médisance systématique, pour se poser en s'opposant, par envie, pour faire les intéressants, par vanité ou par pure méchanceté. Se coltiner chaque jour le courrier des crétins qui jouent les importants, se gaussent et ironisent à bon compte, vous gratifient de leurs précieux conseils et leçons avisées, de leurs cruelles critiques la plupart du temps mal ciblées, est perte de temps pour tout le monde. De tels abrutis sont d'autant plus loquaces et bruyants qu'ils sont plus inconsistants, et c'est là une servitude dont Tartempion a décidé de se passer, malgré le qu'en dira-t-on ; d'où son recours aux pseudonymes qui permettent au moins de gagner du temps ou de feindre de n'avoir rien reçu en se permettant de n'être aucun de ceux auxquels autrui s'adresse ; les pseudonymes l'ont par ailleurs dispensé de se faire épingler par les argousins, indicateurs et sycophantes de l'Education nationale dont il fut longtemps un membre infidèle, introduit dans la place pour y gagner sa croûte tout en s'essayant, autant qu'il le lui fut possible, à la détruire. Il se fit connaître sous divers noms et, libéré désormais de cette triste institution, il les conserve.

Nos temps subjectivistes invitent chacun à se donner en spectacle, mais ils invitent aussi les lecteurs à se faire indiscrets, à fouiller dans la vie de leurs auteurs, comme ces femmes qui croient puiser la science de l'homme qu'elles admirent en cultivant une intimité de peau qui brouille le jugement et compromet la compréhension d'autrui au lieu de la favoriser. L'intime charnel ne révèle strictement rien, sinon les rouages sans âme de la machine. Autant tenter de percer le secret d'un œuvre d'art en étudiant la composition chimique de son matériau. Autant s'efforcer à capter le charme mystérieux d'une personne en procédant à une radiographie de ses entrailles. L'intérieur s'extériorise : l'âme affleure dans les mots de celui qui les prononce, même quand il ment ou joue un personnage ; le propre de l'esprit, comme réalité intérieure, est de s'extérioriser ; c'est seulement quand la réalité n'est pas spirituelle que l'intérieur est extérieur à l'extérieur, comme l'est le dessous d'un capot d'automobile, et que son extérieur masque son intérieur. Pour cette raison, ce qui est invisible et semble échapper, comme un mystère, à la curiosité des facultés de connaissance sensible tenues pour critère de ce qui est vraiment, ce qui donc, par son « mystère » (pour les sens), est volontiers tenu pour une existence douteuse, évanescente et fuyante, est seul, en tant que spirituel, doué du pouvoir de se manifester, étant un intérieur qui consiste dans l'acte de son extériorisation ; la pensée n'est pas sans les mots. La vérité d'un homme qui écrit n'est pas dans sa vie privée, non plus que dans son physique ou dans son histoire ; elle est dans ses livres. C'est en eux qu'il investit ce qu'il peut avoir de précieux et de véritablement personnel, précisément parce qu'ils transcrivent l'universel. On comprend ainsi qu'un auteur puisse redouter une trop grande familiarité avec ses lecteurs. Comprennent cela ceux dont il ferait le plus volontiers des amis. Et ceux qui ne le comprennent pas mais qui s'obstinent, mus par des sentiments peu avouables, iront bien sûr colporter l'idée selon laquelle les Tartempions seraient des lâches fuyant la vie publique parce qu'ils seraient incapables d'assumer la responsabilité de ce qu'ils écrivent. Les Tartempions ayant charge de famille et employés par l'Education nationale ou par toute autre institution sectaire et idéologiquement pourrie se sont toujours débrouillés pour faire, de ces pseudonymes celant leur identité aux argousins, autant de secrets de Polichinelle pour ceux de son bord ou supposés tels, dont l'efficacité n'était recherchée qu'auprès de leurs employeurs. Mais l'esprit bas, l'âme incapable d'admirer ce qui la dépasse, ne saura discerner dans ces évidences, en s'attribuant le mérite de faire preuve de lucidité inquisitoriale, qu'une ruse destinée à couvrir des bassesses. Le médiocre aime apercevoir la médiocrité dans son prochain, parce que cela le venge, en humiliant sa victime, des humiliations qu'il dut subir de la part des gens de qualité qui le jugeaient ; il aime aussi entrevoir la petitesse en autrui parce que cela rend ses propres misères communes, comme si elles étaient normales et, à ce titre, non misérables. Il s'agit toujours d'abaisser l'autre pour se pousser du col et pour se rendre supportable à soi-même.

§ 17. Une mésaventure d'auteur de droite.

Ces derniers temps, Tartempion se sentait « sec ». L'inspiration, telle une maîtresse capricieuse et susceptible, mais aussi sadiquement cruelle, l'avait fui sans vergogne. La procrastination, conjuguée à cette maladie non répertoriée qu'est l'« à-quoi-bonisme », avait eu raison de ses efforts de discipline et de rigueur en matière de production de choses écrites. Par un effet bienveillant de la Providence — c'est là un pléonasme : tout ce qui est providentiel est bienveillant, même et surtout peut-être les choses douloureuses —, il lui est arrivé récemment une déconvenue qui le mit au pied du mur et qu'il lui paraît nécessaire de narrer brièvement. Cet épisode comique aura peut-être l'heur de faire sourire un lecteur.

Un énergumène mal élevé se voulant érudit crut bon d'attaquer, en prose, Tartempion avec violence, en ayant recours aux méthodes les plus basses, les plus déstabilisantes, les plus malhonnêtes. Il voulut persuader son journalistique entourage que Tartempion était un raté, qu'il n'avait rien d'intéressant à dire, qu'il était un faiseur, un imposteur, un pleutre, un avorton, un pouacre, un complexé en mal de reconnaissance, un ignorant, un prétentieux grotesque tressant des verges pour se faire fouetter, et qu'il convenait de le remettre à sa place de médiocre en le dissuadant à jamais de s'essayer à écrire et à publier ; qu'il lassait son lectorat, que ce dernier était inexistant, qu'au vrai il ne lassait pas grand-monde puisque personne — selon ses dires — ne le lit. Il tint à préciser qu'il était démangé par le désir de lui mettre une balle dans la tête. Ce n'est là qu'un résumé succinct de ses gracieusetés. L'oiseau se pique d'appartenir au milieu des Réprouvés, et s'attribue la fonction de censeur, distribuant les bons et mauvais points au gré de ses humeurs, c'est-à-dire de ses rancœurs et de ses complexes, de ses nerfs fragiles et de ce qui, en lui, ressemble bien à des ovaires tourmentés.

Ce qui est excessif étant insignifiant, Tartempion n'a pas accordé plus d'importance que cela aux humeurs puantes du roquet, considérant même qu'il ne méritait pas qu'on lui fît l'honneur de se déplacer pour lui casser la gueule. Si l'on devait casser la gueule de tous les trous du cul démangés par le désir de se pousser du col en vous critiquant, on n'aurait même plus le temps d'écrire ; ils sont actuellement, semble-t-il, à tenter de le déconsidérer en le calomniant, quatre ou cinq ratés issus du même ghetto idéologique que lui, quatre ou cinq abrutis, peut-être plus, aussi prétentieux que médiocres et tourmentés par la pathologie du génie méconnu : ils croient qu'il suffit d'être un Réprouvé pour être la victime talentueuse d'un système inique, et de savoir lire pour être un spécialiste. Mais Tartempion, sans être superstitieux, ne méprise pas les signes providentiels, et il s'est demandé quel sens pouvait avoir pour lui le fait d'être pris à partie de manière aussi vipérine. Un auteur fait feu de tout bois, tout est bon à prendre pour fouetter l'inspiration, et sous ce rapport tout mérite de faire l'objet d'une analyse et d'une réflexion. Oh certes ! Le minuscule événement ne méritait pas, en tant que tel, le labeur de la rédaction d'un livre. Mais ce fut pour lui, en quelque sorte, l'occasion de s'interroger sur le bien-fondé de la démarche de l'écrivain et/ou de la condition d'auteur. Et, à travers ces interrogations, ce fut le moyen pour lui de s'interroger sur la psychologie de l'homme de droite d'aujourd'hui. Tous les hommes de droite — c'est-à-dire, pour formuler les choses clairement, tous les hommes d'ultra-droite, ceux qui sont antisémites (entendons : profondément hostiles à la vision juive du monde et de l'Histoire, et radicalement opposés au judaïsme politique), convaincus par l'argumentaire révisionniste, antidémocrates, raisonnablement racistes, hostiles aux principes maçonniques du jacobinisme, et qui poussent leur logique jusqu'à assumer l'héritage de la « Bête immonde » — ne sont pas semblables à l'olibrius vindicatif qui vient d'être évoqué ; mais il y en a quand même pas mal dans le landerneau, et cela même constitue un « fait-problème » qui appelle une explication : **le subjectivisme est ce dont l'homme de droite devrait être par principe l'antithèse ; or un nombre impressionnant d'hommes de droite sont aujourd'hui**

subjectivistes. Il y aura toujours et il y a toujours eu, dans le sillage des glorieux vaincus de 1945, des jeunes gens courageux, idéalistes, désintéressés, intelligents, pour se sacrifier autant qu'il est raisonnablement possible à la cause des vérités indésirables. Mais, depuis peut-être une ou deux décennies, ils se font presque rares et font place à une engeance qui pue la haine d'autrui inspirée par la haine de soi — c'est-à-dire par l'amour désordonné de soi-même d'un moi qui ne s'accepte pas tel qu'il est, qui rêve d'être autre et qui s'en veut et en veut à la terre entière de n'être que ce qu'il est — qui a toujours sévi à droite, mais qui restait minoritaire. Les choses changent sur ce point comme sur d'autres, et il convient de se demander pourquoi.

Les Scolastiques nous apprennent, par la doctrine des transcendantaux, que les concepts d'être (ens), de vrai (verum), de bien ou de bon (bonum), d'un (unum : indivisibilité), de quelque chose (« res » : être, c'est être quelque chose de déterminé), d'« aliquid » ou « quasi aliud quid » (être, c'est être quelque chose qui n'est pas ce que sont les autres et qui fait de cette négation quelque chose d'intrinsèque à son identité) sont des concepts convertibles, qui transcendent les genres en ce qu'ils s'attribuent à leurs inférieurs logiques non seulement quant à ce qu'ils ont de commun mais encore en ce qui concerne ce que chacun a en propre ; tout être, en tant qu'il est être, est un, bon, vrai, etc. Dès lors, l'un et le bien sont convertibles. S'il est vrai par ailleurs que l'être du mal est privation du bien, ainsi privation d'être, on en conclut que le mal manque d'unité et qu'il est nécessairement divisé contre lui-même. Si enfin le bien est d'autant meilleur qu'il est plus commun, quand le bien a raison de cause finale, étant aimé pour lui-même, force est d'en conclure que le bien commun est unitif de soi par là qu'il se subordonne ceux qui l'aiment : ils l'aiment en lui étant rapportés. Mais alors tout ce qui relève du mal ne peut aspirer qu'à des biens privés, tronqués, générateurs de discorde et de division. Or c'est un fait que les hommes du parti de la révolte métaphysique, les hommes de gauche, les insurgés contre leur condition d'hommes et de créatures, les criminels et les contestataires, en un mot les subjectivistes, développent une praxis politique non immune de divisions internes, de haines, de bassesses, d'égoïsmes et d'ambitions sans scrupules, et il n'y a là rien que de normal et de prévisible ; mais ils sont étrangement doués du pouvoir de faire l'unité, par-delà les dissensions personnelles, contre l'ennemi commun, l'homme du parti de l'ordre et le serviteur du bien commun. C'est un fait bien tangible et non moins déconcertant que la droite est incapable depuis fort longtemps de faire son unité ; que les susceptibilités, les ambitions, les pulsions d'envie, de jalousie fermentent à droite et semblent y fermenter d'autant plus qu'on va plus à droite. Et ce triste constat appelle une explication.

§ 18. Les idées noires de Tartempion.

« Tout auteur, écrit Tartempion, est confronté un jour ou l'autre à la situation que je décris ici. Il faut de tout pour faire un lectorat, même des insulteurs outranciers, qui ont vocation à être classés dans la rubrique des fous, présentant un intérêt clinique certain, non seulement pour la science médicale, mais encore pour la littérature et la psychologie, par là pour la philosophie. C'est de ces pauvres gens que l'on peut dire avec le plus de raison qu'ils sont responsables de leur maladie. Ils reprochent au réel d'être ce qu'il est. Ils ne s'aiment pas parce que, ce qu'ils sont en réalité — et dont ils gardent une sourde réminiscence quelque effort qu'ils fassent pour se mentir — les déçoit ; ils ne parviennent pas à s'accommoder d'eux-mêmes.

Alors ils se réfugient dans le rêve, dans un univers parallèle et s'inventent un personnage qu'ils jouent si bien qu'il finit par les jouer ; on comprend par là pourquoi il y a tant de dandies chez ces gens-là, se faisant les arbitres des élégances et prônant avec Baudelaire que le dandy « doit vivre et dormir devant un miroir », « être sublime sans interruption », parce que le dandysme serait « le dernier éclat d'héroïsme dans les décadences » ; passant leur vie à se mirer dans les glaces, leurs maigres talents deviennent stériles à force de se prendre pour objet, et ils ne s'aperçoivent pas qu'il ne suffit pas de singer les faiblesses d'un grand poète pour lui ravir son génie. Et il est permis de parler de faiblesse au sujet du dandysme, parce que cette morbide obsession de soi participe elle-même du subjectivisme, par là de la racine même de la décadence que le dandy se fait pourtant fort de défier ; en plaidant pour des valeurs et des attitudes aristocratiques mais déployées en étant rapportées à la gloire du moi qui les professe et prétend les incarner, le dandy dénature ces valeurs dont l'intégrité exige au contraire qu'elles soient aimées pour elles-mêmes, qu'elles soient servies et non qu'elles servent ; c'est là toute l'ambiguïté, dans un registre plus austère et plus sérieux, de la philosophie de Nietzsche. Selon la même logique, plutôt qu'à produire quelque chose, ceux-ci consacrent une bonne partie de leurs journées stériles à décrire la manière dont il faudrait produire s'ils condescendaient à se mettre à produire, et ce verbiage programmatique finit par leur tenir lieu de production ; cela leur évite d'être confrontés à leurs limites ; il en est de même pour ces cinéastes à prétentions intellectuelles qui, à défaut de produire de vrais films, accouchent de scènes mal cadrées pour nous apprendre la manière dont il convient de faire un film ; on peut en dire autant de ces « enseignants » qui n'ont rien à enseigner parce qu'ils ne savent rien, mais qui se piquent de nous apprendre, en s'intronisant « didacticiens », à enseigner, comme si la méthode pouvait être dissociée du contenu ; ce faisant, ils nourrissent l'illusion de maîtriser tous les contenus. Peut-être est-ce là même ce qui inspire maints critiques de profession ; il y a certainement des critiques littéraires et des critiques d'art qui font bien leur métier, scrupuleusement et sobrement, et qui sont éminemment utiles, tant aux auteurs qu'aux lecteurs et spectateurs; mais il y a parmi eux beaucoup de ces oiseaux particulièrement capables d'illustrer l'archétype du névrosé adlérien. Ils évitent de pondre un roman qui attesterait leur indigence, ils pressentent la pauvreté du résultat de leur labeur virtuel, mais ils ne renoncent pas à écrire ; alors ils écrivent sur ce qu'écrivent les autres, se donnant l'impression, en les jugeant, de posséder leur talent. A défaut de créer un univers psychologique ou une forteresse intellectuelle, ils se rengorgent des quelques bons mots qu'a produits leur inventivité poussive, dont ils mesurent la valeur à leur degré de méchanceté ».

Alfred Adler est ce psychiatre viennois qui s'opposa à Freud sur divers points : refus de la thèse d'un inconscient autonome, refus du pansexualisme, refus du déterminisme matérialiste ablatif du libre arbitre. Adler commença par décrire le processus à raison duquel s'opère chez maints sujets une compensation psychique répondant à la conscience d'une infériorité physique : telle femme peu séduisante excellera dans l'apprentissage d'un métier généralement dévolu aux hommes ; tel homme physiquement peu athlétique et originellement craintif parviendra, à force de travail, à emporter le titre de champion du monde de boxe, ou bien deviendra richissime pour pallier par la puissance que confère l'argent celle qui physiquement lui fait défaut, etc. Ces observations répétées invitèrent Adler à procéder à une généralisation constitutive d'une théorie. L'homme en quête d'affirmation de soi se construit en réaction contre un sentiment initial d'infériorité, et tout homme en son fond, qu'il éprouve ou non le sentiment d'une infériorité physique, est en quête d'affirmation de soi. La névrose est en quelque sorte ce qui résulte du refus d'assumer un tel conflit, surtout quand ce refus est inspiré non par la peur des coups ou la fainéantise, ou encore par ce renoncement à toute dignité résultant d'un abandon de soi à des passions maladives devenues compulsives, mais par la crainte d'être mis en demeure d'affronter un échec. L'affirmation de soi du moi, supposant l'acceptation d'un conflit, requiert par là l'acceptation du risque de la défaite, laquelle crucifie l'idée flatteuse de lui-même qu'entretient un sujet par orgueil, par le choix déraisonnable d'une supériorité fictive mais qui, se sachant telle au fond, établie sur un mensonge à soi, redoute par-dessus tout d'être démasquée. Le sujet est ainsi conduit à se rendre malade en se suscitant des angoisses, des troubles du sommeil, des paralysies, des problèmes gastriques ou autres, afin de se donner de bonnes raisons de ne pas participer à ces compétitions, examens ou épreuves en lesquels il risquerait de compromettre l'attachement à l'idée qu'il se fait de lui-même. La maladie est ainsi un refuge, sciemment choisi quoique occulté par le sujet qui entend vivre ses déboires sur le mode victimaire. Au fond, le névrosé est celui qui choisit d'être un raté par peur d'être confronté au devoir, au terme d'une formation réussie mais non exceptionnellement brillante, de se reconnaître dénué de génie ; et il en est ainsi pour toute personne hantée par le souci de justifier son existence, ne supportant pas d'exister selon le mode d'être d'une personne ordinaire : elle ne consent à subsister que si elle est dotée d'un destin unique, affirmant haut et fort qu'elle n'a pas demandé à exister. Adler prend soin de ne pas séparer la vie psychique de la vie somatique, non plus que la psychologie de la morale. Ainsi raisonne consciemment le névrosé : « je ne suis rien, mais cela vient de ce qu'il ne me fut pas donné de prouver mes mérites ; j'eusse été une personne d'exception si la maladie, la malchance ou l'hostilité d'autrui ne m'en avaient empêché ». La névrose est une maladie consistant à faire s'insurger l'être en puissance contre l'être en acte, dans la mesure où l'être en puissance, qui est une manière de n'être pas, peut se payer le luxe d'être tout, n'étant rien de déterminé, ainsi de limité ; l'infini potentiel est la caricature de l'infini actuel ; le névrosé aime les échecs, les provoque ou oubliant qu'il en est responsable, qui lui permettent de n'être fixé dans aucun degré fini de perfection, ainsi de se rêver infini. On trouve de cela chez les femmes orgueilleuses qui, quoique jolies et plutôt intelligentes, se sont révélées incapables de se trouver un mari ; elles accusent alors, quand le temps de l'enfantement est pour elles passé, quand donc elles ont compris qu'elles avaient raté leur vie, l'égoïsme des hommes auxquels, prétendent-elles, elles auraient fait peur à cause de leurs supposés talents d'exception. La vérité est que, redoutant d'être mises en demeure d'être choisies par un homme qui, n'étant pas exceptionnel, n'eût pas flatté leur ego, elles ont tout fait pour faire capoter tout projet conjugal en dégoûtant les prétendants hypothétiques par des manigances insupportables : elles préfèrent, évidemment sans se l'avouer, rater leur vie de femme, choisir un destin de solitaire se lamentant sans cesse, à la perspective d'épouser un brave homme ordinaire qui eût révélé, à leurs yeux et aux yeux du monde, leur vocation de femme commune.

A distance de son goût pathologique pour le regard des foules anonymes, le névrosé fuit le regard *personnel* d'autrui parce que ce dernier, qui peut être lucide et doué pour déjouer ses ruses, l'évalue, lui renvoie en l'objectivant l'idée qu'il ne veut pas avoir de lui-même, le somme de s'extraire de son délire de persécution, le secoue en l'empêchant de se complaire en lui-même et dans sa fictive supériorité ; le névrosé fuit son prochain, ou bien entretient toujours avec lui une relation biaisée faite d'hostilité latente, parce qu'il peut entrer avec lui en situation de conflit, de sorte que le sens de la communauté l'a déserté, dans le moment où il est objectivement tourmenté par un immense désir de reconnaissance. Il aspire en vérité à être Dieu, tout en s'en défendant, et à être un Dieu adoré.

« Ce sont bien là, il faut l'avouer, les caractères de ce petit con teigneux qui se complaît dans l'insulte. J'en ai même connu qui, au temps de leur jeunesse, se sont fait bruyamment exclure de l'université en molestant des professeurs, pour se trouver une bonne raison de n'avoir pas à se soumettre aux examens et concours ; ils n'ont ensuite appris aucun métier, n'ont acquis aucun titre universitaire ; ils en ont été réduits à se fait entretenir par leur famille tels des adolescents attardés. Puis ils se sont arrogé, dans les officines journalistiques ou groupuscules politiques — de gauche comme de droite — où ils échouaient, le statut de distributeurs de compliments ou de blâmes. Ils sont depuis toujours en attente de manifestations d'admiration, en quête d'une cour et de disciples, et se cherchent une femme pour fonder une famille qu'ils seraient parfaitement incapables d'entretenir et de régir, ce qui induit en eux une ostensible misogynie révélatrice de leurs frustrations en la matière, et par laquelle ils jouent au mâle. Ainsi se bousculent dans l'ergastule des Réprouvés un certain nombre de presque puceaux cinquantenaires et onanistes, et de vieilles filles à prétentions cérébrales, aussi stériles de la caboche qu'elles le sont de leur ventre, qui se veulent poétesses, artistes révoltées, journalistes 'témoins de leur temps', 'femmes qui pensent' tellement soucieuses de se démarquer du commun des mortels qu'elles se ressemblent toutes dans la naïveté candide de leur venimeuse méchanceté. La liste est longue de ces recalés de l'agrégation qui, incapables de digérer leurs échecs, passent le reste de leur vie à se comparer, accumulent de manière fébrile tous les savoirs leur permettant de soutenir une telle comparaison, qui ne cessent de médire sur l'absence de valeur des examens, sur l'incompétence des professeurs d'université, et sur l'ignorance des agrégés qui, comme chacun sait, ne savent pas écrire ».

« Quand vient au jour, en leur conscience morbide, le caractère vain de leur propension à se réfugier dans le rêve, quand le personnage qu'ils entendaient jouer en vient à les quitter, ils se réfugient dans la violence destructrice : ils ne sont rien, ils décident de n'être rien afin de n'être pas ce qu'ils sont et qu'ils haïssent, mais en même temps, habités par l'orgueil induit par le refus de s'accepter tels qu'ils sont, ils veulent être et s'affirmer ; et ils satisfont à ces réquisits contradictoires en se faisant destructeurs : ils se coulent dans l'identité d'une négativité vivante et ils éprouvent leur substitut de puissance dans la destruction de ce qui les offense, et qui les offense du seul fait qu'il est et qu'il se supporte ; cela les offense parce qu'ils sont, eux, incapables de se supporter. Il est clair que ceux qu'ils supportent le moins, ce sont ceux qui réussissent et qui leur renvoient l'image de ce qu'ils ne seront jamais. Leur volonté de puissance velléitaire leur fait embrasser le destin d'Erostrate pourri par le ressentiment, par cette 'rage de l'orgueil impuissant' qu'est l'envie si bien décrite par Max Jacob.

Le plus navrant est que certains de ces spécimens n'ont pas tort sous tous les rapports — ce qui complique les choses en leur accordant un semblant de crédibilité —, parce qu'il est vrai que le système judéo-maçonnique verrouille soigneusement les portes de la réussite universitaire ou artistique, scientifique, journalistique ou politique, et empêche les esprits libres de s'exprimer. Mais, de même que tout ce qui est profond est obscur sans que tout ce qui est obscur soit profond, de même tous ceux qui ont quelque chose à dire aujourd'hui de vraiment novateur sont ostracisés, sans que tous ceux qui sont ostracisés aient nécessairement quelque chose d'original à dire. On se fait un honneur d'être ostracisé pour faire croire qu'on est un génie méconnu. Et tous ces supposés modèles de lucidité et de courage ostracisés par l'ingratitude ignorante des masses se donnent rendez-vous, pour célébrer leurs malheurs, pour panser les bobos de leur âme et recueillir une estime et une admiration compensatoires dans les cénacles des résidus d'extrême-droite. Ces derniers ne sont pas exclusivement constitués par de tels déchets sociaux, mais ils les attirent malgré eux, et ils finissent par être tellement contaminés par leur présence génératrice de discordes qu'ils en viennent à étouffer leurs rares recrues douées d'un authentique talent, à moins qu'ils ne les fassent fuir. La droite radicale n'a vraiment besoin de personne pour se réduire à l'impuissance ».

§ 19. Les idées noires de Tartempion (suite).

Dans un premier temps, Tartempion ignora ces attaques décidément insignifiantes par leur caractère excessif. Puis il se ravisa, pour trois raisons.

La première est que l'oiseau continua ses attaques, et qu'il convenait de l'inviter à se taire afin de lui épargner de sombrer dans un ridicule sans retour. A cette raison se joint l'idée qu'un provocateur se targuant de vous occire peut inquiéter ses correspondants qu'il faut bien rassurer en dénonçant ses fanfaronnades et ses excès de bile.

La deuxième raison tient au fait que cet animal affligé de verbigération n'omettait pas, dans ses éructations, de faire observer qu'il savait, à Tartempion, infiniment gré de l'avoir déniaisé sur un sujet qui lui est cher, à savoir le problème philosophique de l'existence d'un point de suture entre l'ordre de la nature et celui de la grâce, problème prolongé par celui du surnaturalisme, lequel est ce travers objectivement solidaire de son contraire, le naturalisme. Quand un insulteur envahi par le souci de vous détruire par tous les moyens vous confesse ingénument qu'il est votre débiteur reconnaissant, il fait l'aveu d'un malaise qui suscite l'inquiétude mais aussi la pitié, et encore la curiosité intellectuelle, voire l'intérêt spéculatif.

La troisième est que cette agression visant à dégoûter Tartempion de l'écriture rencontrait en ce dernier, de manière fortuite, une crise de stérilité qui le faisait douter du bien-fondé de ses efforts : quand on a vraiment quelque chose à dire, on n'en a jamais fini d'essayer de le dire, de telle sorte que, s'il advient qu'on ait un jour le sentiment d'avoir tout dit de ce que l'on avait à dire, c'est là le signe de ce que, en vérité, on n'avait pas grand-chose à dire et que ce qu'on avait dit ne méritait pas d'être dit.

Si l'argumentaire de l'imprécateur de caniveau avait été mesuré, c'est alors qu'il eût été plus inquiétant pour sa victime : il l'eût plus habilement invitée à se persuader qu'elle n'avait plus rien à dire, qu'elle n'avait peut-être jamais rien eu d'intéressant à dire, et qu'il convenait qu'elle changeât de métier, ou d'occupation.

C'est que le métier d'écrivain, même et surtout de l'écrivain très mineur qu'est Tartempion, n'est pas forgé par la seule puissance d'une inspiration constante et incoercible ; il faut travailler, se secouer la carcasse, se forcer à écrire quand bien même on croit qu'on n'a plus rien à dire ; même réelle, l'inspiration a besoin d'être amadouée mais aussi bousculée pour donner ses fruits ; même pressantes, les idées, telles des coquettes faussement timides, requièrent d'être forlancées pour consentir à se dévoiler ; quelque désir furieux qu'elles éprouvent de se donner, elles veulent préserver les apparences et s'offrir le sentiment d'être prises en victimes de la convoitise de l'intellect qui les chasse ainsi qu'on chasse avec ardeur un innocent et pudique gibier. Mais il peut arriver aussi, en effet, qu'un auteur en vienne à être définitivement congédié par l'inspiration, et il est alors en demeure de se rendre à l'évidence et de renoncer à sa passion. La difficulté est qu'il n'existe pas de critère objectif permettant de discriminer entre le tarissement effectif de l'inspiration et le sentiment de stérilité solidaire de l'appel au travail que requiert le réveil d'une inspiration latente.

C'est ainsi que Tartempion prit soin — nourrissant l'espoir que son censeur quérulent lui en saurait gré — de s'efforcer de lui répondre avec charité sur un ton pacifique et mesuré, comme il convient de le faire en ces circonstances ; supposé qu'il n'y soit pas vraiment parvenu, l'intention de modération était là. En général, un individu de l'espèce Tartempion ne sait pas ce qui anime ses insulteurs, et au vrai cela lui importe assez peu, bien qu'il ne soit jamais absolument de marbre quand on nourrit le dessein de le blesser ; on a beau dire que cela vient de trop bas pour vous affecter, cela vous atteint toujours, tant il est vrai que la nature humaine, nous invitant à solliciter le regard d'autrui tel ce moyen précieux par lequel chaque homme accède à la conscience de lui-même, nous empêche de mépriser absolument aucun de ces regards, quelque bas, malintentionné ou faussé qu'il soit, parce qu'il est toujours susceptible de contenir une petite part de vérité que nous ne voudrions pas connaître ; autrui nous objective, et nous nous reconnaissons malgré nous dans cette objectivation qu'autrui nous renvoie de nous-mêmes.

Quelle intention anime ses insulteurs ? Indignation sincère engendrée par le constat de la médiocrité de ses travaux ? Mais alors pourquoi s'attacher à essayer de le blesser en le critiquant jusque dans son apparence physique, laquelle est bien innocente de sa supposée stérilité intellectuelle ? S'agit-il plutôt de l'envieux ressentiment d'un crétin hanté par le désir de sortir de l'obscurité et de faire croire qu'il existe en écartant ceux qui lui font de l'ombre ? Un Tartempion n'en sait rien. L'hypothèse la moins improbable est qu'un insulteur aussi peu mesuré s'est fait conditionner par la rancœur de certains des ennemis de sa victime, ennemis à l'âme étriquée et malpropre, trop lâches pour s'attaquer directement à elle, assez perspicaces pour discerner en l'insulteur la fragilité d'une vanité frustrée qui en faisait l'instrument idéal pour exécuter leur plan de sordide vengeance. Les offenses grossières, proférées dans la forme de cacas nerveux comme des retours diarrhéiques de refoulés virulents, qui giclaient comme une fiente misérable de sa bouche fielleuse, ôtaient toute crédibilité aux arguments avancés par ce pauvre garçon, qui, d'une certaine façon, rendit service à Tartempion : en appelant sa réaction par leur véhémence, en réveillant sa veine irascible par leurs provocations, de tels arguments ont contribué à le libérer de sa crise d'acédie.

Mais, il faut bien l'avouer, ils sont nombreux à droite, ces infirmes, ces bras cassés de la vie, ces faibles incapables de se libérer de leurs prétentions douloureuses, qui ne savent que critiquer l'œuvre des autres, aspirant à s'élever en croyant les abaisser, sans faire l'effort de produire et sans prendre le risque, inhérent à toute production, d'avoir à supporter la comparaison, c'est-à-dire de faire l'objet d'autres critiques.

§ 20. La logique de l'envie.

L'oiseau hystérique, que nous abandonnerons bientôt à ses rancœurs et à ses complexes, a beaucoup insulté et brocardé, tenté de ridiculiser un certain nombre de Tartempions. Au passage, c'est fou ce qu'on peut trouver de rejetons à face levantine parmi les fanatiques intraitables de la pureté aryenne, évoquant ce qu'ils tiennent — eux les faux Brummell et vrais rastaquouères — pour le physique ingrat des Tartempions, leur tenue négligée, et leur prêtant des sentiments bas, accumulant les procès d'intention qui sont autant d'inversions accusatoires. Les effets des vapeurs féminines de ces animaux vindicatifs incapables de maîtriser leurs aversions et leurs nerfs suscitèrent en Tartempion une indignation qu'il s'en voulut d'éprouver au regard de l'insignifiance de leurs auteurs, et c'est pourquoi il eut souci de faire se sublimer une telle indignation, lui donnant ainsi une raison d'être, en quelques réflexions générales doit voici la teneur.

« L'épiphénomène malodorant mérite d'être retenu en tant qu'il est une illustration exemplaire de la bassesse des sentiments qui animent trop souvent ceux de notre camp. On ne mesure pas la vérité d'une idée à la noblesse de celui qui la professe, mais enfin, l'absence de noblesse révèle peut-être au moins en partie les raisons pour lesquelles il est si difficile de rendre une telle idée — le corpus des vérités qui fait l'héritage des Proscrits — communicable aujourd'hui.

'(…) l'auteur qui ne sait pas se résoudre à essuyer le feu de la critique ne doit pas plus se mettre à écrire qu'un voyageur ne doit se mettre en route en comptant sur un ciel toujours serein ', disait Balzac dans son *Avant-propos pour la première édition de la Comédie humaine,* en 1842.

Les critiques sont légitimes, ou alors autant ne pas publier si l'on est incapable de les affronter. Mais il y a une manière de les formuler qui les rend intéressantes, et il en est d'autres qui ne sont pas recevables. Exprimées dans une forme courtoise, on peut assurément en faire son profit pour essayer d'écrire moins mal. Formulées dans la forme d'insultes grossières, elles ne font que susciter la colère ; et puis la colère se calme mais on a perdu du temps, pendant que l'autre, qui semble ne pouvoir exister qu'en mordant ses contemporains, s'est enferré dans ses misères et se retrouve encore plus malade qu'il ne l'était, pour cette simple raison que céder au désir d'être méchant rend encore plus méchant, telle une drogue dont le propre est d'enivrer ; la méchanceté gratuite est chez les faibles le substitut de la force et plus exactement l'analgésique des douleurs causées par la conscience de leur faiblesse, mais qui envenime leurs plaies au lieu de les soigner. Il est enrichissant de faire l'expérience de l'hostilité de certains lecteurs, hostilité gratuite qui vient du fait, peut-être, que notre prochain, cédant au désir de se venger d'une offense ancestrale dont il a même oublié l'auteur, se focalise sur quelqu'un pour des raisons qu'il ignore lui-même et qu'il ne cherche pas à connaître, et en fait l'instrument de l'épanchement libérateur de sa vindicte macérée. Nous sommes tous un jour ou l'autre l'objet de haines sans fondement, et il est probable que ces iniquités nous affectent nous-mêmes, parce que les effets du péché originel sont universels. Le mal en autrui nous est parfois insupportable, précisément parce que nous reconnaissons en lui un mal que nous ne voulons pas reconnaître en nous-mêmes. Il y a peut-être en chacun de nous, quelque réconciliés avec nous-mêmes que nous soyons, quelque chose de cet abruti qui bave, et nous devons lui savoir gré de nous mettre en garde, bien involontairement certes, contre ce monstre potentiel qui gît peut-être en chacun de nous.

Ce qui entretient la méchanceté de ce pauvre animal, c'est qu'il se compare ; il se compare parce qu'il est insatisfait de lui-même, ce qui le rend incapable d'admirer ce qui le dépasse ; on aime autrui à proportion du pouvoir de s'aimer soi-même, de s'accepter, de se réjouir de ce que l'on est, parce que cela dispense la personne de se chercher, s'étant trouvée et reposant en son identité consentie. En se haïssant, le méchant fait se retourner contre lui-même cet amour qui procède de lui-même, ce qui devrait aboutir au suicide ou à l'extinction de l'amour ; mais cet amour, quelque dévoyé qu'il soit, s'aime lui-même malgré tout, parce qu'il est aimable d'aimer, et il en résulte qu'un tel amour, pour subsister en dépit de sa contradiction constitutive, se portera sur les biens qui existent en autrui, mais qui seront perçus par lui comme autant d'injustices, de sorte qu'il ne les aimera que pour se les approprier en en dépossédant ceux qui s'en trouvent être dépositaires. Cela dit, il n'est guère gratifiant d'être mis en demeure de s'avouer qu'on est un envieux et un raté, bien qu'un tel aveu soit le début de la rédemption ; c'est pourquoi, non disposé à se libérer de son vice, celui que tourmentent de tels maux, immanquablement, voudra se trouver des raisons de déposséder ceux qui lui sont supérieurs des avantages par lesquels ils le dépassent. Ainsi l'envieux se compare-t-il pour tenter désespérément d'abaisser celui qu'il admire malgré lui, et en retour pour se grandir en l'abaissant. Il sera à l'affût de tout ce qui peut salir autrui, se réjouissant de ses possibles failles, lui supposant une multitude de bassesses. Telle est la stratégie par laquelle celui qui se hait se rend supportable à lui-même en s'innocentant de la haine qu'il se porte, et qu'il se porte parce qu'il refuse de s'accepter tel qu'il est ; ce faisant, il parvient à un semblant d'amour de soi lui permettant de légitimer sa frustration, avec pour envers une haine de tout ce qui n'est pas lui ou de tout ceux qu'il sait lui échapper en le dépassant. Mais l'envieux sait bien que cette entreprise de démolition des talents d'autrui ne le rend pas plus talentueux, alors il dirige sa haine sur de nouvelles victimes qu'il multiplie à mesure qu'il fait s'intensifier sa haine sous la pression de son propre exercice. Il ne peut se masquer le caractère insupportable de sa nature envieuse qu'en ayant quelques raisons objectives de se croire spolié, et il trouvera ces raisons dans un domaine dans lequel il est un peu moins médiocre, à l'aune duquel il jugera autrui. Tout envieux est au fond un Antonio Salieri (celui de Peter Shaffer et de Milos Forman), dont le savoir, assurément supérieur à celui de Mozart, était impuissant à lui livrer la géniale créativité de l'enfant insupportable d'insolence par ses dons monstrueux. Notre insulteur se veut linguiste et juge tout le monde à l'aune de sa science linguistique, laquelle est impuissante à le libérer du cercle de ceux qui n'ont rien à dire et qui, de fait, n'écrivent rien, fors des insanités bilieuses sur ceux qui écrivent. Celui qui veut briller en éclipsant les autres a spontanément tendance à n'accorder d'intérêt qu'à ce en quoi il pense exceller, de sorte qu'il est porté à faire de sa spécialité la matrice et la condition obligée d'accès aux autres disciplines, à la manière dont un joueur de tennis en mal de reconnaissance entendrait mesurer la valeur de l'haltérophile à l'aune des vertus requises par la pratique du tennis, en exigeant que tout haltérophile pratiquât le tennis pendant dix ans avant de soulever la moindre barre.

Evidemment, ce mode d'évaluation a toutes chances d'engendrer la confusion et de produire des erreurs grossières.

Il vaut mieux connaître le grec ancien pour être philosophe, mais enfin, saint Thomas d'Aquin ne connaissait pas le grec, ce qui ne l'empêchait pas non seulement de mieux comprendre Aristote que maints hellénistes, mais encore de le prolonger avec bonheur comme aucun spécialiste d'Homère et bien peu de spécialistes d'Aristote n'auraient su le faire. On peut être un germanophone distingué et ne rien comprendre à Hegel, quand en revanche on peut tout (ou presque tout) ignorer de la langue allemande et pénétrer avec aisance dans les arcanes redoutables de la Logique hégélienne de l'Essence : la chose s'est vue, et se voit encore. On peut philosopher avec fruit dans n'importe quelle langue, même si certaines langues sont plus aptes que d'autres à incarner des concepts philosophiques, et plus encore à rendre possible leur advenue à la conscience : certaines langues font penser plus que d'autres, mais aucune n'a l'exclusivité de ce pouvoir. On peut philosopher avec profondeur sans pour autant avoir suivi le cursus exigeant des humanités classiques, même s'il est incontestablement préférable, pour le faire, de l'avoir suivi. Un obscur dominicain formé à l'école de la *Somme théologique* méditée pendant des décennies, relativement fermé aux productions de la littérature ou de la philosophie moderne et contemporaine, fera progresser la métaphysique beaucoup plus loin qu'un illustre universitaire qui connaît tous les systèmes de pensée sans en avoir véritablement médité aucun. Et un enfant qui connaît son catéchisme de saint Pie X en sait plus que le théologien moderniste ultra-spécialisé. Le problème n'est pas de savoir s'il est bon ou mauvais d'être savant ; il est de savoir s'il faut être savant pour bien penser, et dans quelle mesure il convient de l'être pour le bien faire ; or l'expérience nous apprend par maints exemples que de pesants savants sont de piètres penseurs, et qu'il est possible de bien penser en étant doté d'un bagage culturel modeste. Faire mesurer l'aptitude à penser par la pesanteur du savoir acquis est un effet du ressentiment du médiocre penseur qui pallie sa pénurie conceptuelle par l'accumulation et l'étalage de sa culture.

Un autre comportement, dans la logique de la pathologie de la comparaison, consiste non plus à se comparer directement à autrui, mais à le comparer à d'autres : 'je ne vous vaux peut-être pas, mais j'en connais qui sont meilleurs que vous, et leur évocation me rend supportable ma médiocrité par la vertu qu'a cette évocation de vous rabaisser'. Ce faisant, convoquant, fût-ce pour abaisser quelqu'un, le souvenir de gens excellents dont sa misère ne peut pas ne pas s'offusquer, l'envieux nourrit sa propre envie, loin de s'en libérer. C'est là la logique de l'enfer, qui en vient à faire aimer ce qui fait souffrir, et à se faire souffrir pour se repaître d'un bien désordonné ».

§ 21. Des vertus dangereuses de l'érudition.

« Quand il est jeune, de manière assez peu glorieuse, l'homme affligé de prétentions intellectuelles se plaît à épingler les lacunes et les erreurs des personnes plus âgées, parce qu'il n'est pas sûr de soi, il se cherche, il se compare, il a des complexes, il essaie de se rassurer en rendant moins abyssale la distance qui le sépare de ceux qui ont eu le temps de progresser et d'acquérir un savoir et une assurance que la jeunesse convoite. En vieillissant, l'homme s'aperçoit qu'il a lui aussi des lacunes, parfois impardonnables au regard des critères de l'honnête homme scolairement définissable, et que les jeunes se comparent à lui avec la même acrimonie inquiète ; cela lui fait penser à ce qu'il était à leur âge, et il prend la mesure assez pénible de ce qu'il pouvait y avoir de honteux et d'insupportable en lui-même quand il était à leur place. Dans le meilleur des cas, en partie réconcilié avec lui-même du fait d'avoir posé assez d'actes l'habilitant à s'estimer raisonnablement, l'homme vieillissant lesté d'une certaine bonhomie comprend qu'il est trop tard pour rattraper les erreurs, les manques de charité et d'humilité que ces ridicules juvéniles, ces défauts de simplicité, ces prétentions démesurées lui ont fait commettre ; il est trop tard pour tenter de les effacer en les expiant par des actions contraires ; mais la conscience de cette irréversibilité ne l'empêche pas de vivre et d'espérer. Ce qui fut fait ne sera jamais effacé — le passé est tragiquement irréformable —, et corrélativement cet homme qu'il fut, et qu'il fut du fait de ce qu'il fit ou de ce qu'il ne sut pas faire, n'est pourtant plus, de manière irréversible, à tout le moins d'une manière qui demeurera irréversible aussi longtemps que la liberté le maintiendra tel. Les choses sont ainsi faites que nous ne sommes que rarement capables d'être ce que nous devrions être au moment où la vie nous invite à l'être. On n'est jamais un père parfait, un disciple parfait, un maître irréprochable, un époux sans reproche, un ami sans défaut, un fils convenable, et il en sera toujours ainsi ; il faudrait avoir la sagesse acquise du vieux pour affronter sans danger les périls de la jeunesse, et sans avoir à y laisser quelque chose de sa peau. Et ces échecs, ces inadéquations structurelles, ont le mérite pédagogique de nous inviter à comprendre que le temps fonctionnerait sans heurt s'il était circulaire : dans le cercle, tout point a raison de départ et de terme, de passé extrême et d'extrême futur ; le cercle est l'image de l'éternité, il fait se réaliser l'identité des contraires sans contradiction, ou plutôt il laisse entrevoir ce que serait cette identité si elle s'était purgée de toute contradiction ; ce serait l'éternité qui, sous ce rapport, révèle qu'elle n'est pas la privation de temporalité, de succession, de maturation, d'assomption des degrés du parfait, de pulsation vitale propre aux choses qui deviennent, mais leur dépassement ; le temps est mesure du mouvement selon l'antérieur et le postérieur (du mouvement), et l'éternité est mesure de l'acte qui fait s'identifier le devenir et le résultat de ce devenir, qui donc conserve en le supprimant le devenir dont il se fait procéder et qu'il inaugure. Le temps est en droit circulaire parce que l'infini dans chaque ordre est un ; on peut aller à l'infini dans le futur et remonter à l'infini dans le passé, mais, puisque l'infini temporel est un, c'est que la régression infinie dans le passé fait rencontrer ce en quoi se consomme idéalement l'avancée dans le futur, ce qui donc fait s'identifier passé et futur absolutisés, à savoir un présent qui est victoire sur la temporalité, et telle est l'éternité ; le temps est donc en droit circulaire, mais il est en fait vécu sur le mode linéaire, d'où la souffrance et les déchirements qu'il charrie nécessairement ; mais le temps est aussi pédagogue puisqu'il autorise celui qui le subit à comprendre son mode de fonctionnement lors même qu'il est immergé en lui. Sous ce rapport, l'épreuve de la temporalité est destinée à nous faire aspirer à l'éternité, à voir les choses du point de vue de l'éternité qui les relativise et les ordonne en les hiérarchisant. En se contemplant du point de vue de l'éternité, on apprend à se détacher de soi-même et l'on se rend supportable, à soi-même et aux autres.

En particulier, l'homme vieillissant comprend que l'important n'est pas là, dans l'érudition, dans les titres universitaires, dans les réussites professionnelles, dans ces ornements de l'esprit qui nourrissent la vanité sociale, mais dans la profondeur qu'atteint l'esprit dans la recherche de la vérité qui, inépuisable, est invitée à être sondée toujours plus loin. Ceux qui ont des idées originales ne sont pas les plus savants, même si, de manière générale, l'aptitude à faire progresser le savoir, à découvrir, à inventer ou à « créer », suppose un savoir préalable acquis et reçu des Anciens, une formation coercitive sans laquelle les prétendues nouveautés ne sont que des resucées de vieilles erreurs, des platitudes inconsistantes, autant de fruits acides de prétentions adolescentes présomptueuses. En fait, « nihil est in intellectu quod non prius fuerit in sensu » ; tout le jeu de l'intelligence spéculative, en tant qu'elle est humaine, atteint l'intelligible par analogie avec le sensible, et de ce fait un tel jeu est dépendant du pouvoir de combinaison et d'agencement de figures et de mouvements spatio-temporels, ainsi physiques ; on ne peut penser sans images, l'idée n'est pas sans l'ingéniosité inventive des schèmes ; il n'est pas jusqu'à l'idée de réflexion (tout savoir est savoir que l'on sait, et le plus haut degré d'être est un acte d'intellection, de sorte que l'être en tant qu'être est réflexion) qui ne trahisse son origine sensible (le rayon réfléchi revient sur soi). Et ceux-là seuls qui ont la chance d'être habités, tourmentés et secoués par les mouvements et la physiologie adéquats, en vertu de leur système nerveux, de leur configuration musculaire et du conflit de leurs appétits, sont ceux qui trouvent et qui inventent dans le domaine spéculatif. On parle de créativité, mais il s'agit d'invention, ainsi de découverte quant au contenu, même si concrètement il s'agit de produire quelque chose qui n'était pas encore, d'innover, d'inventer au sens courant du mot : la nature se dit en nous, elle est rationnelle. Alors, bien sûr, de même que les vieux, expérimentés, peuvent éprouver un pincement non glorieux au spectacle de jeunes qui, dans leur insolence non délibérée, vont, sans se donner la peine de travailler et de vieillir, plus loin qu'eux dans la recherche parce qu'ils sont plus doués, de même les érudits, presque épuisés par le poids d'un savoir acquis laborieux et parfois étouffant, peuvent être agacés, voire scandalisés, quand ils constatent que ceux qu'ils tiennent pour des ignorants inventent des problématiques et des solutions auxquelles ceux-là n'avaient pas pensé.

Sous ce rapport, les ratés insatisfaits d'eux-mêmes, c'est-à-dire les envieux, révèlent qu'ils sont de vieux jeunes, des jeunes séniles, des petits vieux rétrécis qui ne sont pas parvenus à dépasser les misères de l'adolescence. Loin de les faire progresser en sagesse, le savoir et l'expérience ont nourri leur prétention en exacerbant leur désir de posséder ce dont ils sont par essence incapables ; ils pallient le degré zéro de leur inventivité par l'inflation de savoirs qui, en l'état, restent stériles ».

« Mais ces données descriptives nous éloignent quelque peu de la typologie de ce petit monstre de ressentiment que constitue trop souvent, aujourd'hui, l'homme de droite extrême supposée sans concession, cet homme dont l'ahuri insulteur ci-dessus évoqué est comme le prototype lamentable. L'adolescent mal poussé s'en prenait aux diplômes qu'il n'a pas et dont jouissent les autres qu'il critique, et à l'ignorance supposée de ceux qui osent écrire sans lui en demander la permission. C'est l'occasion de nous attarder sur les motifs inavouables qui font embrasser le goût désordonné de l'érudition, avant d'en venir à ce qui fait ici l'objet de notre préoccupation la plus sérieuse : la vraie droite, la droite sans concession, la supposée droiture de la droite, est paradoxalement gagnée au subjectivisme, nonobstant les déclarations de ses adeptes, trop ostensibles pour être vraies, en faveur du sens de l'honneur, de la loyauté, de la camaraderie, du désintéressement, de l'obéissance, de l'oubli de soi, de la fidélité à la parole donnée, du courage et autres grands mots rarement proportionnés à la grandeur des choses qu'ils sont supposés signifier ».

« Un homme qui a quelque chose à dire ne se soucie pas de savoir si ses titres universitaires l'autorisent ou non à écrire, ou s'il possède l'érudition requise pour le faire. Il commence, abandonné à la convoitise spéculative, par lire pour apprendre et pour comprendre, en se coulant dans la pensée des autres qui ont toutes chances d'être plus intelligents, plus doués, plus savants et plus éclairés que lui. Quand il en est venu à la conviction — qui n'est jamais une certitude parce qu'on n'a jamais tout lu — que le problème qu'il se posait n'était pas résolu, et quand l'idée d'une résolution naît en lui, alors, s'émancipant de ce devoir de réserve suscité en lui par l'autorité des savants, il s'autorise à écrire, non sans cette jubilation irremplaçable qui consiste à voir les idées s'incarner dans des mots, à se mettre à exister en eux, et il en vient à publier le résultat de ses efforts. C'est aussi simple que ça. Et l'érudition n'a d'intérêt à ses yeux qu'autant qu'elle aide à mieux comprendre quelque chose ; elle n'a pas de valeur en soi. Un dictionnaire ou un ordinateur est toujours plus érudit qu'un cerveau d'homme, et il est pourtant une chose sans pensée. Un homme démangé d'abord par la convoitise de comprendre, étant bien entendu qu'on n'a compris que ce que l'on se révèle capable de formuler, n'est pas un érudit, ne cherche pas à l'être, et ne prétend pas en être un, et de surcroît ne nourrira probablement jamais le désir d'en être un, même si, comme tous les gens ordinaires, il lui arrive de souffrir de ses ignorances. Le savoir ne l'intéresse qu'à proportion de son pouvoir de servir de matériau à la réflexion et, avec elle, à la découverte du vrai, à la résolution des problèmes ou à l'éducation du goût, par là à la formation du jugement. *L'érudition n'a d'intérêt que si elle sert d'instrument efficace à la recherche et à l'approfondissement de la vérité ; elle est faite pour faire penser, non pour paralyser la pensée*, et elle ne trompe personne quand elle entend masquer l'absence de pensée. Il est nécessaire qu'il y ait des érudits, parce que la cause matérielle a son humble importance, en toute chose, en ce sens que la cause formelle ne peut s'en passer pour remplir son office. Mais la qualité du matériau n'a pas de valeur intrinsèque, cette dernière est mesurée par la capacité du matériau à recevoir l'idée que l'artiste entend incarner en lui, ou à laisser s'éduire une telle idée de la potentialité qu'il est ; de même que la matière est pour la forme — nous parlons en Scolastique —, de même l'érudition est pour la réflexion. Une réflexion menée sans le soutien de ces savoirs qui relèvent de l'érudition plus ou moins développée est comme l'effort de ce nageur qui voudrait exercer son art sans se jeter à l'eau, ou de cet architecte qui prétendrait construire sans avoir recours aux pierres ; mais un savoir d'érudit sans l'appel de la réflexion qui en droit le suscite et se le subordonne, est comme une mer sans nageurs, sans navigateurs, sans plantes et sans poissons, une mer stérile ; ou encore, pour filer la métaphore, il ressemble à un exploitant de carrière de pierres qui croirait pouvoir se dispenser du recours à un sculpteur pour forger des chefs-d'œuvre ».

« Nous avons rencontré dans notre vie assez d'authentiques érudits pour nous apercevoir — non d'ailleurs sans un malaise certain — que trop d'entre eux pensaient fort mal ou fort peu, que leur savoir ne servait en rien leur intelligence, laquelle faisait l'aveu de sa pauvreté en produisant, sur les grands problèmes, des jugements de concierge lectrice assidue de romans de gare, de « Gala » et de « Nous deux », et que l'érudition n'a rien à voir avec la sagesse, voire même avec l'intelligence. Déconnectée du souci de discerner, de poser et de résoudre convenablement de vrais problèmes, l'érudition relève des performances presque tératologiques de la mémoire. Ceux qui n'ont rien à dire n'ont aucune pensée qui leur soit propre — ce qui n'est pas, de soi, un drame : mieux vaut penser la vérité découverte par les autres que de développer des pensées propres fourvoyées dans l'erreur. Mais ceux qui n'ont pas de pensée propre et qui souffrent, par orgueil, d'être mis en demeure de se nourrir de la pensée des autres, sont particulièrement disposés à celer leur indigence conceptuelle dans et par la jouissance et l'étalage de savoirs dont l'acquisition sera le substitut de leur pauvreté intellectuelle, à la manière dont un homme laid qui souffre de sa laideur voudra devenir riche pour acheter les flatteries et les charmes des femmes vénales ; ou bien à la manière dont un homme au physique avantageux mais affligé d'un cerveau de dinosaure tentera de mériter sa beauté par l'affichage de savoirs disponibles à tout instant pour épater la galerie et celer sa pauvreté spéculative ».

« L'érudition n'est pas une fin en soi ; qu'elle le devienne est un signe de profonde décadence, attestant un collapsus de vitalité conceptuelle et un subjectivisme mal dissimulé. Il y a déperdition d'énergie conceptuelle quand on se met à être hanté par le souci de tout retenir et de tout conserver, par crainte d'être incapable de se renouveler et de réinventer. Il y a subjectivisme parce que le savoir de l'érudit qui n'est qu'érudit n'est plus exercé pour lui-même et plus profondément pour la contemplation des vérités auxquelles il donne accès, mais devient l'ornement de l'honnête homme stéréotypé qu'on prétend être, et le moyen par lequel on se glorifie en cette image trompeuse de soi-même. Sous les dehors austères et hautains d'un discours de contempteur réactionnaire de la décadence actuelle exaspéré par l'ignorance endémique de ses contemporains, le savant qui n'est que savant contribue, loin de l'enrayer, à diffuser la décadence. Et, au vrai, n'étant savant que pour éponger ses complexes de stérilité, ou pour se faire valoir en se donnant une posture d'aristocrate, il n'est jamais véritablement érudit, faisant coexister des savoirs très pointus avec des ignorances grossières. Il ne suffit pas, pour conjurer la décadence, d'être un bon élève au cul serré qui connaît ses déclinaisons grecques et latines sur le bout du doigt. Les érudits qui ne sont qu'érudits sont nécessaires comme le sont les dictionnaires ; on les consulte et on les range sans leur demander leur avis quand on n'en a plus besoin. Et puis, quand ils sont trop déchirés à force d'usage, on s'en sert pour remplacer un pied de lit mangé par les mites, ou, si l'on a le tissu épais, on se torche avec. Le savoir acquis est utile et honorable, qui orne l'esprit et habilite à bien juger, à bien goûter ; quand il n'est acquis que pour masquer la stérilité intellectuelle de celui qui le porte tel un fardeau dont il ne sait que faire, il fatigue non seulement celui qui le possède, mais encore ceux qui l'entourent : 'un pédant, enivré de sa vaine science, tout hérissé de grec, tout bouffi d'arrogance, et qui, de mille auteurs retenus mot pour mot, dans sa tête entassés n'a souvent fait qu'un sot' (Boileau, *Satire* IV) ; un sot qui se paie le ridicule de redresser des erreurs inexistantes, en tête à claques consommée ».

« Un signe qui ne trompe pas, en périodes de stérilité philosophique extrême, c'est la substitution de l'histoire de la philosophie à la philosophie elle-même ; cette substitution est une manière académique de substituer l'érudition à la réflexion. L'universitaire n'est plus ce maître à penser qui, disciple éclairé d'un géant de l'esprit, se livrait à un commentaire honnête de l'œuvre de son maître qu'il avait si bien intériorisée qu'il pouvait la diffuser, réinventée par lui, en la prolongeant, assuré qu'il était qu'elle disait la vérité. L'universitaire contemporain n'est plus cet autre maître qui proposait un système original en s'efforçant à faire avancer la recherche de la vérité sur ce qui *est* ; il est ce carriériste qui tente de se faire un nom en endossant la défroque de spécialiste d'Untel, qui entend renouveler la lecture de tel classique au détriment de ses prédécesseurs — de tels spécialistes changent d'avis tous les dix ans —, et qui croit faire avancer la connaissance sur ce que d'autres que lui ont *pensé*. Le souci de vérité porte non plus sur la conformité d'un dire à un être, mais sur la conformité d'un dire à la pensée supposée l'avoir inspiré. Et ce glissement, qui substitue l'exactitude à la vérité, atteste le peu d'intérêt et de respect que l'on porte à la vérité en tant que telle, c'est-à-dire au réel ».

« Osons même écrire que l'oubli a du bon pour la vigueur de l'activité spéculative. Certes, les vertus de l'ignorance induite par l'oubli ont, elles-mêmes, des limites, sans quoi l'on risque de tomber dans cet excès inverse de celui qui consiste dans la conservation fébrile du moindre élément du passé, et qui n'est autre que la présomption des déracinés et des autodidactes, lesquels, n'ayant jamais étudié — dépourvus de méthode — que ce qui retenait leur attention, souffrent de graves lacunes et croient avoir inventé la lune en retrouvant péniblement ce que leurs ancêtres avaient mis en évidence beaucoup mieux qu'eux. Cependant, une certaine dose de capacité d'oubli favorise l'audace de ceux qui cherchent à avancer sans vergogne, qui ne s'embarrassent pas de scrupules et n'hésitent pas à prendre des initiatives au lieu de se complaire dans l'aporie. Animé d'une crainte révérencielle pour le passé sacralisé dont il se veut le gardien du temple et le comptable jaloux, l'érudit pathologique part du principe que tout a été dit et déjà découvert, qu'aucune initiative n'est à prendre et que tout figure dans le Coran des textes canoniques de la haute culture ; que les questions que l'on se pose aujourd'hui sont soit de fausses questions, soit des questions déjà résolues quelque part dans l'Eldorado du passé, soit des questions qui sont en soi insolubles et qu'il serait vain de remettre sur le tapis dans le but dérisoire de les résoudre. Une telle attitude, on en conviendra, ne favorise guère la pugnacité intellectuelle ».

« Pour être plus précis, s'il était question plus haut d'une opposition entre vieux érudits stériles et jeunes créatifs mais relativement ignorants, entre amoureux du savoir et amants de la vérité, il est nécessaire d'aborder désormais ce qui fait directement question à droite, à savoir le subjectivisme qui a subverti cette mouvance. Ce sont plutôt des jeunes, ou relativement jeunes qui, incapables de faire leurs preuves en réussissant à percer dans un monde qui ne leur convient pas (et qu'ils ont certes des raisons de ne pas aimer), se drapent dans la psychologie et les attitudes du vieil érudit écœuré par l'impudence des ignorants et des cuistres, ses contemporains décadents, et s'anathématisent entre eux avec fureur en s'essayant chacun à se poser en maître incontesté du « pusillus grex » des survivants non aliénés ».

§ 22. Pourquoi le subjectivisme a gagné la droite de la droite : la mauvaise foi.

« Le subjectiviste de gauche, cohérent dans son délire, est ce bâton brenneux revendicateur et révolté contre l'ordre des choses, qui fait de sa conscience et de sa liberté un absolu et qui, par souci d'apparente justice servant à légitimer son péché, revendique pour tous ce qu'il revendique pour lui-même : être de petits dieux qui s'adorent, chacun se prenant pour fin tout en plébiscitant le droit d'autrui à se prendre lui aussi pour fin ; il s'agit alors d'engendrer un monde infernal dans lequel est érigée en règle suprême la loi voulant qu'un « absolu respect » soit prodigué à chacun, en tant même qu'il est une personne, de sorte que sa susceptibilité incandescente soit toujours préservée de tout traumatisme. Le Robespierre d'Anouilh, ce Bitos écorché vif, représente le paradigme de cette espèce d'horreur humaine qui ferait égorger l'humanité entière pour une blessure d'amour-propre. Et c'est évidemment sur ce nombrilisme sacralisant la subjectivité terroriste que repose ce qu'il est convenu d'appeler la dignité de la personne humaine.

Le subjectiviste de droite est cet homme qui aime son orgueil et le cultive comme une fleur vénéneuse dont il admire la beauté sombre et la capiteuse vigueur, en laquelle il reconnaît, fasciné, sa toute-puissance et sa souveraine indépendance, et croit célébrer sa force alors qu'il joue à être fort en oubliant qu'il le joue, ce qui finit par lui faire croire à ses propres simagrées, dans un abandon passif à ses désirs qui est marque de grande faiblesse. Ce qui le distingue de l'homme de gauche, c'est qu'il prétend reposer sur soi pour se déifier, alors que l'homme de gauche convoque l'humanité entière pour la mettre à son service et servir son projet de déification de soi. Le subjectiviste de droite ne prétend pas exiger cette « justice pour tous » qui consiste à étendre à tous le droit d'être absolument subjectiviste en croyant fonder en cette universalisation une espèce de légitimation morale de l'orgueil ; le subjectiviste de droite se contente en quelque sorte de s'ériger en absolu sans prétendre cautionner moralement cette revendication ; un tel besoin de légitimation n'est encore, pour lui qui se place par-delà le bien et le mal, qu'une expression grégaire de médiocre.

Sous un certain rapport, le subjectiviste de droite est plus cohérent que son contraire de gauche : aspirant à se déifier, il entend faire valoir son aséité, et la faire valoir précisément par l'assomption des risques et des souffrances liés à son souci d'indépendance, ainsi de solitude. Il repose en soi, il se nourrit de soi, à la limite il ne se compare pas, il est ; ou plutôt il croit qu'il est, et qu'il est par soi. Se proposant d'être Dieu, il considère comme normal de tout se subordonner, le monde et autrui que par là il entend dominer et qu'il méprise ; il est bien sûr antidémocrate et vomit l'esprit égalitaire. Il tient pour faiblesse le souci de se justifier, il est par-delà toute raison parce qu'il est la raison de toute chose, une raison sans raison, pas même d'elle-même. Aussi est-il congénitalement hostile à tout esprit de système, lequel est mû par le souci d'être auto-fondateur : poser ce que l'on présuppose, être le rendre raison de soi-même. Il aime, de ce fait, les symboles, les images, les aphorismes, il a peu d'estime pour les concepts ; il est avant tout esthète.

Il a, dans son désordre, un mérite toutefois. Son sombre choix, grand dans sa démesure, invite à poser la question suivante : pourquoi faut-il être bon, doux, juste à l'égard d'autrui, être solidaire de son semblable, charitable, cultiver la compassion plutôt que l'indifférence, le partage plutôt que l'égoïsme ? S'il n'existe ni nature humaine ni ordre des choses ni Dieu pour les penser, il n'est aucune raison fondée d'être

« bon ». Et même, cet égoïsme souverain et méprisant érigé en valeur est, à tout prendre, moins ignoble que l'adepte de cette espèce d'impératif catégorique — universalisation de la maxime « tu vouera un absolu respect à toute subjectivité en tant que telle » — de l'orgueil que nous avons discerné dans le subjectiviste de gauche. On pourrait dire sous ce rapport que le subjectiviste de gauche est un orgueilleux larmoyant et geignard incapable de trouver la force de s'absolutiser par lui-même et d'aller jusqu'au bout de cette absolutisation : il a encore besoin d'une légitimation, comme si l'aspirant à la déité se reconnaissait encore des comptes à rendre, ce qui est contradictoire, comme s'il était effrayé par la gravité de son choix auquel il entend ne pas renoncer mais qu'il se révèle incapable d'assumer.

Mais le subjectiviste de droite est moins cohérent que le subjectiviste de gauche, sous le rapport suivant :

Il répudie la pensée conceptuelle, laquelle est culte de l'universel et de l'intelligible qui, par définition, crucifie l'ineffabilité du singulier, ainsi du moi, puisque, si l'universel n'est pas « flatus vocis », il est ce qui donne d'être au singulier en s'individuant en lui, et qui de ce fait se révèle norme du singulier ; mais, en refusant le caractère normatif de l'universel, il se fait immanquablement nominaliste ; or le nominalisme, exaltant les différences au point d'exclure toute communauté entre les individus, exclut toute comparaison entre eux ; et l'inégalité ne peut être attestée que si les individus sont comparables. Dans un contexte nominaliste, la notion même d'inégalité et de hiérarchie perd toute consistance et tout droit. Être subjectiviste semble bien exclure l'appartenance à la droite qui fait de la subjectivité l'instrument de promotion de l'universel. Pour l'homme de droite, on n'est homme qu'à viser la surhumanité (la seule et unique véritable surhumanité étant la sainteté), le dépassement de soi, la maîtrise de soi, la lutte contre soi-même et contre l'entropie qui fait se défaire ce qui ne collabore pas, dans l'effort et la lutte, à l'exercice de l'acte de vivre en permanence victorieux de la mort. Est de droite celui qui se sait ne pouvoir supporter d'être qu'en voulant être, sinon en faisant de son être l'effet de son vouloir, à tout le moins en faisant de son vouloir un coopérateur de son acte d'exister. Est ainsi de droite celui qui aspire à faire se conformer ce qu'il se trouve être de fait à ce qu'il se sait devoir être de droit, résister au désir de se résoudre dans le non-être dont il est issu. Et cette exigence de dépassement de soi présuppose la norme d'un idéal, ainsi d'un universel que, précisément, son orgueil l'invite à repousser, ou ne le lui fait poser que pour éprouver la jubilation de se dépasser soi-même. Le subjectiviste de droite est un homme de gauche qui a conservé l'exigence esthétique de l'homme de droite, ou encore un homme de droite n'ayant retenu des caractères définitionnels de son identité que leur aspect esthétique.

Le subjectiviste de droite est tel un jouisseur qui pousserait l'hédonisme jusqu'à convoiter les délectations de la sainteté. Autant dire qu'il est contradictoire d'être subjectiviste et de se dire de droite.

Qu'il puisse y avoir, malgré tout, du subjectivisme à la droite de la droite, ainsi à droite, cela peut s'expliquer par le fait très général que le péché originel n'a épargné personne, et que sévit partout la tendance à se recroqueviller sur soi-même, à sombrer dans l'ivresse de la chute dans le fond sans fond de soi-même. On peut aussi invoquer une certaine forme d'orgueil cathare, se faisant une gloire d'appartenir au tout petit groupe des hommes fidèles à une tradition de noblesse d'âme sur la mort de laquelle s'est édifié le monde moderne. Appartenir au Camp des Saints n'est pas sans flatter l'ego ».

« Mais ces considérations très générales ne suffisent pas à expliquer qu'il puisse y avoir du subjectivisme dans l'élément de ce qui par essence le répudie, ainsi sans que ce subjectivisme ne se résorbe de lui-même, et sans que cet élément de droite ne vire en élément de gauche. Tentons l'hypothèse explicative suivante :

Être une personne consiste à être doué du pouvoir de s'objectiver, de se scinder sans cesser d'être un, de se différencier de soi sans renoncer à être identique à soi. Est un moi en acte celui qui se représente, qui se parle à lui-même au point que la pensée est tenue pour ce dialogue silencieux de l'âme avec elle-même, selon le mot de Platon. Est personne ou sujet ce qui est habilité à se faire objet sans cesser d'être sujet, et qui n'est sujet en acte qu'à raison de cette vertu de contracter un mode d'être objectal. Est personne ce qui sait avoir ce qu'il est. Le paradoxe est qu'il est d'autant plus unifié avec soi qu'il est plus doué de la capacité de se différencier de soi.

Les choses sans pensée sont extérieures à elles-mêmes, étant matérielles, et au vrai la matérialité est précisément ce coefficient d'extériorité par rapport à soi d'un être quelconque. Être une chose, c'est être un être qui s'échappe de soi, qui est virtuellement autre que soi ; sa matière est l'annonce, en lui, de cet « être-autre » qu'il peut devenir en se reniant en lui : l'idée de triangle est intangible et incorruptible, mais tel triangle concret forgé dans du métal peut devenir cercle sous la pince du forgeron ; ce morceau de bois peut devenir cendre ; ce qui est matériel est incapable de se contenir, son extérieur immédiat (les parois de la bouteille) est irrévocablement impuissant à se placer tout entier à l'intérieur de lui-même (la bouteille contient de l'eau mais ne peut se contenir elle-même) ; or ce qui ne peut se contenir est bien extérieur à soi, étranger à soi-même, et à ce titre même il est une chose et non un esprit ; tout ce qui est matériel est corruptible, ainsi habité par la tendance à se nier, à renoncer à soi. Sous ce rapport, la seule réalité qui soit absolument elle-même, véritablement identique à soi, innocente de toute tendance à se trahir et à se fuir, c'est la réalité spirituelle, laquelle ne subsiste que comme une personne.

Or la personne, en tant qu'esprit ou réalité pensante, est ce qui non seulement se connaît mais connaît toute chose, devient intentionnellement ce qu'elle n'est pas, mais sans cesser d'être ce qu'elle est, et se fait autre que soi, objet face à un sujet, cependant que c'est en cette épreuve de l'altérité qu'elle atteste sa spiritualité, c'est-à-dire son unité avec soi, sa coïncidence absolue avec soi. La personne est d'autant plus une qu'elle est plus assomptive d'une différence radicale par rapport à soi ; elle peut dire qu'elle a un corps, qu'elle a une intelligence, une volonté, des facultés, un passé et un avenir, elle peut même dire qu'elle a une certaine personnalité, une âme, etc. La personne est bien ce qui a ce qu'il est ; or, en tant qu'il l'a, il ne l'est pas. Et pourtant il ne l'est que parce qu'il l'a, il est identique à soi parce que différent de soi.

Mais que peut-on être en cette instance de soi-même à raison de laquelle on ne coïncide pas avec soi, et qui est pourtant requise par le fait d'être ce que l'on est ? Ce ne peut être qu'un néant, un néant d'être intérieur à l'être qu'on est ; une ouverture, en cet être, opérée par lui-même, de telle sorte que cet être ne soit séparé de lui-même par *rien* (autrement il y aurait deux êtres, deux choses, et il ne serait pas un moi), mais par un rien qui *est* (autrement, derechef, cet être inclusif de son néant d'être ne serait pas différent de soi, et par là même ne serait pas identique à soi, puisqu'il y a solidarité dialectique entre l'identité et la différence : le sujet n'est sujet qu'à s'objectiver, n'est effectivement lui-même qu'en se différenciant de soi). Et c'est ce néant d'être, ouvert dans l'être consistant, qui fait qu'il y a personne, et qui fait ce que les Scolastiques nommaient suppôt. Ce qu'ils nommaient « subsistentia » est ce déterminant qui, sans ajouter quoi que ce soit à l'essence d'un tel être, fait qu'il est suppôt ou personne, c'est-à-dire fait qu'il est ce sujet auquel se rapporte tout ce que l'on peut dire de lui : un homme, et tel homme singulier, avec toutes les notes individuantes qui le définissent en tant que singulier. La « subsistentia » est ce qui habilite l'individu à être une personne, c'est-à-dire un sujet à raison duquel l'essence — même individuée — de ce sujet, entretient, à l'égard de ce sujet dont une telle essence se prédique, une relation de possédé à possédant : je suis un Je, parce que j'ai ce que je suis, n'étant pas ce que j'ai, sans pour autant cesser de l'être. C'est même ce qui explique l'union hypostatique, à savoir ce fait qu'il existe deux natures dans le Christ, mais une seule Personne ; il n'y a pas de personne humaine dans cet homme réellement homme qu'est Notre

Seigneur Jésus-Christ. Mais il existe une nature humaine en lui, tellement bien réalisée qu'elle est un individu humain ; le Christ est homme autant que n'importe quel homme, et plus parfaitement que tout homme. Mais Il est Dieu parce qu'il est la Personne du Verbe ; cet individu humain qu'est Jésus est réellement ce qu'il est, mais il lui manque précisément la « subsistentia » pour être une personne humaine ; il n'en est pas moins humain pour autant : la « subsistentia » n'ajoute rien à l'essence de l'individu ; elle est ce qui fait que la Personne divine se peut distinguer de la nature humaine individuée en l'Homme-Dieu.

L'homme qui n'est qu'homme est personne humaine, essence individuée dotée de « subsistentia » ; elle l'habilite, en tant qu'il est sujet essentiel *recevant* son acte d'exister, à *exercer* un tel acte :

De même que le coureur court, de même l'étant est, car ce n'est pas la course qui court, mais le coureur ; et, de même, ce n'est pas l'acte d'être qui est, mais l'étant, qui exerce un tel acte ; être, c'est être un acte, et l'acte d'être requiert d'être pensé sur le mode de l'*exercice*, même si l'exercice dont il est question n'est pas une opération qui suit l'être, mais une opération constitutive de cet être. Et ce qui a la configuration d'un être apte à se faire néant d'être sans cesser d'être être, c'est ce qui est réflexion, laquelle consiste bien à faire retour à soi par le processus à raison duquel on s'écarte de soi, c'est-à-dire par un processus qui va de l'être au non-être (distance ou différence par rapport à soi) et concomitamment du non-être à l'être, ainsi de l'être à l'être par la médiation du néant. Une essence ne peut recevoir l'exister qu'en existant elle-même, puisqu'il faut être pour recevoir, et c'est pourquoi elle doit exercer l'acte d'être, à la manière dont le coureur est coureur à raison de son acte de courir, pour s'habiliter à le recevoir ; et pourtant l'essence doit être constituée dans son être de récepteur pour exercer l'acte qui la parfait. Au vrai, il y a réciprocation de causalité entre réceptivité et exercice, et ce n'est pas le lieu de résoudre une telle aporie dont la forme est la suivante : il faut être revenu pour s'habiliter à partir, bien qu'il faille être parti pour être en mesure de revenir.

Dire que l'essence reçoit l'exister sans l'exercer, c'est dire qu'un Autre exerce cet acte, mais s'offre le privilège, se faisant moins que lui-même sans cesser d'être lui-même, de se donner une manière d'être finie ou créée, lui qui est l'Infini actuel et l'Incréé. La nature ou essence humaine individuée qui n'est pas personne subsiste, dans le Christ, portée, assumée par l'essence divine qui exerce cet acte d'être divin en tant qu'elle est Personne divine ; ce qui revient à dire que l'individu humain qu'est le Christ participe un acte d'exister qu'il n'exerce pas mais qu'il possède, et à ce titre il est dit le recevoir sans l'exercer.

S'il existe en toute personne humaine un néant d'être dans le terme inférieur de sa réflexion constitutive, une telle personne peut, se situant en ce terme, entretenir à l'égard de ce qu'elle est une relation d'avoir, sans contradiction, c'est-à-dire sans cesser d'être ce qu'elle a : le suppôt ou personne est le dernier sujet d'attribution de tout ce qui se peut dire de lui, à savoir qu'il est tel homme doté de tels caractères, facultés, etc. Il peut même dire qu'il a une conscience, et il n'est rien de tout ce qu'il a, sans cesser d'être ce sujet qui pense, est conscient, mémorise, apprend, oublie, agit, etc. Il est clair qu'il n'est rien en dehors de ce qui le définit essentiellement, en dehors de ces attributs qui le font connaître. Mais c'est un rien qui est, car il faut être pour être quelque chose, même quand ce quelque chose consiste à n'être rien.

Ces résultats permettent de comprendre que le moi, la conscience qui est aussi liberté, puisse être ce néant en chaque personne humaine, néant qui peut l'inviter à se réfugier en lui, à décider de se restreindre à lui, afin de se complaire dans le refus d'être ce que sa condition lui impose d'être : tel homme, avec ses limites. Se complaire en ce néant d'être intérieur à l'être qu'on est, c'est en quelque sorte se refuser soi-même, en faisant l'économie du suicide. En ce moment d'elle-même en lequel elle s'engloutit, la personne va pouvoir se rêver autre que ce qu'elle est.

Et telle est la condition de possibilité du mensonge à soi, ou mauvaise foi : être le menteur (qui sait qu'il ment) et le menti (qui ne sait pas qu'on lui ment). L'être en puissance est puissance à être, un mode de n'être pas, et la radicalisation de ce mode d'être est ce néant qui est ; mais l'être en puissance fait s'identifier les contraires ; la conscience en puissance est puissance à être conscience, elle est à la fois le menteur et le menti ; comme *conscience* en puissance (c'est-à-dire comme conscience pure, comme conscience de rien, la conscience étant conscience en acte en tant que conscience de quelque chose), elle sait qu'elle ment ; comme *puissance* à être de la conscience, ainsi comme inconscience, elle l'ignore.

Telle est cette mauvaise foi à raison de laquelle le subjectiviste peut se dire de droite, et se payer le luxe dévoyé d'être sincère en le professant : il adopte tous les caractères de l'esprit de droite, mais subrepticement, en se le cachant sans cesser d'en conserver la conscience dissimulée, il les vit sur le mode du subjectivisme, rapportant à soi jusques à l'acte de se rapporter à quelque chose qui le transcende. Il ne serait pas de droite et ne saurait se rêver à droite s'il ne plébiscitait le devoir de se dépasser, de regarder au-dessus de soi, de se sacrifier pour une cause. Mais il décide de vivre cette abnégation dans un esprit tel qu'il en vient à l'exercer pour s'en faire un mérite, ainsi pour se glorifier en elle.

Restera à se demander pourquoi il est possible qu'un tel mensonge à soi puisse lui paraître séduisant, alors que sa décision consciente et réfléchie d'être à droite lui enjoint de déjouer tous les pièges du subjectivisme, ainsi toutes les astuces de la mauvaise foi.

Avant que d'aborder ce dernier point, et pour corroborer le bien-fondé de la thèse selon laquelle est personne ce qui a ce qu'il est, on voudra bien noter ceci :

C'est parce que l'on a ce que l'on est — et tout vivant supérieur vérifie inchoativement cette propriété — qu'on parvient à finir par vivre ce que l'on a sur le mode de l'être, et telle est l'habitude, surtout cette habitude intellectuelle qu'est l'habitus, et telle est la culture ; intérioriser son avoir au point d'en venir à l'identifier à soi, ou plutôt à s'identifier à lui, c'est le convertir en manière d'être vitale, ainsi spontanée ou naturelle. La culture est bien une seconde nature. On retrouve, ici, au passage, dans l'exposé de la mauvaise foi, une illustration du conflit adlérien qui tourmente maints critiques littéraires et plus généralement maints donneurs de leçons : le prétentieux ne veut pas écrire par peur d'être confronté à l'évidence de n'avoir pas pondu un chef-d'œuvre qu'il sait hors de sa portée, mais en même temps il entend ne pas renoncer à écrire, et à cultiver ses secrètes prétentions. Que lui reste-t-il à faire ? Plutôt que d'écrire quelque chose, il écrira sur l'acte d'écrire ; plutôt que d'écrire sur son acte d'écrire, il écrira sur l'acte d'écrire exercé par les autres ; il cherche alors l'erreur, il forlance la maladresse ou la médiocrité chez les autres, pour pouvoir se valoriser en les rectifiant ; l'accumulation de ces initiatives finit par tenir lieu d'œuvre au critique de mauvaise foi ; la critique des œuvres est son œuvre de critique, à savoir le résidu sédimenté des sécrétions de ses aigreurs, c'est-à-dire la bouse séchée de ses cacas nerveux, de ses crachats fielleux, de ses vomissements envieux ».

§ 23. Pourquoi le subjectivisme a gagné la droite : ce qui rend possible la mauvaise foi de l'homme de droite.

Le subjectiviste de droite revendiqué comme subjectiviste est toujours plus ou moins nietzschéen. Il refuse les arrière-mondes, considère que le surhomme est cet homme capable de créer les valeurs ; que l'univers spatio-temporel est seul à être et qu'il est en soi chaos, irrationalité, devenir, désordre et confusion. Il tient pour acquis que l'homme n'est supportable qu'à tenter d'être surhomme, et que celui qui ne le tente pas, qui se repaît de ce qu'il est en se vautrant dans sa médiocrité d'origine, n'est même pas un homme mais un esclave digne d'un destin d'esclave. Le nietzschéen professe que seul l'homme donne sens au monde en lui-même insensé, et qu'il lui donne sens en l'interprétant. Il est bien subjectiviste puisqu'il nie l'existence d'un ordre objectif destiné à exercer la fonction de principe normatif de la subjectivité. Mais il reste de droite parce que, s'il ne reconnaît pas de fondement objectif à sa subjectivité, il ne lui reconnaît le privilège de reposer sur elle-même que pour se dépasser. Le subjectiviste de droite ne serait pas véritablement de droite s'il ne reconnaissait une transcendance, fût-elle celle, panthéiste, de la vie universelle, vouloir-vivre ou volonté de puissance : juger la vie revient alors à proférer un blasphème. L'homme de droite en général a au moins la grandeur de se reconnaître en dette de lui-même tel un talent chargé de se faire fructifier lui-même, livré à soi pour accomplir une tâche, pour coopérer à son achèvement, pour être plus que ce qu'il lui est donné d'être quand il se reçoit dans l'existence, en sorte qu'il n'advient à l'être que pour s'excéder, pour s'arracher à la moiteur de qui se laisse vivre et se contente d'exiger passivement ce qui lui manque à seule fin de ne point souffrir. L'homme de droite est d'abord celui qui sait qu'il est congénitalement imparfait, qu'il ne naît pas parfait avec des exigences, mais qu'il est sommé naturellement de faire advenir le bien qui n'est en lui qu'en puissance et non en acte. L'homme de droite consent à souffrir, tient pour normal d'avoir à lutter, s'éprouve spontanément comme chargé de devoirs, se cherche une raison d'être qui le mobilise et se le subordonne, se juge imparfait et sommé de se parfaire dans la douleur de l'épreuve. Rien ne lui paraît plus vomitif que le désir d'être heureux, si l'on entend par « bonheur » l'apaisement de tout conflit, la disparition de toute lutte, l'ablation de toute souffrance, la prétention à se laisser vivre en l'état larvaire où l'on s'est reçu dans l'existence.

La référence à une transcendance est requise pour donner, à l'homme de droite, de se savoir requis en vue d'un dépassement de soi : on ne s'élève au-dessus de soi qu'en vue d'un idéal tenu pour meilleur que la trivialité du simple fait d'être, d'être à n'importe quel prix. Une telle transcendance l'invite à s'arracher à soi pour s'accomplir, pour contracter un mode d'être héroïque (aussi discret, aussi socialement ordinaire soit-il), mais dans la forme d'une sublimation de soi : il doit se contester parce que tout dépassement de soi est une forme de négation de soi, mais il doit se renier dans ce qui l'achève, s'il est vrai que cet acte d'abnégation est accompli en vue d'un mieux qui seul la justifie. Cela dit, parce qu'il est l'opérateur d'une telle sublimation, sujet du changement opéré sur cet objet qu'il est pour lui-même, il doit ne pas changer en tant que ce sujet, car autrement le principe du changement s'exténuerait dans l'acte de s'exercer et serait immédiatement avorté. Il doit demeurer identique à soi dans l'acte de se changer, de sorte qu'il est en demeure de se proroger dans l'acte de sa sublimation, telle une chrysalide qui, devenue papillon, subsisterait comme chrysalide dans son être-devenu papillon. Et cela revient à dire que ce qui a ici vocation à changer, ainsi à se renier, se conserve dans l'acte de se renier, et même se révèle le suppôt de son être-devenu : **il *est* ce en quoi il s'est changé, *et* il l'*a*,** de sorte que sous ce dernier rapport il reste ce qu'il était pour avoir — ainsi n'être pas — ce qu'il est devenu. Et c'est bien ce que signifie, dans un contexte créationniste et chrétien, l'idée thomiste selon laquelle la donation de la grâce est à la fois un quelque chose ajouté à l'âme, *et* la recréation de l'âme elle-même : elle est cette âme complétée, *et* elle est tout autant la position réitérée dans l'existence de cette âme subsistant dans un nouvel acte d'exister. La même structure de la personne est convoquée pour rendre raison tant de la prétention à la déification du moi par lui-même que de l'espérance de la déiformation du moi par son Créateur.

Parce qu'une création est production « ex nihilo », la recréation du même et à partir du même est éduction du néant, mais d'un néant qui était déjà là dans l'ancien, et qui subsiste en son nouvel exister.

Retenons que cette exigence de se faire subsister dans l'acte de sa sublimation, de se conserver, en tant que ce qui change, dans son être changé, en laquelle on a reconnu la condition d'une réceptivité de la grâce, se résout aussi sans trop de difficulté dans une perspective panthéistique :

L'être est le tout de ce qui est, l'univers, et ce tout se veut dans ses parties — dont l'homme — constitutives qui ne sont, tout en un, que des parties du tout et des moments du processus d'autoconservation de ce tout ; de telles parties sont autant de modes, de modifications momentanées du tout ; chacune est le tout considéré en l'un de ses moments. Aucune partie n'a d'être propre, n'ayant d'autre être que celui du tout ; elle peut en revanche revendiquer d'être le tout à sa manière, tel le tout contracté en l'un de ses moments, en l'une de ses manières d'être en chacune desquelles il est tout entier quoique non totalement. Il y a bien transcendance du tout par rapport à ses parties puisque ces dernières ne vivent que de la vie du tout, n'existent que de l'existence du tout qui se particularise en elles pour se les subordonner dans l'acte de se poser comme tout ; il leur est transcendant en tant qu'il se les subordonne, mais cette transcendance s'accomplit dans l'immanence puisqu'elles lui sont consubstantielles.

On a là une disposition des choses qui rend possible cette exigence en quoi consiste pour l'homme le fait d'*être* ce en quoi il a vocation à se changer, et de l'*avoir*. Il est ce en quoi il s'est changé puisqu'il s'est constitué en membre volontaire d'une Cité qui sera telle qu'il ne vivra que par elle, et au fond en dernier ressort pour elle. Son être profond, celui qu'il se reconnaît être tel, est celui de la Cité. Mais tout autant il a cet être, parce qu'il est, en tant que singulier, l'opérateur qui fait qu'il y a Cité, laquelle ne vivrait pas sans son initiative. Il se veut l'instrument de la gloire de ce qu'il engendre et en quoi il se révèle justifié et surélevé.

La difficulté de cette résolution se fait jour si l'on s'aperçoit que la Cité — microcosme humain reproduisant les articulations du macrocosme — devient dans ce contexte l'horizon de transcendance indépassable de l'homme de droite dont la béatitude consistera à servir la Cité, à se faire l'instrument de sa gloire, dans une déification de l'Etat, divin terrestre ablatif du divin céleste, divin terrestre qui ne serait pas l'image du divin céleste, mais divin temporel dont le divin céleste serait la projection délirante, l'arrière-monde inspiré par le ressentiment des faibles. Or s'il en est ainsi, on doit bien pourtant convenir que l'univers et la Cité prennent conscience d'eux-mêmes dans l'homme et accèdent en lui seul à cette unité personnelle qui leur confère leur prix. Seul l'homme individuel, personnel, les dote de cette intériorité infinie, inépuisable, irréductible à ses manifestations, principe vital de pulsation qui les émancipe de la condition triviale de choses qui seraient là sans raison : s'il n'y a pas de Dieu pour concevoir le monde, ce dernier est chaos, et ce sont la conscience, la subjectivité, la vie intérieure de l'homme individuel qui seules donnent sens à ce monde, font être cette Cité dans cette forme hiérarchique sublime génératrice de grandeur morale, d'héroïsme et de beauté ; seul l'homme, par ses décisions esthético-morales, confère à la Cité et au monde leur raison d'être. Force est alors d'en venir à avouer que c'est l'homme qui est Dieu ; le Monde est divin, l'homme est la personnification du monde, l'homme est personnification du divin, l'homme est Dieu et il est seul à l'être ; et c'est bien là au fond ce à quoi prétend le candidat à l'immanentisme panthéistique. Mais de petits dieux ne sauraient longtemps croire à leur devoir de se subordonner à quelque forme de transcendance que ce fût, puisqu'il n'y a de transcendance que par eux ; ils ne peuvent que « faire comme si », tels des décadents qui voudraient conquérir les sublimités de la sainteté, mais pour se glorifier eux-mêmes en elle, ce qui est évidemment contradictoire : on ne peut jouer à être un saint qu'en le devenant effectivement, auquel cas ce n'est plus un jeu ; ou bien on est vite effrayé et refoulé par les exigences de la sainteté, et l'on cède au désir de changer de jeu. Parce que les contraires s'identifient dans l'être en puissance, le subjectiviste de droite est en puissance à la fois un catholique, à la fois un hédoniste tragiquement ordinaire qui cultiverait le souci de réaliser une espèce de « Club Med », mais seulement pour Blancs, pour « brutes blondes ». Ce qu'il pouvait y avoir de véritablement grand dans le paganisme historique, c'était tout ce qui, conforme à l'ordre naturel, se révélait disposé, sans toutefois l'exiger ni même l'attendre à proprement parler, à recevoir le couronnement de la Révélation chrétienne ; et s'il est permis de parler tout de même d'attente, c'était au sens où le païen sublime, tel le Centurion de l'Evangile, comprenait, par une intuition confuse du fait du péché originel, qu'il ne parviendrait même pas à exalter l'ordre naturel sans que lui soient offerts des dons surnaturels qui mèneraient la nature au-delà d'elle-même en la recréant.

On comprend dans ces conditions que l'esprit de droite, tronqué de son couronnement religieux, soit voué à l'échec au point de finir par dégénérer en cet esprit de gauche non totalement déserté par le goût du combat qu'est le libéralisme individualiste, lequel conserve quelque vague réminiscence de l'esprit de droite : il accepte sans y discerner une injustice cette loi du monde qui veut que l'homme ait à lutter, et que toute lutte se solde par une inégalité de conditions. Quand il ne consent pas à se résoudre à la trahison libérale, le subjectiviste de droite demeure, dans les mots, anticapitaliste autant qu'anticommuniste, mais la contradiction théorique qui l'habite finit pas rejaillir sur sa psychologie : on servira la « bonne cause », à tout le moins ce que l'on aura compris et retenu d'elle, mais on ne pourra s'empêcher de vivre ce service en y investissant cet esprit de compétition dévoyé qui, loin de développer une saine émulation dans l'exercice du dévouement à un vrai bien commun, n'aspire à la victoire que pour faire se glorifier la subjectivité des vainqueurs. De plus, dans le contexte de l'impuissance politique en laquelle se trouvent placés les tenants actuels de la droite radicale, surtout ceux qui l'embrassent dans sa version paganisante, force est pour chaque prétendant à la gloire de ronger son frein, d'user ses nerfs en attendant le « Grand Matin », et la résultante de ces conflits intérieurs consiste à exercer contre ses frères de combat cette pugnacité qui le tourmente ; d'où le désir de chacun de supplanter son voisin à l'intérieur des mêmes chapelles politiques. Ce désir, vécu par des « guerriers » sempiternellement déçus et cocufiés, aigris, excédés d'avoir tout sacrifié de leur vie familiale et sociale pour obtenir un résultat pratiquement nul, fait d'eux des déclassés, objets de commisération et de risée pour le reste de la société, animés par un esprit de revanche impuissante, ce qui envenime leur aigreur en même temps qu'il les affaiblit, au point que la forme en laquelle se coulera cette velléité de revanche et de domination vengeresse sera celle de la médisance, voire de la calomnie ; ainsi se perdra-t-on dans des sentiments aussi peu glorieux que celui de se réjouir des misères d'autrui, en prenant la cruauté de son cynisme pour une manifestation de courage et de réalisme ; on se plaira à tenter de chercher en tout homme la faille qui pourrait le rendre vulnérable aux quolibets, aux médisances, à la mise en doute de l'authenticité de son engagement à droite ; nos héros inactuels seront de très actuels petits hommes délateurs, envieux, méchants, complexés, familiers des méthodes relevant du procès d'intention, de l'insinuation et de l'inversion accusatoire.

De ce fait, la triste idée de l'homme de droite que se fait l'homme de gauche installé dans la société décadente n'est pas si erronée que cela. La misère psychologique et morale des indignes dépositaires des idées vraies finit par colorer de sa fange ces idées mêmes. C'est là, il est vrai, le destin logique de tout ghettoïsé. S'il est une forme de génie spécifiquement juif — et c'est bien la seule forme de génie dont le Juif puisse se prévaloir — c'est cette aptitude à faire se retourner efficacement contre autrui, contre l'humanité entière, cette sécrétion autodestructrice du ressentiment poussé à son paroxysme. Et le Goï ghettoïsé en est bien incapable.

§ 24. Quand l'effort de conjurer le subjectivisme développe un subjectivisme imprévu.

Une telle exigence, propre à ce désir de dépassement de soi définitionnel de l'homme de droite, de se faire subsister dans l'acte de sa sublimation, ou de se conserver, en tant que ce qui change, dans son être changé, se résout de manière rationnelle dans une perspective d'authentique transcendance, selon laquelle tout ce qu'il peut y avoir de beau, de vrai, de bon et de sublime dans le monde, et qui mérite que l'on se sacrifie pour lui, est l'effet d'une participation à la perfection de l'Absolu divin et personnel extrinsèque au monde. De ce point de vue, il n'est plus possible à l'homme de se déifier sous couvert de servir, de se dévouer et de se dépasser : le désir d'être Dieu s'est révélé en sa vérité tel le désir de Dieu, tout simplement. L'absolu n'est plus de ce monde, bien qu'il soit immanent au monde par sa causalité ; l'absolu est transcendant bien qu'il soit immanent par son Incarnation salvatrice, conjuguant l'affirmation de Dieu et celle de l'homme dans l'Homme-Dieu, proposant à l'homme une vocation à la déiformation, mais sur l'initiative gratuite de Dieu, et sans l'empêcher d'être homme. Comme on l'a dit, la grâce s'ajoute à la nature *et* la recrée, l'homme gracié *est* bien ce en quoi il s'est changé, sans cesser d'*avoir* cet être nouveau, par là sans cesser de demeurer l'ancien : « factus est Deus homo ut homo fieret Deus » (saint Augustin, évoqué par saint Thomas : *III^a q. 1 a. 2*). Ce n'est certes pas l'homme qui se donne la grâce et sa métamorphose, mais il y consent librement : ce que nous pouvons par nos amis, nous le pouvons en quelque sorte par nous-mêmes, comme le rappelle Aristote évoqué par l'Aquinate (*I^a II^{ae}, 5, 5, 1*).

Cela dit, un nouveau problème surgit dans ce type de résolution, qui est l'envers symétrique de la difficulté dont la solution panthéiste était grevée.

En effet, dans ce contexte nouveau, l'homme n'est que pour Dieu, la Cité est pour l'homme et elle a au fond, semble-t-il, raison d'instrument du salut individuel. L'homme est centré sur lui-même en ce monde et en vue de l'autre, et ce malheureux bien commun immanent, propre à la Cité, paraît vidé de son contenu en tant que réduit à ce qu'il est convenu de nommer l'intérêt général. Si le bien commun politique est effectivement le bien du tout pris comme tout, mais non sans être aussi le meilleur bien de chacun, c'est que le bien du tout est visé par chacun comme son meilleur bien. Par ailleurs, un bien que l'on aime en le rapportant à soi a raison de moyen, lequel n'est pas aimé pour lui-même mais pour le bien dont il est l'instrument d'acquisition. Un tel bien ne saurait être un bien commun, lequel est aimé pour lui-même à raison de sa communauté même : il est diffusif de soi ; il est de la raison de sa bonté de se communiquer à plusieurs ; de ce fait, il est tout entier offert à chacun de ceux auxquels il se donne sans lui être donné totalement parce que, dans le cas contraire, il serait comme confisqué par celui auquel il est offert et ne pourrait se donner à d'autres avec cette inépuisable générosité corrélative du fait qu'il n'est emprisonné par aucun. Or, s'il a raison d'instrument de celui qui en bénéficie, il est privatisé par lui, par là il exclut d'être un bien commun ; il en résulte qu'un bien commun est un bien qui se donne à tous comme leur bien, mais sans appartenir à aucun ; comme leur bien qu'ils ne possèdent qu'en tant qu'ils sont possédés par lui ; comme leur bien s'offrant tel le bien que l'on sert et non tel le bien dont on se sert ; aussi un bien commun ne saurait-il être aimé tel un bien que l'on aime en le rapportant à soi ; ce ne peut être qu'un bien qu'on aime en lui étant rapporté, c'est-à-dire en lui voulant du bien, en aspirant à le servir. Le bien en général reste néanmoins ce que toute chose désire en tant qu'elle désire sa perfection. Cela signifie certes que la recherche du bien perfectionne le désirant, mais non que cette recherche et cette possession seraient l'instrument du désirant, lequel peut se perfectionner du fait même d'être instrument du bien qu'il aime.

Pour concilier le caractère commun du bien politique, et avec lui son statut de fin, *et* son statut d'instrument du salut individuel, on dira peut-être que l'homme donne une partie de lui-même à la Cité, et la part la plus essentielle de lui-même à Dieu, que donc le sacrifice obligé d'une partie ou d'un aspect du moi à la Cité est destiné à préserver l'intégrité de l'autre partie, celle qui est immortelle, bref, on dira que le corps et ce qui concerne la vie corporelle peuvent bien être donnés à la Cité terrestre, et que la vie de l'âme doit être réservée à la Cité céleste. Mais c'est là encore faire se subordonner la partie inférieure du moi au profit de sa partie supérieure, ce qui revient à se subordonner le bien définitionnel de la vie de la Cité ; et c'est encore privatiser un tel bien, faire dégénérer son caractère de bien commun en intérêt général, au titre d'instrument commun à plusieurs, dont chacun use selon ses besoins mais qui exclut que l'on se sacrifie pour lui. Un instrument commun à plusieurs est, en tant qu'instrument, un bien dont on use, par là un bien qu'on use, et qui s'use, et qui s'use d'autant plus qu'on en use plus souvent, par là c'est un bien d'autant moins susceptible de se communiquer qu'il est plus utilisé (et tels sont au reste les biens matériels dont il reste d'autant moins à distribuer que plus nombreux sont ceux qui en bénéficient) ; c'est un bien qui, de ce fait, n'est pas diffusif de soi ; ce n'est pas un bien commun à proprement parler ; il est matériellement commun et non formellement, ainsi non essentiellement.

Plus radicalement, on observera qu'un bien déclaré formellement commun est un bien qui s'enrichit du fait même de se donner, et cela n'est possible que parce qu'il consiste dans l'acte de se donner lui-même à lui-même, car alors, plus il donne plus il ratifie son être, meilleur il est. Or ce qui consiste dans l'acte de se communiquer à soi-même, c'est ce qui s'aime soi-même, aime se donner et se recevoir, telle la pensée qui se fait dialogue — ainsi échange — silencieux de l'âme avec elle-même et qui s'actualise en se « signifiant », en se faisant verbe et langage. Et ce qui s'aime soi-même, c'est ce qui se veut du bien, et qui se veut soi-même au travers de l'amour que les autres lui portent ; de la sorte, il se donne bien à lui-même par la médiation de ceux auxquels il se donne et qui en retour se dévouent pour lui. Mais s'il en est ainsi, s'il s'aime en se voulant dans l'amour que les autres lui portent, c'est qu'ils l'aiment en se rapportant à lui.

Dès lors, un bien commun proprement dit est un bien qui a vocation à être aimé pour lui-même, tel un bien que l'on aime en se voulant être à lui, et en se voulant tout entier à lui, corps et âme, même si l'on ne se veut pas à lui totalement comme s'il était divin. Mais alors comment se donner à lui tout entier sans cesser de poursuivre le but ultime de l'existence qui est le salut ?

Si l'on se donne à lui tout entier, on l'aime plus que soi-même. Si on l'aime plus que soi-même, on l'aime plus que sa propre perfection individuelle, or la perfection du moi, réalisée dans le salut, est une même chose avec le moi en tant qu'il est parfait. Si donc on aime le bien commun de la Cité plus que soi-même, il semble bien qu'il faille l'aimer plus que son propre salut. Et l'on est renvoyé, si cette aporie n'est pas surmontée, dans la position panthéiste pour sauver le bien commun, mais cette position, on l'a vu, est porteuse de sa propre destruction.

Ce qu'il y a d'étonnant, de douloureusement surprenant dans cette affaire, c'est que le subjectivisme semble vainqueur dans les deux cas de figure, selon des modalités différentes. Si l'immanentisme paganisant préserve l'organicité de la Cité, et avec elle ce primat du bien commun qui conjure l'individualisme et le subjectivisme, en retour il en vient, par défaut d'authentique transcendance, à basculer dialectiquement dans le subjectivisme le plus radical en promouvant la déification de l'homme par substantification de la société. Si l'affirmation d'une véritable transcendance préserve de la prétention délirante, prométhéenne, à se déifier, en revanche, par son impuissance à faire s'ordonner l'homme au bien commun terrestre comme à sa fin, elle favorise le développement d'une espèce d'égoïsme pieux et surnaturaliste : « mon salut avant tout, que périsse l'ordre naturel qui ne mérite pas qu'on se sacrifie pour lui : l'ordre naturel n'est que le terreau et même le fumier de la vie de la grâce » ; et cet égoïsme vertueux mouillé d'eau bénite, au moins sous le rapport de la vie terrestre et communautaire, est générateur d'un subjectivisme celé par les formes d'abnégation morale que requiert la recherche sulpicienne (au sens que Léon Bloy donnait à ce terme) de la forme bourgeoise, moralisante, de la sainteté individuelle : « mieux vaut un régime imparfait, 'conservateur', tissé d'iniquités mais en bons termes avec la diplomatie vaticane qu'un régime héroïque inspiré par une justice sociale exigeante mais en délicatesse avec Rome ». Pour le catholique, la vie terrestre, celle de l'Église dite militante, est une vie d'épreuves ; on est ici pour combattre et souffrir afin de vaincre l'attirance du Monde et de ses biens finis qui enferment l'homme en le rivant à eux, l'empêchant de se projeter vers le Bien absolu ; mais cela ne le dispense pas d'être en demeure d'habiter son monde afin de coopérer à la beauté d'un tout qui glorifie son Auteur : Dieu veut le bien de l'ensemble de l'univers. On doit donc aimer le monde de telle sorte que cet amour qui porte vers lui parvienne à détacher de lui celui qui l'aime, à mener au-delà de lui celui qui tend vers lui ; ou encore : on doit aimer le bien absolu sans jamais omettre d'aimer ces biens finis qui en procèdent proleptiquement, qui l'annoncent, en lesquels il s'anticipe. Ce qui n'est pas facile à concevoir, puisqu'il s'agit d'ordonner à un mouvement transcendant ou vertical un mouvement immanent ou horizontal, dans un conjugué de déchirement et de continuité qui semble faire injure au principe de contradiction. L'homme de droite — de vraie droite — qui est un croyant est comme ballotté entre un surnaturaliste honteux et un païen velléitaire.

Derechef, pour échapper à ce système de bascule schizophrénique, il incline presque malgré lui à se recroqueviller en lui-même, là où il est en puissance les deux formes contraires qu'attend la réalisation de soi, mais qui, en acte, se révèlent antinomiques : on ne sait pas conjuguer organicité et transcendance. Et ce refuge en son être en puissance est lui-même contre nature, parce qu'il est dans la nature de l'intérieur de s'extérioriser, à peine, répugnant à se manifester, de se contredire en se révélant extérieur à l'extérieur. Dès lors, le croyant qui se veut à la droite de la droite, paralysé par des tendances contraires qui s'épuisent stérilement, insupportable à lui-même, sera porté à se rendre insupportable aux autres et se soulagera illusoirement dans les habitudes incapacitantes suivantes : dénigrement de son prochain ; choix des états d'âme sempiternellement pessimistes ; rage d'avoir à supporter son impuissance génératrice d'un désir éperdu d'affirmation de soi qui, bien incapable de s'opérer au détriment des ennemis objectifs de la droite intègre et de la fidélité religieuse, se satisfait lamentablement dans l'art de s'inventer des ennemis dans son propre camp pour jouir de les attaquer sans grand péril ; recours au mensonge à soi consistant à accuser les autres de ses propres échecs ; en particulier, recours au complotisme, lequel n'est pas la thèse — raisonnable et souvent vraie, contre la désinformation que développe nécessairement cette société du mensonge qu'est l'esprit démocratique — de l'existence de complots, mais la tendance à en voir même là où il n'y en a pas, et surtout la pathologie consistant à leur conférer le statut de cause première des grands tournants historiques, ce qui innocente les dépositaires de l'héritage culturel et politique d'une nation de toute responsabilité dans l'avènement de la décadence. Les microbes ne deviennent cause de maladie que quand le corps est déjà affaibli.

Tant dans le cas du néo-païen hostile à toute transcendance que dans celui du croyant déchiré entre bien commun et souverain bien, l'aspiration noble à se donner, court-circuitée par l'incapacité à respecter les conditions rationnelles d'exercice d'un tel don, bascule chaque fois dans son contraire (aspiration à rapporter tout à soi) et reste prise dans un balancier dialectique qui renvoie le sujet à ses positions extrêmes sans capacité de se stabiliser : se donner à la Cité déifiée revient à se glorifier en elle et à se déifier au point d'en venir à se mettre au-dessus du bien commun politique ; servir le bien commun sans le déifier, en préservant le vrai lieu transcendant du divin, mais en se réservant pour ce dernier seul, revient à faire du bien commun politique un instrument et à absolutiser son bien privé qui, de nature religieuse au début, finira par se laïciser par le fait d'être privatisé, et au mieux à se faire libéral : il est essentiel au souverain bien, en tant même que souverain, d'être lui aussi commun, de sorte que sa privatisation ne peut que l'adultérer, ainsi le laïciser ; l'esprit bourgeois chrétien moderniste est la vérité de l'esprit bourgeois catholique louis-philippard ; et derechef c'est le moi qui tendra, de manière sournoise, à se déifier. Et c'est le tourment de ce balancier dialectique dont il ne sait pas la logique (Hegel aurait parlé du « négativement rationnel ») qui rend celui qui l'habite mal à l'aise, en guerre secrète avec lui-même, focalisé sur lui-même en croyant s'oublier dans un don de soi vicié ; c'est tout cela qui le rend subjectiviste bien qu'il soit de droite, c'est-à-dire hargneux, médisant, saisi par la tendance maligne à mordre, prompt à se comparer, cuit dans l'envie. Aussi longtemps qu'il est incapable de conjuguer logiquement immanence et transcendance, ainsi de faire se rencontrer nature et surnature sans compromettre leur essentielle différence, le croyant, condamné à réduire le bien commun terrestre à un instrument de la vie céleste, est frustré dans son désir pourtant naturel de faire s'accomplir les exigences de sa nature dans une forme politique en laquelle cette nature se déploie plus parfaitement qu'en lui seul, car l'exercice d'un tel désir suppose que l'homme se donne tout entier à la Cité et lui reconnaisse le statut de finalité. Aussi longtemps qu'il se révèle incapable de conjuguer immanence et transcendance, le païen, condamné à refuser la transcendance au nom de l'immanence, est contraint de verser dans un athéisme en lequel il se déifie, réduisant l'apparent service fanatique du bien commun politique à un moyen de se glorifier lui-même ; ce faisant, le païen, désormais néo-païen en tant qu'athée, a basculé lui aussi dans le subjectivisme le plus échevelé. Or c'est dans les deux cas contre les exigences de la joie de se donner, ainsi contre le souci de surmonter le subjectivisme, que l'homme est condamné à se faire subjectiviste. D'où un malaise qui le rend insupportable à lui-même et de ce fait insupportable aux autres.

Aussi longtemps que ce problème du rapport entre nature et grâce, entre fini et infini, entre immanence et transcendance, entre fin temporelle et fin spirituelle ne sera pas résolu de manière complètement satisfaisante, on aura des Tartempions incompris et des imprécateurs de caniveau peu intelligents cuits dans la haine et le ressentiment. On aura des Père Machin et des abbés X. On aura d'un côté des hommes qui s'efforcent à penser mais que personne n'écoute, des incompris suspects et rejetés, des hommes soucieux de respecter tout l'héritage de la pensée de droite, aussi bien celui relevant de la thèse de l'immanence de l'absolu que celui relevant de sa transcendance, mais suspectés de gnosticisme ou d'on ne sait quelle autre tare de l'esprit spéculatif ; et on aura d'un autre côté des envieux se targuant d'orthodoxie mais tourmentés par l'idée chancelante qu'ils se font d'eux-mêmes, incapables de s'oublier, pratiquement et moralement, de se livrer à la logique de l'abnégation que leur prescrit spéculativement leur positionnement droitier ; il s'agit des braillards en mal de reconnaissance, des ratés congénitaux se disant de droite mais habités par les sentiments propres à l'esprit de gauche, des crétins inquiets et grandiloquents plus soucieux de faire le vide dans leur propre camp pour s'y tailler une position avantageuse que de se laisser aller au mouvement de servir le bien commun dont ils ne cessent pourtant de prétendre que le souci brûlant de ce dernier inspirerait toutes leurs actions. La vraie droite a longtemps fait coexister en son sein des désespérés et des sots chimériques et solennels ; aujourd'hui, plutôt qu'à affronter ses naturels ennemis de gauche, elle se déchire plus volontiers en querelles intestines opposant des incompris à des envieux ; il en est ainsi parce que ceux-ci sont en vérité, dans leur cœur malade, des hommes de gauche qui voudraient être à droite sans se libérer de leur dépendance à l'opium abrutissant et mortifère de la révolte métaphysique.

« M'est avis, se dit Tartempion, qu'il serait bon de relire la lettre du père de l'élève Machin à l'abbé X. Se libérer de la Cité dans le but de se réserver pour Dieu, c'est méconnaître que seul le service sans réserve de la Cité, l'acte de faire sa raison d'être de la poursuite du bien commun, libère l'homme de l'emprise de la vie politique et plus généralement mondaine, et convertit le désir d'immanence en désir de transcendance. Quand la vie terrestre s'achève, elle s'accomplit mais aussi se supprime, les deux sont indissociables, comme l'acte de finir qui dit à la fois la perfection et l'éclipse. La vie terrestre en son acmé renvoie à la césure de la mort de l'autre côté de laquelle la vie rejaillit pour et dans un autre élément, purement spirituel ; aussi la vie religieuse est-elle ce qui s'anticipe de manière obligée dans la vie politique. Se soustraire à celle-ci au nom des intérêts de celle-là, cela relève d'une illusion d'optique : si la mort fait partie de la vie qui se fait surgir de ce en quoi elle se nie, s'attacher à la vie en refusant la mort équivaut à refuser la vie, et en retour prétendre à quitter la vie en précipitant la mort revient à court-circuiter ce mouvement vital qui s'achève dans la mort, de sorte que le suicide, loin d'être un vrai plébiscite du néant, se résout dans le choix d'une vie sempiternellement déchue. Si la vie religieuse s'anticipe dans la vie politique, c'est en épousant la vie politique sans réserve que cette dernière libère celui qui la sert, et le libère pour la vie religieuse. Court-circuiter la vie politique au nom de la religion — et c'est bien en cela que consiste la subordination du bien commun politique au bien particulier moral —, cela équivaut à s'émanciper de sa condition de chrysalide de peur de n'être jamais papillon ; et c'est là le moyen radical de rater sa vocation. La Droite est stérile et se dévore tel un catoblépas, gangrenée qu'elle est par ce subjectivisme qu'elle ne dénonce que chez l'adversaire parce qu'elle est paralysée par ses contradictions doctrinales internes. Rien n'annonce qu'elle soit en passe de s'atteler à leur traitement. Si elle ne se réforme pas, son agonie sera longue, et douloureuse ».

§ 25. La dialectique se fourre partout, même à la droite de la droite qui la tient pour insupportable et la croit sécrétée par des cerveaux de gauche.

« Avant que de prétendre à donner le meilleur de soi-même, on doit se préoccuper de savoir si l'on a quelque chose à donner. Se donner grandit et enrichit. Mais ceux qui, indigents de cœur et d'esprit, convoitent de s'oublier dans le service de la cause héroïque des Réprouvés, ne s'oublient nullement ; ils n'oublient que leur faiblesse et leur pauvreté. Ils brûlent de se donner en convoitant secrètement d'instrumentaliser leur générosité abnégative afin de gagner une consistance qu'ils n'ont pas, se glorifiant dans leur rôle en caressant leur tripe subjectiviste. Que les vrais combattants des derniers jours commencent par s'enrichir pour avoir quelque chose à donner ; qu'ils apprennent à exceller avant que de s'engager ; qu'ils se donnent des raisons de s'estimer avant de combattre ; la meilleure façon de conjurer le subjectivisme larvé des faux généreux, c'est de s'aimer, de commencer par viser son bien propre, d'accumuler les victoires personnelles, de calmer les élans du souci de soi, afin de s'en arracher sans désir de regarder derrière soi. Encore faut-il, pour ce faire, que le souci du moi, du fini et de l'immanent, de l'affirmation de soi, ne soit pas antinomique de celui du tout, de l'infini et du transcendant, du sacrifice de soi. Et il n'est pas certain que les acquis doctrinaux de l'homme de droite en aient véritablement terminé avec la résolution de ce problème.

Un homme doit apprendre à s'affirmer pour s'aimer, et il doit s'aimer pour apprendre à aimer son prochain ; et aimer son prochain consiste à s'effacer, à renoncer à son moi exclusif afin de l'aimer tel un autre moi-même : on aime sa nature plus que soi-même et on épouse l'acte à raison duquel elle se veut non seulement en soi, mais aussi en autrui. On doit apprendre à s'affirmer pour renoncer à soi, et force est de reconnaître que ce n'est pas facile. Celui qui n'est pas capable de s'affirmer, c'est-à-dire de s'accomplir, est incapable de renoncer véritablement à soi, ainsi de servir.

Celui qui est incapable de s'oublier, qui braille pour s'imposer et se pousser du col, qui s'affirme de manière désordonnée, qui donc affirme qu'il s'affirme plus qu'il ne s'affirme, et l'affirme trop ostensiblement pour être crédible, c'est celui qui veut se faire croire qu'il s'impose et déploie toutes les ressources requises pour s'affirmer, mais qui, ne s'acceptant pas, crispé sur lui-même et en peine de lui-même, à la fois manque de la force réelle de s'affirmer, à la fois se révèle incapable d'être attentif au bien d'autrui. C'est pourquoi il révèle une impuissance de principe à céder la place devant meilleur que lui, ne se supportant que s'il est le premier.

La chose se complique encore pour le croyant qui vit cette relation dialectique entre affirmation de soi et abnégation non seulement sur le mode des conflits naturels, mais encore dans le contexte surnaturel de la conjugaison entre nature et grâce.

Cette conjugaison exige que l'ordre naturel s'affirme selon une disposition telle que cette affirmation de soi de la nature soit corrélativement un abandon de soi à l'appel d'une finalité qui la transcende. Mais, en tant qu'elle la transcende, elle lui donne, au moins pour un temps, de renoncer à soi ou de s'arracher à sa finitude qui, constitutive, fait que cet arrachement est vécu par l'ordre naturel comme un arrachement à soi-même.

Cet écartèlement entre Ciel et Terre par lequel on crut pouvoir caractériser la condition existentielle du chrétien, fut diversement dénoncé par le paganisme, en particulier dans ce qui fut nommé « conscience malheureuse » par le hégélianisme, cette espèce de christianisme panthéistique, comme rationalisation du christianisme, aussi monstrueuse que dangereusement intelligente ; ce serait celle de la conscience du croyant adorant un absolu transcendant selon un dualisme supposé aliénant. Il est à noter que cet écartèlement, loin d'avoir été introduit dans la condition humaine par le christianisme, se contente en vérité de prolonger, en la radicalisant, la tension constitutive de l'homme en tant qu'animal naturel, déchiré entre le repli sur soi monadique de la vie intérieure au détriment du monde et de la société, et l'ordination du moi, qui lui donne sens, à un bien commun voulu pour lui-même.

La « révolution » chrétienne, sur ce point comme sur d'autres, n'a nullement bouleversé l'ordre naturel et n'a pas travaillé à la destruction fanatique de la majesté de la Cité antique. Elle s'est contentée de maximiser un aspect de la condition de païen, le menant jusqu'au bout de lui-même et, certes, le faisant se changer en profondeur ; mais ce changement était inscrit à titre de tendance virtuelle dans ses propres flancs.

Si la Cité antique s'est écroulée, ce n'est pas sous le souffle du christianisme, c'est sous le poids de ses propres contradictions, lesquelles avaient pour cause l'incapacité où se trouvait le paganisme de répondre à l'aspiration profonde qui l'animait ; le paganisme s'est révélé incapable d'aller jusqu'au bout de lui-même, et c'est le christianisme qui, le faisant se consommer, a sauvé en lui ce qui méritait de l'être, ne le supprimant que parce qu'il le sublimait, l'achevant au double sens du terme. Et il y avait bien contradiction dans le paganisme parce que ce dernier, se résolvant dans l'Empire romain, entendait déifier César et, à travers César, le genre humain, dans le moment où il entendait indifférencier bien commun de la Cité devenue mondiale et souverain bien. Ce qu'il y a de contradictoire dans cette affaire, ce n'est pas l'idée d'un empire universel, c'est celle d'un empire universel vécu dans l'immanence pure, sans référence à un Dieu transcendant et séparé. En effet :

La Cité antique, à Rome, devient effectivement universelle, comme le célébra le poète latin d'origine gauloise Rutilius Namatianus, dans son *de Reditu suo*, au Vème siècle, lequel affirmait bien que « l'Urbs » était devenue « la patrie commune aux diverses nations ». Rassemblant toute l'extension du genre humain, la Cité ainsi comprise actualise toutes les virtualités de la nature humaine, et chaque individu reconnaît, dans le spectacle d'une telle Cité dont il est membre, le déploiement sans reste de cette essence humaine dont il est une individuation. Mais faisant coïncider, par négation d'un divin transcendant, le bien commun et le souverain bien, l'homme s'ordonne au bien commun d'une telle Cité comme à sa fin ultime, cependant qu'elle n'est que par lui puisqu'elle résulte de l'agrégation d'individus. Donc elle est raison d'être de parties qui pourtant la font exister, ce qui revient à dire qu'elle s'intronise cause de soi par l'office des hommes, lesquels en retour, reconnaissant en elle leur être fondateur, se célèbrent en elle telles des causes de soi : l'homme se déifie. Mais une coexistence de petits dieux souverains ne peut être que contradictoire, car le propre d'un dieu est de dominer et d'exclure d'être dominé. Ce qui atteste cette contradiction vécue, c'est la substitution, à l'organicité de la Cité des Grecs, celle de la souveraineté du Droit régissant une poussière d'individus.

Quoi qu'il en soit du rapport entre christianisme et paganisme, il est certain que la conjugaison dialectique entre affirmation de soi et abnégation n'est pas facile à s'opérer.

De tels déchirements affectent moins, paradoxalement mais logiquement, l'homme de gauche que l'homme de droite, parce que l'homme de gauche ne reconnaît au fond aucune forme de transcendance, s'étant investi dans le trou noir du subjectivisme, qui attire tout à lui et le convertit en néant. L'homme de gauche est sa propre norme, il coïncide avec lui-même d'une certaine façon, à tout le moins a-t-il cette impression, de telle sorte que le conflit entre la réalité et ses prétentions délirantes, entre souci de s'affirmer et souci de servir, oblitère l'un de ses deux termes constitutifs (il s'agira de faire valoir ses exigences infinies, il n'y aura rien à servir sinon soi-même), et prend la forme d'un conflit entre lui et les autres qu'il accusera de tous les maux. Il ne s'agira pas d'un conflit entre lui et lui-même, entre ce moi qui se prend pour fin et ce moi qui se veut tourné vers le bien de la nature humaine par laquelle il se fait d'autant mieux habiter qu'il se subordonne plus volontiers à elle ; il s'agira d'un conflit de tous contre tous qui se rendra viable dans la passion égalitaire dépositaire d'une espèce de jouissance abjecte et vénéneuse : quand tous se haïssent les uns les autres dans le but de se soustraire au Bien qui les réconcilierait mais les obligerait à ne pas se déifier, ils en viennent à faire de cette haine le principe de leur unité, ainsi de leur solidarité qui est complicité, par là d'une espèce d'amour.

La haine de soi de l'homme de gauche, devenue consciente et réfléchie, est le début de sa rédemption parce qu'il ose se regarder en face. La haine de soi de l'homme de droite est ce reliquat d'esprit de gauche dont il ne s'est pas encore rendu victorieux ».

§ 26. Il y a bien peut-être une solution, mais personne n'en veut.

« Autant le dire tout de suite : c'est une solution qui défrise les bien-pensants, les prudents et les perdants congénitaux, qui tous se complaisent dans l'échec, dans une apparence de résignation celant un subjectivisme sédimenté, comme si tout ce petit monde préférait sa situation de vaincu à celle du vainqueur pourvu qu'il pût continuer à se vouloir le chef de la future reconquête par là toujours remise à plus tard ».

Tentons de clarifier les intuitions de Tartempion qui ne prend pas de gants pour poursuivre son monologue, sans grand égard pour le souci d'être compris d'autrui.

Est dialectique — rappelons-le — cette relation qu'entretiennent deux termes l'un à l'égard de l'autre, à raison de laquelle le mouvement par lequel ils se repoussent ou s'excluent suit un itinéraire circulaire qui les ramène malgré eux l'un auprès de l'autre et les invite à s'identifier l'un à l'autre, cependant que, aussitôt posés l'un près de l'autre en vue de leur fusion, ils manifestent derechef cette hostilité qui les fait s'opposer et se fuir, de sorte qu'ils n'en viennent à coïncider l'un avec l'autre que pour se repousser violemment l'un de l'autre. On peut illustrer cette tension par l'incoercible souci, chez l'homme contemporain gangrené par le subjectivisme, de cultiver sa différence et d'être unique, ineffable, excluant toute communauté avec autrui parce qu'elle le relativiserait, le réduisant à une réalisation contingente et imparfaite d'une essence universelle qui le mesurerait. Le plus ordinaire aspire aujourd'hui à être hors du commun, ne se supporte qu'à ce titre, entend bien s'en persuader et en persuader autrui, et ne se soustrait aux normes que pour, secrètement, s'ériger en norme, contracter la dignité d'un paradigme ; il se targue de « penser par lui-même », d'avoir de la « personnalité », de n'être pas « mouton de Panurge », de se libérer des « préjugés » (racistes, xénophobes, misogynes, comme si cette « libération » était quelque chose de subversif et d'osé), de ne pas tomber dans les pièges de l'« essentialisme », de nourrir un « esprit critique » le préservant des « réductionnismes dogmatistes », d'être indifférent au « qu'en dira-t-on », d'avoir l'esprit large et ouvert promoteur de tolérance, d'être libéré des tabous, etc. Exceller dans la poursuite d'un bien dont il n'aurait pas défini les normes de bonté ne le séduit pas, à moins d'être le meilleur en ce domaine, et, parce qu'il ne se préoccupe que de soi, fasciné par la recherche de soi, ainsi aveugle à la saveur des vrais biens, il n'est le meilleur en aucun domaine et justifie sa médiocrité en la transfigurant en idiosyncrasie : je suis exceptionnel puisque je suis unique.

C'est depuis que les hommes se sont mis à se gausser des normes du convenable en matière de tenue vestimentaire, entre autres choses, qu'ils se sont mis à se ressembler étrangement, à porter les mêmes oripeaux d'outre-Atlantique, à se faire tatouer pour se singulariser, non sans — corrélativement — embrasser les mêmes lieux communs concoctés par les professionnels de la démagogie ; on ne se marie plus par exemple, et les seuls cultivant encore le goût pour l'union conjugale sont les prêtres, comme le fit observer en son temps Louise de Vilmorin ; on pourrait ajouter, aujourd'hui : et les invertis. Systématisé, l'anticonformisme est un nouveau conformisme infiniment plus niveleur que les conformismes passés qui, expressifs des normes inspirées par l'expérience et la sagesse des nations, avaient valeur de modèles fondés, souvent, sur la nature des choses. Il est logique qu'il en soit ainsi : la recherche stirnérienne de la singularité absolue invite chacun à se réduire à son moi vide, apophatique : je ne suis comme aucun autre, tout mon être est de n'être pas les autres, je suis « moi ». Mais tout homme est un moi, même le plus pauvre en esprit, et tous les hommes ont en commun d'être des moi qui, comme tels, s'identifient dans leur pénurie ontologique. Parce que le propre d'un moi est d'être doté du pouvoir de s'objectiver, ainsi d'avoir ce qu'il est, ce sujet, possédant ce qu'il est, n'est rien, parce que dans le cas contraire, étant quelque chose, il l'aurait mais, l'ayant, il le saisirait tel un avoir auquel il ne s'identifierait pas. Être un moi qui entend n'être que « moi », c'est n'être rien, et, tous les hommes s'identifiant chacun à son moi, s'identifient malgré eux dans le néant, y perdent ce qui faisait leur richesse et en viennent à se choisir une image d'eux-mêmes selon des déterminations inconsistantes qui les rendent strictement interchangeables ; la recherche éperdue de l'originalité se solde par une uniformisation appauvrissante : quand l'homme cherche à n'être pas ce que sont les autres, il nie ce qu'ils ont de commun mais, quand ce qu'ils ont de commun consiste précisément à désirer être autre que son prochain, alors ils en viennent à se différencier du souci de se différencier, et à cautionner l'identité la plus grise. Entre des individus qui ne sont rien de ce que sont les autres, aucune comparaison n'est plus possible ; or il est nécessaire qu'il y ait au moins quelque principe commun à tous pour les rendre comparables et attester leurs différences. Il n'est pas de différence qui ne présuppose une identité, de sorte que la répudiation de toute identité commune induit l'abandon des différences. D'indifférents aux autres, ils se rendent « in-différents » des autres. De plus, le moi absolutisé ne tolère l'existence que de ce qui va dans le sens de ses désirs, et les hommes se révèlent tristement semblables en ce qui concerne les désirs hédonistes qui les animent ; comme l'enseignait André Gide, il faut toujours suivre sa pente, pourvu qu'elle aille en montant, mais les choses sont ainsi faites qu'elle descend spontanément toujours. Dès lors, ils communient dans l'animalité qui est effectivement leur caractérisation générique commune, par là dans l'inhumanité. La différence sans identité bascule en identité plate. Mais cette identité résiduelle, résultante d'un souci pathologique de différenciation, est fondamentalement contradictoire (l'identité exclusive de différence bascule en différences) et inspire un malaise qui ne sera momentanément apaisé que par de nouvelles pulsions de différences, selon un conformisme de l'anticonformisme doublé d'un dogmatisme de la tolérance faisant plébisciter, par toutes ces âmes flottantes en attente de différences leur donnant quelque contour identifiant, les pires manifestations d'originalité contre nature, dans un processus qui finit par mener au nihilisme et au suicide : parce qu'il n'est de différence que comme différenciation de soi d'une identité principielle, la reviviscence des différences est immédiatement celle d'une telle identité honnie, qui enjoint aux hommes de renoncer à leur souci échevelé d'originalité ; or cette identité principielle est la nature humaine ; par conséquent le culte de la différence en vient à se solder par le plébiscite de l'antinature, par là du tératologique ; il y a une logique de l'irrationnel, et c'est la dialectique qui la dévoile.

Est donc dialectique toute relation entre deux termes qui conjugue paradoxalement, voire contradictoirement l'attraction et la répulsion. Cette dialectique vaut autant pour les êtres que pour les significations, elle se dit de la pensée et du réel que la pensée réfléchit mais qui, tout autant, n'est réel qu'à être la réalisation d'une pensée.

L'esprit de droite, la mentalité de l'homme de droite est mal à l'aise avec la dialectique, parce que la droite dit l'ordre, le stable, le clair, le net, absolutisant, à la manière des Mégariques, le principe de contradiction hors duquel, pense-t-elle, il n'est que « flatus vocis » et sophisme. Que Dieu soit un en trois Personnes ; que la pluralité ou *diversité* des Idées divines soit au principe de la diversité des choses sans compromettre l'absolue simplicité de l'essence divine avec laquelle de telles Idées se confondent et confessent s'*identifier* les unes aux autres ; que Dieu soit Celui qui est — qui donc exerce l'être, souverain sujet d'exercice de l'acte d'être qu'il *a* — tout en étant Celui dont l'essence est d'exister, qui donc *est* ce qu'il a, tout cela relève du « mystère », annoncé par une « défense d'entrer » qui dispense la raison d'affronter ce dont l'intelligibilité semble bien requérir un mode de pensée dialectique. La mentalité de « droite » abandonne ainsi à la « gauche » l'usage de la dialectique supposée relativiser l'existence de la vérité objective en s'émancipant du principe de contradiction, ainsi l'exténuer pour y substituer la tyrannie de la subjectivité constructiviste. Ce faisant, l'homme de droite ne s'aperçoit pas qu'il nourrit lui-même un subjectivisme larvé en refusant de prendre en compte ce qui, tant comme pensée de l'être que comme être que la pensée pense, ne consent pas à rentrer dans les cadres reposants, voire paresseux de l'idée qu'il se fait de l'intelligibilité et de la clarté. Ce que la foi lui désigne comme étant au-dessus de lui le dispense d'y penser en lui interdisant, croit-il, de tenter de le penser ; et ce qui, ne relevant pas de la foi, ne rentre pas dans le cadre de ses catégories agencées comme l'organisation spatiale d'un bilan comptable, est renvoyé dans la sphère des mirages et des erreurs. Il n'est pas étonnant, dans ces conditions, qu'il ait tant de mal à faire coexister en lui le naturel et le surnaturel, le fini et l'aspiration à l'infini. Et s'il est vrai que le créé ou le fini est à l'image de sa Source première, alors cette part d'ombre et d'obscurité, d'apparente confusion qui gît en tout être en tant qu'être, lui restera incomprise, même et surtout cette part de réalité qu'il est pour lui-même. Aussi est-il mis en demeure de choisir d'être schizophrène pour se supporter, c'est-à-dire pour éviter de sombrer dans ce qu'il croit être la démence constitutive — selon lui — de la pensée dialectique. Ne se comprenant pas lui-même, il ne comprend pas les autres, surtout ses ennemis qui le roulent dans la farine sans plus de difficulté que de scrupule, ce qui suscite en lui un sentiment d'injustice impuissante génératrice d'aigreur et de méchanceté : « ce sont des démons, ils sont méchants, on ne peut pas discuter avec eux parce qu'ils nous disent que le blanc est le noir et que le haut est le bas, ils ne jouent pas le jeu, il ne nous reste que le recours à la force brutale avec ces tordus, mais nous ne sommes pas forts, de sorte que nous soulageons notre agressivité impuissante en nous entre-dévorant, en nous épiant, en rusant les uns avec les autres, en essayant de salir notre compagnon de combat ».

Le désir est la chose la plus courante et la plus étrange dans sa banalité même. Le désir s'exténue en se satisfaisant, en consommant ce qu'il désire ; il se soulage, lui qui est souffrance en tant qu'il est manque, en s'éclipsant, se faisant mourir dans l'acte de sa victoire. Mais il n'est pas satisfait pour autant, parce que le désir est désirable, de sorte qu'il aspire à se maintenir dans sa suppression, à se régénérer dans son éclipse. Aussitôt satisfait, il nourrit la nostalgie du temps où il souffrait, se met à désirer désirer. Le désir est ce qui se repousse de soi pour finir par s'attirer à soi ; et de même, l'objet du désir est ce qui l'attire mais qui, aussitôt atteint, le déçoit du fait même qu'il l'exténue, et devient objet de répulsion. On voit là que la dialectique existe dans le réel, qu'elle anime la réalité la plus pressante et la plus évidente qui soit. L'évidence est obscure, et la clarté est mystérieuse. Et cela ne concerne pas l'au-delà de l'humain, mais ce qui le convoque de la manière la plus immédiate, dans ce qu'il a de plus intime et de plus pressant. On ne peut, si l'on entend s'approprier au réel afin de le comprendre, faire l'économie de l'épreuve d'une pensée dialectique. Il est clair, dans cet exemple, que le seul Objet qui puisse combler un tel amour en proie à la dialectique est la racine de l'amour, c'est-à-dire la Cause première de celui qu'habite un tel amour. En effet, en tant que racine de l'amour, la possession d'un tel objet aimé revitalise l'amour ; en tant qu'il consent à être objet de l'amour qu'il crée, il le comble.

Il en est du rapport entre abnégation et affirmation de soi comme il en est de l'amour qui s'aime lui-même et aime son objet ; l'amour doit se porter sur un objet qui le revitalise dans l'acte de le combler ; si l'amour est aimable, il participe du bien, mais dire qu'il est consubstantiel au Bien qui le finalise revient à dire que ce Bien, objet ultime de l'amour en même temps que sa source première, s'aime lui-même ; il s'aime lui-même et s'aime et se veut en nous qui l'aimons, il appelle de s'aimer en nous en se faisant aimer par nous. Il nous meut vers lui en nous donnant de nous mouvoir vers lui ; l'amour transcendant et infini qu'il se porte se donne, sans cesser d'être transcendant et infini, une manière d'être finie et immanente proportionnée à la finitude du crée par lequel il veut être aimé, et il se donne ainsi, en cette manière d'être mondaine, à celui qui, par ce don, sera habilité à aimer sa Source. L'amour que nous portons aux biens finis auxquels nous nous rapportons, tel l'amour du bien commun politique, ainsi l'amour qui nous porte vers un bien ayant raison de fin sans pour autant être le souverain bien, est ce en quoi s'anticipe l'amour qui nous porte vers Dieu et nous arrache aux biens finis, et cela est possible sans contradiction seulement si cet amour par lequel nous aimons le monde et Dieu, tout en étant un amour qui naît en nous et qui est exercé par nous, a tout autant raison d'amour qui naît en Dieu et qui est exercé par Dieu s'aimant lui-même en nous.

Mais c'est ce dernier point qu'il faut expliquer : l'amour porté au bien que l'on aime en se rapportant à lui n'est possible que si, sans cesser d'être exercé par celui qui tend vers ce bien, il est tout autant amour que ce bien se porte à lui-même en se médiatisant dans l'amour qu'autrui lui porte ; mais comment peut-il naître dans cet être exercé par celui qui manque du bien et qu'il aime en tant qu'il en manque, tout en naissant de manière plus fondamentale dans ce bien qui s'aime lui-même, se veut du bien et ne manque pas de ce qu'il aime puisqu'il l'est ?

§ 27. Ce que le père de l'élève Machin n'a pas osé développer.

Le souci du bien commun, définitionnel de la pensée de droite, conjugue les exigences de l'oubli de soi et de l'affirmation de soi, l'humilité du saint et l'exaltation du héros ou du surhomme, l'abnégation et la fierté, la résignation du sage plébiscitant l'ordre du monde d'une part, d'autre part l'esprit prométhéen de conquête faisant de l'homme le maître et possesseur de la Nature. Un bien n'est tel que s'il est aimable et comble l'appétit de celui qui l'aime, lequel aspire à être ce qu'il n'est pas pleinement aussi longtemps qu'il éprouve un manque attesté précisément par l'existence de cet appétit : aimer, c'est toujours aussi s'aimer. Mais un bien commun est un bien que l'on aime en se rapportant à lui, au point de se sacrifier pour lui.

Comment peut-il demeurer un bien s'il exige le sacrifice de celui qui le sert et qui, le servant, ne peut pas ne pas vouloir aussi — puisque aimer enveloppe l'acte de s'aimer — ce premier bien qu'est la préservation de l'existence ? Comment l'affirmation de soi qu'est la recherche de soi-même au travers du bien aimé peut-elle se concilier avec le plébiscite de l'abnégation ? Mais ce problème se retrouve au niveau du rapport de l'homme à l'égard du souverain bien que la religion nomme Dieu.

En effet, il est rationnel que le désir humain, infini, en vienne à se reconnaître tel un désir de Dieu. L'amour tend vers le Bien qui le comble mais qui, en le comblant, le dépossède de lui-même parce que l'amour est manque et que la possession du bien supprime un tel manque ; c'est ce qui a été évoqué au § 26. Or l'amour est aimable, donc il aspire à son manque autant qu'à la suppression de ce dernier. Il aspire donc à posséder un Bien qui soit doté du pouvoir de revitaliser l'appétit dans l'acte de le combler, de donner faim par l'acte de rassasier, et cela ne convient qu'à la racine ontologique du désir. Racine ontologique : non pas seulement ce qui suscite le désir en tant qu'il est son objet (susciter, c'est certes, d'une certaine façon, causer), mais ce qui crée le désir, ce qui fait qu'il y a désir ; l'objet du désir actualise le désir mais ne crée pas la puissance de désirer. Si l'Objet du désir se trouve être, corrélativement, non seulement ce qui l'actualise mais encore ce qui le fait exister, ce qui pose dans l'existence la puissance à aimer elle-même, alors cet Objet comble le désir mais, tout autant, il le restitue à lui-même en tant que désir : la puissance est relancée dans son ordre de puissance par là qu'elle est plus parfaitement actualisée. Et cela donne à l'amour de ne pas souffrir du manque tout en le maintenant en vie afin d'être objet pour lui-même. Et bien sûr seul Dieu est créateur du désir. Mais sous un autre rapport il semble contradictoire de se reconnaître un désir de Dieu quand, corrélativement, on se veut ordonné à un bien commun immanent. En effet, le bien commun exige l'abnégation de celui qui le sert, au point de lui enjoindre de mourir pour lui. Mais si ce bien commun politique n'est pas le bien divin seul capable de satisfaire aux réquisits d'un désir infini, ce bien commun politique se révélera avoir raison de moyen du bien absolu et transcendant ; et ce qui a raison de moyen relève de ces biens que l'on aime en les rapportant à soi. Comment parler encore de bien commun ? Il semble sous ce rapport qu'il n'existe qu'un seul bien commun méritant l'abnégation, c'est le bien commun transcendant, le Bien absolu.

Rien de grand, rappelle Hegel, ne s'est jamais fait dans le monde sans passion. Il faut s'investir tout entier dans la recherche de ce que l'on aime si l'on entend parvenir à le posséder. Et il est difficile de se disposer à tendre de toutes ses forces, avec tout soi-même, vers la conquête d'un bien, si l'on doit corrélativement nourrir le pouvoir de s'en détacher pour aspirer à mieux. Aimer un bien en lui étant rapporté, c'est se donner tout entier à lui, sans quoi on garde par devers soi quelque chose que l'on tient pour plus précieux que le bien appété, et que précisément on entend bien ne pas sacrifier pour lui. Mais ce quelque chose d'intime, de si précieux que le service du bien commun politique ne le mériterait pas, poursuit lui-même un bien qui transcende l'autre et au regard duquel cet autre a nécessairement raison de moyen, n'étant pas fin dernière. Mais, s'il a raison de moyen, il exclut d'être aimé de telle sorte que l'on se rapporte à lui. Et alors il n'est plus aimé au titre d'un bien commun. Plus généralement, si seul le bien de la vie céleste mérite que l'on se rapporte tout entier à lui, on peut se demander s'il est encore possible de s'investir véritablement, s'en voulant le serviteur, dans la recherche d'un bien temporel quel qu'il soit, fût-il commun. En effet, la perspective de la vie céleste relativise à ce point l'importance de la vie terrestre que l'on doit, semble-t-il, pour demeurer fidèle à la première, nourrir sans cesse l'habitus du renoncement, faire taire les passions autant qu'il est possible, ne pas se gaspiller en convoitises vaines, fussent-elles glorieuses ; dans cette perspective, tout échec mondain tend à être perçu telle une invitation providentielle à renoncer, à ne pas s'obstiner, à accepter sa défaite dans le domaine des entreprises terrestres. C'est bien à ce constat qu'aboutissait l'analyse du père de l'élève Machin. Faudrait-il être un perdant et un raté pour être humble ? Un esclave pour être charitable ? Un sous-homme pour être un saint ?

Le païen reconnaît dans le bien commun politique l'horizon ultime de ses aspirations puisqu'il ne croit pas à l'existence d'un Dieu transcendant qui nourrirait le désir humain au-delà de la mort. Mais faire de la célébration du bien commun l'essence de la béatitude, cela revient à déifier la société, à l'absolutiser. Or elle n'existe que par l'homme qui consent à s'inscrire en elle et à la servir. Par conséquent le païen fermé à l'idée de transcendance d'un Dieu personnel et créateur ne peut pas ne pas en venir tôt ou tard à s'absolutiser lui-même, ainsi qu'on l'a vu dans le § 25, ce qui rejoint le subjectivisme générateur de cet esprit de gauche promoteur d'hédonisme et d'égalitarisme. Ce qui le corrobore, c'est l'enseignement d'un Nietzsche qui, dans son appel à un retour à la fraîcheur du paganisme débarrassé des miasmes chrétiens de la mauvaise conscience et du péché, en vient à faire deux aveux ; d'une part, Dieu n'existe pas parce que, si Dieu existait, il ne supportait pas lui-même de n'être pas Dieu ; d'autre part, il nie l'existence même d'un bien commun (*Par-delà le bien et le mal*, §§ 160 et 41 : ce qui peut être mis en commun n'a jamais que peu de valeur, on n'aime pas assez sa connaissance dès l'instant qu'on la communique)[2].

---

[2] Symboliquement, dans les événements de l'incendie de Rome sous Néron et du Capitole sous Vespasien, d'aucuns ont vu, non sans raison, l'annonce d'une conclusion de l'ère païenne, conclusion qui se confirmerait par l'invasion des Barbares ; symétriquement, la destruction de Jérusalem par Titus signifiait que le judaïsme était consommé, achevé, sublimé. Judaïsme et Paganisme sont des contraires qui, appartenant par définition au même genre, entretiennent des affinités inavouées quoique rationnelles. Faute d'une médiation de type christique (Dieu se fait homme pour élever l'homme à Lui), le Juif comme le Païen tendent logiquement à se faire Dieu sans Dieu et contre Dieu. C'est ce que confirme l'histoire des idées en son moment nietzschéen : le retour au paganisme est un athéisme et l'athéisme est une déification de l'homme, par là un subjectivisme absolutisé.

Le croyant reconnaît bien l'existence d'un Bien transcendant, mais il ne s'y ordonne qu'en réduisant le bien commun politique à un instrument du salut individuel. Ce faisant, il trahit les vœux de sa religion qui lui enjoint de la communiquer au monde, ce qui suppose un esprit de conquête lui-même porteur d'une exigence de force, de ténacité, d'esprit de domination, d'affirmation de soi individuelle et collective que semble contredire l'invitation à l'humilité ; une religion appelle d'être comprise pour être embrassée, elle suppose une intelligence minimale de la foi, et sous ce rapport, convoquant des questionnements philosophiques, elle se rend solidaire, toujours, d'une certaine culture en laquelle elle s'explicite : l'idée de consubstantialité, intrinsèque à la définition du dogme trinitaire, n'est pas intelligible sans référence aux catégories de la pensée grecque, ce qui n'empêche pas le catholicisme d'être la religion universelle, *la* religion, en droit celle de tous les peuples, et il en résulte que tous les peuples ont vocation à se mettre à l'école du mode de pensée occidental, qui est lui aussi universel. Dès lors, l'exigence religieuse de communication de cette religion au monde entier requiert la promotion d'une culture conquérante, laquelle ne s'impose pas sans le recours aux armes : le laboureur et le soldat, voire le commerçant accompagnent le missionnaire. Ne combat de manière efficace que celui qui s'investit tout entier dans son conflit ; n'est conquérant que celui qui sait tout risquer pour la victoire, même sa vie ; n'est victorieux que celui qui aime à ce point la victoire, et l'ivresse du conflit qui l'anticipe, qu'il peut se donner pour elle, s'investir et se perdre en elle, la viser tel un bien qui mériterait d'être aimé et servi quand bien même le combattant ne serait plus là pour en jouir ; dans la dialectique hégélienne de la maîtrise et de la servitude, il est bien établi que le maître est celui qui a défié la mort, préférant la mort à la défaite. Dès lors, la religion nourrit, semble-t-il, le souci impératif de l'affirmation collective et individuelle de soi, et tout autant le souci, qui contredit le premier, d'effacement de soi et d'attente abnégative d'une vie meilleure hors du monde.

Comment donc, encore une fois, concilier affirmation de soi et abnégation ?

Ce qui peut servir de principe de résolution à cette question diversement formulée ci-dessus, c'est le rappel de cette thèse thomiste développée dans la question 19 (article 6) de la *Prima pars* de la *Somme théologique*. « La volonté divine s'accomplit toujours ». Ce qui revient à dire que même les causes créées libres ne font qu'exécuter la volonté divine, sont mues par elle qui les conditionne infailliblement ; il n'est pas possible, en vérité, de s'opposer à la volonté divine, de sorte que ceux qui contredisent les décrets de ce Dieu voulant les ordonner au Bien accomplissent en dernier ressort les décrets de Dieu qui n'est dit « permettre » le mal commis par les pécheurs libres qu'en tant qu'il les destine à l'enfer par un décret souverain, sans pour autant détruire la liberté de l'acte par lequel les pécheurs se damnent, et sans porter la responsabilité morale de leur damnation. Selon cette doctrine dite de la « prémotion *physique* », Dieu veut infailliblement faire vouloir à la volonté créée ce qu'elle veut pourtant librement, de telle sorte qu'elle est seule cause *morale* de ses actes. Dieu est cause première de tous les actes exercés par les causes secondes, et de ces causes elles-mêmes, qui, dès lors, tirant leur efficace de cette cause en tant qu'elles sont des moteurs mus, ne sauraient déroger à ce à quoi la cause première les destine. « L'acte même du libre arbitre se ramène à Dieu comme à sa cause première » (Iᵃ qu. 22 a. 2 resp. 4 : "ipse actus liberi arbitrii reducitur in Deum sicut in causam »). "Dieu veut le salut de tous les hommes par sa volonté antécédente, ce qui n'est pas le vouloir purement et simplement ; il ne le veut pas, tout considéré, c'est-à-dire purement et simplement » (idem qu. 23 a. 4, resp. 3). « Actus peccati et est ens, et est actus, et ex utroque habet quod sit a Deo (...) Deus est causa actus peccati, non tamen est causa peccati » (Iᵃ IIᵃᵉ qu. 79 a. 2 : l'acte du péché relève de l'être et de l'agir, et sous ce double rapport il relève de la causalité divine (...) Dieu est cause de l'acte du péché, bien que n'étant pas cause du péché en tant que tel). On a là évidemment comme le maximum du paradoxe auquel puisse être confrontée la pensée rationnelle éminemment tentée d'y entrevoir une contradiction.

Comme le fait observer le Père Jean-Hervé Nicolas, auteur des notes accompagnant la traduction (exécutée par le Père Aimon-Marie Roguet) de cette partie de la *Somme*, dans l'édition du Cerf (1984 tome I p. 300), « (…) le vouloir divin ne sera-t-il pas la cause du mal, puisqu'il y a du mal dans son œuvre ? (…). Saint Thomas inflexiblement maintient toutes les exigences propres des deux termes en présence : il maintient sans concession *et* la souveraineté absolue du vouloir divin, *et* la réalité de la causalité créée, spécialement de la liberté de l'homme et de la responsabilité qui en découle. La conciliation, dans ces conditions d'intransigeante rigueur, est difficile. A vrai dire, impossible à penser complètement, encore plus à dire. Il faut se résoudre à ce que tout jugement en la matière soit partiel, et semble négliger l'une ou l'autre des données du problème. Il faut se résigner aussi à ce que toutes ces réponses, forcément partielles, demeurent insatisfaisantes. Elles doivent être comprises globalement, chacune n'étant vraie que complétée par les autres ».

« Cette observation est honnête mais elle-même insatisfaisante, se dit Tartempion ; peut-on se résigner à admettre ce qui se présente, au regard de la logique, comme contradictoire ? Le mystère dépasse la raison humaine par excès et non par défaut d'intelligibilité, et c'est pourquoi il ne contrevient qu'en apparence aux exigences du principe de non-contradiction ; et c'est à la philosophie qu'il appartient de dissiper cette apparence.

Une telle apparence doit pourtant, absolument, être dissipée, dans l'intérêt même tant de la foi que de la raison. Si elle ne peut l'être, sont rendues indiscernables, pour la raison, les vérités sublimes, surnaturelles, qui ne peuvent être reçues que par Révélation dans l'obscurité de la foi, des sornettes, des paralogismes, des contradictions, des « flatus vocis », des hérésies ; ce qui induit dans l'esprit du croyant un volontarisme aveugle, en l'invitant non seulement à déprécier le rôle de la raison par rapport à celui de la volonté, mais à faire fonctionner sa volonté sans raison, émancipée de toute raison, et c'est là encore du subjectivisme parce que, soustraite à la férule de la raison, la volonté ne peut qu'exalter sa liberté, son pouvoir d'autodétermination qui devient objet du vouloir et sa fin, dans la célébration de sa puissance arbitraire. On a ici affaire, en l'occurrence, à la modalité fidéiste et protestante du subjectivisme qui, absolutisant le sujet contre-divisé à tout ce qui le détermine naturellement, ainsi à toute limite qu'il ne se serait pas choisie, s'appréhende en son fond comme pure liberté bientôt « libérée » de ce qui restait de coercitif dans le fidéisme et l'esprit de la Réforme, et finit par inviter l'homme à se tenir pour divin.

Mais il est difficile, dans le cas présent, de n'avoir pas recours à la dialectique, laquelle va se révéler — contre toute attente, contre toutes les aversions presque viscérales du « catho-thomiste bien-pensant bien soumis à ses supérieurs « garrigou-lagrangistes » adoptant le « Hegel-ta-gueule » comme cri de ralliement — requise par le service de la cause catholique intègre dont il se dit le champion ».

Essayons de suivre les démarches silencieuses du discours tartempionnesque dans l'évocation de cette condition paradoxale de l'intelligence de la foi. C'est par elles que l'on parviendra peut-être à concilier affirmation de soi et abnégation, domination et humilité, esprit de conquête et esprit de renoncement, majesté de la beauté païenne et grandeur de l'esprit chrétien de compassion, immanence fusionnelle du divin et transcendance du Dieu séparé, bien commun et souverain bien.

§ 28.1. Une esquisse de résolution.

Sans entrer dans le traitement rigoureux de cette aporie de la prémotion physique, croix des philosophes, on observera d'abord qu'elle a la même forme que celle consistant à déclarer que l'aimé aime son bien comme lui étant rapporté, c'est-à-dire de telle sorte que l'amour de l'aimant pour l'Aimé soit à la fois différent de et identique à l'amour que l'Aimé se porte à lui-même. Quand, en effet, l'Aimé se veut en et par son aimant qu'il crée et prédestine ou réprouve infailliblement (sans pour autant détruire la liberté de l'aimant, ou substituer sa liberté à celle de l'aimant), l'Aimé s'aime lui-même en son aimant, meut son aimant à l'aimer plus que lui-même, le fait s'accomplir en s'excédant, en se le subordonnant de telle sorte que c'est bien l'Aimé qui se veut en l'aimant, mais dans la modalité d'un amour de l'aimant pour l'Aimé; il lui demeure autre tout en étant d'une certain façon plus lui-même que lui-même. De manière analogue, cet aimé qu'est le bien commun politique enjoint à l'aimant (c'est-à-dire au citoyen vertueux) de l'aimer en se rapportant à lui parce que, d'une certaine façon c'est l'aimé qui se veut dans l'amour de l'aimant, sans pour autant se substituer à lui : l'amour de soi de la Cité en l'homme est un amour de la Cité qui est exercé par l'homme, sans que la Cité ne se substantifie en réduisant l'homme à un accident ou à un organe d'elle-même ; et de manière analogue encore, dans le sillage de la précédente analogie, le bien commun politique pourtant fini a raison de fin pour un aimant (le citoyen d'une République ou le sujet d'un Prince) voué pourtant à ne se reposer que dans un Bien infini (Dieu), parce que, en se portant vers le bien commun, l'aimant déjà se porte vers quelque chose du souverain bien, vers une anticipation obligée de ce dernier, *et c'est à raison de cela qu'il peut avoir raison de fin sans être la fin ultime : il est la fin ultime elle-même, mais considérée dans un moment du processus dont elle est le terme accompli.*

Contentons-nous ici de suggérer que, puisque Dieu — qui se veut et/ou s'aime éternellement sans l'homme qu'il crée de manière gratuite et contingente, dont il n'a nul besoin pour être Dieu — décide néanmoins de se vouloir aussi en et par l'homme, c'est que Dieu est sous un certain rapport plus intime à l'homme que l'homme ne l'est à lui-même. Et pourtant la césure entre le créé et l'Incréé reste absolue, leur différence les rend incommensurables. Si donc l'absolu et le relatif, le nécessaire et le contingent sont tels que leur différence principielle n'exclut pas qu'ils s'identifient sous un certain rapport, c'est que l'absolu lui-même, indépendamment du contingent, assume de toute éternité cette différence intestine, cette altérité par rapport à lui-même en vertu de laquelle il lui est loisible de s'identifier, s'il le décide, à ce qui, ce faisant, ne cesse de se différencier de lui comme l'effet se distingue de sa cause. Ce qui est identique à soi à raison de sa différence d'avec soi, c'est ce qui consiste dans l'acte de faire se différencier d'elle-même la différence d'avec soi en laquelle il se risque, ainsi ce qui se reconduit à soi en niant cette négation intestine de soi qui le faisait se différencier de lui-même ; c'est ce qui est victoire souveraine sur sa propre aliénation.

Si le positif est tenu pour unilatéralement exclusif du négatif, il a hors de lui, par définition, ce négatif qui, à la manière de l'ombre qui n'existe que comme privation de la lumière, est suspendu au positif qu'il conteste, mais qu'il va, dans l'hypothèse, contester sans limite puisqu'il est supposé être extérieur au positif, ainsi ne pas tenir de lui son être de négatif ; ainsi, il le contestera si bien qu'il en niera la positivité, au point de le convertir en négatif : le positif qui se voudrait innocent de toute négativité intestine est lui-même du négatif ; et conférer, selon l'optique du manichéisme, une consistance et une indépendance au négatif tenu pour non suspendu au positif, cela revient à lui reconnaître une aséité qui fait de lui un positif (il repose en soi sans requérir de s'opposer pour se poser, ainsi sans éprouver le besoin d'exercer une négativité) ; mais alors si le négatif est positif, c'est que le positif (celui-là qu'on voulait préserver de la contamination du négatif) est lui-même du négatif : derechef, le positif sans le négatif bascule en négatif.

On dira peut-être, pour éviter de subir cette dialectique, que le positif peut fort bien subsister sans négatif, parce que le négatif serait toujours mauvais et que le mal n'est nullement nécessaire au bien. Force est de répondre que le positif innocent de toute négativité, représenté comme le « plein » sans « vide », l'être sans limitation, comme la sérénité sans victoire sur une lutte intestine, c'est l'être pur, l'être infini, l'être absolument indéterminé qui se confond avec le néant, avec ce dont l'insertion dans l'être est précisément le négatif. Ne peut être que ce qui est déterminé, ainsi ce qui est limitation de l'être, car toute détermination est négation. Et ce qui est déterminé sans cesser d'être infini consiste dans ce qui se donne sa limite sans cesser d'être infini, ce qui pose sa limitation intestine par l'acte à raison duquel il l'illimite, ce dont la particularité consiste dans l'assomption et le dépassement de toutes les manières particulières d'exister ; et tel est ce qui est traditionnellement nommé « acte pur », lequel est exclusif de puissance passive mais non du tout de puissance active, telle une puissance infinie maîtrisant son acte, se différenciant de ce à quoi elle est identique. Il existe du négatif non peccamineux, sans quoi tout ce qui est fini serait intrinsèquement mauvais.

Il n'est pas de positif sans négatif. Il faut donc que le positif, pour être tel, n'ait pas le négatif à l'extérieur de lui-même, et fasse du négatif une détermination obligée de lui-même, se pose telle l'identité du positif et du négatif, ce qui n'est possible que si le positif, se niant, fait l'épreuve de son aliénation en ce négatif qui, radicalisé, est négation de tout, y compris de lui-même ; le positif concret est victoire sur le négatif qu'il assume et, *se* niant, il s'affirme dans sa négation, et c'est pourquoi elle se reconduit à lui. Cela dit, est négation de sa propre négation ce qui a la forme circulaire d'une identité à soi réflexive, laquelle fait s'identifier l'origine et le résultat. Cependant, ce résultat est celui d'une régression vers l'origine d'une avancée inaugurée à partir de l'origine ; et de ce fait l'origine est origine faisant s'accomplir son *auto-négation* dans la position du résultat auquel elle est pourtant identique puisque le processus est circulaire ; par conséquent le résultat, qui est celui d'une *négation* de soi de l'origine, a pour sens contradictoire d'être identique à l'origine, *affirmation* positionnelle de l'origine, mais tout autant affirmation qui signifie sa *négation*. Comme position d'une origine (qui n'est qu'à se nier), le résultat est confirmation de l'auto-aliénation de l'origine, et donc confirmation du moment négatif du processus ; mais comme négation d'une origine qui n'est qu'à s'aliéner, le résultat est *position de la négation de cette vocation à se nier de l'origine* ; aussi est-il sous ce rapport position de l'origine émancipée de sa tendance à s'aliéner ; dès lors, la deuxième négation de soi de l'origine, qui confirme la première, n'est que l'envers de l'émancipation, par l'origine qui est résultat, de sa vocation à basculer en son contraire. L'origine est posée comme émancipée de sa négativité intestine par l'acte même d'être confirmée en cette vocation à se renier ; et cette émancipation est sublimation de l'origine qui est résultat ; elle est position non contradictoire, comme leur *puissance active* inclusive de ses extrêmes, ainsi comme leur *fondement*, des termes qui, considérés dans leur actualité, s'étaient révélés exclusifs l'un de l'autre[3]. Il en résulte que ce qui est identique à soi, d'une identité concrète effective, stable, indestructible, n'est pas moins que cette identité assomptive de sa différence intérieure qu'elle confirme comme différence dans l'acte de s'en rendre victorieuse, c'est-à-dire d'indifférencier cette différence, et tel est le caractère propre du vivant — sublimation du mécanisme — qui, se reniant en ses parties, s'en fait l'unité par dépassement de leur indépendance abstraite, mais qui en retour les fait être ; comme identité de l'identité et de la différence, du positif et du négatif, comme identité contradictoire du tout et de la partie, cet acte de s'émanciper de sa contradiction en confirmant le moment de sa différence dans l'acte où il la fait se renier dans l'unité du tout,

---

[3] Une illustration simple de ce développement est ici proposée au § 34, lorsqu'il est question de la main, outil des outils, reflet physique dans le corps humain de la présence de la raison.

c'est l'acte de se soustraire à sa contradiction en l'ayant pour ne l'être pas, en faisant s'objectiver le terme du processus dans le moment négatif de lui-même : l'origine qui est résultat est bien négation de soi (confirmation de la tendance à se nier) *et* négation de cette négation (position de la négation de cette vocation à se nier de l'origine) ; or la confirmation du moment négatif du processus est bien affirmation de ce dernier, tout en étant négation de soi de ce négatif reconduisant à l'origine ; le moment de la différence est bien ce en quoi s'objective l'identité de l'identité et de la différence, s'y délestant de sa contradiction et s'intronisant identité concrète, non contradictoire, de l'identité et de la différence.

La paix est victoire sur la possibilité de la violence confirmée comme possibilité par l'acte d'être surmontée. La nécessité est victoire sur la contingence — radicalisée en liberté — qu'elle confirme dans l'acte de la surmonter : la liberté est confirmée dans son identité de liberté par l'acte d'être réduite au statut de moment d'exécution des décrets de la nécessité (c'est-à-dire de la Volonté divine). L'infini concret est résultat victorieux de l'assomption du fini qu'il confirme comme fini dans l'acte où il l'infinitise (les Idées divines, identiques à l'essence divine et paradigmes des créatures réelles ou possibles, conservent leurs différences dans le giron de la Pensée divine, différentes les unes des autres cependant que toutes identiques à la même essence).

Et c'est bien là ce qu'il s'agissait d'expliquer. Le fini, en sa manière d'être qui convient à une créature, est invité à être pensé tel le résultat contingent de la position ad extra d'un moment intérieur de la vie divine, d'un moment fini de la vie infinie. C'est au reste moyennant cette condition que la créature n'ajoute strictement rien au Créateur : créer du fini n'ajoute rien à Dieu puisque ce fini préexiste en Dieu qui est infini. Et qu'il faille parler de processus à propos de Dieu, de résultat d'un processus qui se révèle identique au processus dont il est le résultat, ce n'est nullement réduire l'absolu à un mouvement, puisque ce qui se réfléchit (revient sur soi), *étant* sa réflexion cependant qu'il réfléchit son *être*, est le réfléchir de sa propre réflexion, ravalant au statut de moment de sa réflexion le résultat contradictoire de cette dernière : l'absolu n'*est* pas contradictoire et n'*est* pas mobilité, précisément parce qu'il *a* sa contradiction et son mouvement sans les être. Le divin est riche de la vitalité du devenir exercé dans l'immobilité d'un acte pur parfait[4].

---

[4] Dans son commentaire de l'article 1 (« Faut-il attribuer aux Personnes divines des actes notionnels ? ») de la question 41 de la *Prima Pars* (o. c. p. 439), le Père Nicolas évoque les actions par lesquelles la Nature divine est communiquée, selon le mystère trinitaire, à l'intime de la divinité : la Bonté absolue, diffusive de soi, se communique à elle-même, dans un mouvement parfaitement immanent qui à ce titre, faisant coïncider le départ et l'arrivée, se résout en immobilité pure et dévoile même l'essence de l'immobilité. Ainsi le Père Nicolas enseigne-t-il : « Toute action, dans le domaine de notre expérience, produit un mouvement, qui part d'un manque pour le combler, justement, et s'achever dans le repos. Non le repos de l'inertie, mais le repos de la plénitude en laquelle s'accomplit et s'achève la quête. Repos tout vibrant encore du mouvement parvenu à son terme. Ce repos vibrant, c'est la relation entre l'origine et le terme de l'action. **En Dieu, il y a la vibration infinie du mouvement, sans la quête, parce que la plénitude est au commencement, au commencement éternel : les actes notionnels (la génération, la spiration) se réduisent aux relations mêmes qui en naissent dans l'éternité** ». Il nous semble que le commentateur, parlant de « repos vibrant » et de « vibration infinie du mouvement sans la quête », entend signifier ceci : la vie divine conjugue la vitalité, la spontanéité propre au mouvement, et la perfection de l'acte pur immobile, ce qui nous invite à penser l'immobilité tel un dépassement de toute mobilité, et plus généralement le non-contradictoire tel un dépassement (qui est aussi assomption) du contradictoire. Le non-contradictoire a la forme d'une victoire sur la contradiction, et l'immobile celle d'une victoire sur la mobilité. Il y aurait à tenter d'établir une étude des antinomies de la raison thomiste afin de montrer que le mode de penser dialectique, en sa version hégélienne, mais desserti de sa monture gnostico-panthéiste, peut apporter une grande aide au traitement de ces antinomies, au lieu de renoncer à tenter de les dissiper et de se calfeutrer dans le silence qu'imposerait à la raison la pesanteur du mystère. Il n'est pas question de comprendre le mystère (ce serait le dissoudre) mais de le penser, de prendre acte du fait qu'il dépasse les pouvoirs de la raison humaine par excès et non par défaut d'intelligibilité. En retour, ce que la raison tire de son appréhension du mystère, ainsi de l'intelligence de sa foi, éclaire et approfondit sa compréhension des objets intelligibles qui lui sont naturellement proportionnés.

Les biens finis, biens créés, biens mondainement appétibles par l'homme, peuvent alors être pensés comme autant de réalisations créées de moments incréés du processus intemporel et divin par lequel l'infini se fait assomptif du fini sans cesser d'être infini, mais moments distraits librement, par l'Absolu, de l'intemporel processus circulaire par lequel il se pose comme absolu. Et l'on comprendra aisément que l'Absolu n'est tel qu'en se posant comme absolu, sans quoi il serait sans raison d'être, suspendu dans le vide, il serait absolu sans être l'acte de se faire absolu, ainsi sans s'absolutiser, et, comme privé de raison d'être, il serait contingent et non pas absolu.

Le bien commun mondain peut avoir raison de fin pour l'homme, et non de moyen, il peut le mobiliser et lui enjoindre de se donner tout entier à lui, de s'y investir avec passion, de s'y affirmer collectivement, sans cesser d'avoir raison de moment du processus à raison duquel l'homme se destine à un souverain bien transcendant, à la condition suivante : ce bien commun, comme tout bien fini, doit avoir raison de moment obligé du processus par lequel l'Absolu divin s'atteint lui-même, se veut et s'aime lui-même, indépendamment du monde et d'un esprit créés, de sorte que, en s'ordonnant au bien commun, l'homme s'ordonne à quelque chose en quoi il reconnaît une anticipation de soi obligée du souverain bien, parce qu'elle est telle non seulement pour l'homme, pour un être créé et dans le mode d'existence d'une créature, mais encore pour l'Incréé, dans le mode d'existence propre à la vie divine.

Si l'on observe que cette affirmation de soi de l'homme, comme conquête d'un bien qu'il sert mais en lequel il s'exalte, comme possession d'un bien ayant raison de moment, est possession de quelque chose qui a vocation à passer — le propre d'un moment est bien de s'accomplir en se reniant dans le moment qui suit —, on comprend que cette affirmation de soi puisse avoir pour sens, non moins radical, d'être le plébiscite d'une abnégation de soi-même. Dieu serait un absolu avorté, le résultat sempiternellement inachevé d'une tendance à la déité, s'il n'assumait éternellement l'absolu déchirement intérieur du moment de la finitude. Parce que les créatures, singulièrement les personnes qui sont à Son image, ressemblent à leur Créateur dont elles sont des similitudes participantes, elles ne se disposent à rejoindre leur Créateur qu'en consentant à ce déchirement consistant dans la conjugaison de l'abnégation et de l'esprit de victoire.

Il faut aimer passionnément les biens finis pour s'en arracher, nourrissant en cette passion la puissance négative de la surmonter.

Il n'y a pas d'authentique charité sans l'assomption, afin de le vaincre, de l'instinct de vengeance, de même qu'il n'est pas de pardon qui ne soit la soumission à l'esprit de justice qui veut le châtiment, et qui ne se dispense du châtiment opéré sur l'offenseur qu'en se faisant assumer par l'offensé. En payant, à la place de l'offenseur, la dette de l'offenseur contractée auprès de l'offensé, ce dernier satisfait aux exigences tant de la justice que de la charité, et pardonner, remettre la dette, est le paiement d'une telle dette. Et le pardon est un vrai pardon, au lieu que d'être une lâcheté déguisée en mansuétude, à la seule condition d'être une victoire opérée sur la tentation éprouvée de la vengeance.

Il n'est pas de générosité sans surmontement de la possibilité de l'égoïsme. Et, comme chacun sait, l'espérance est désespoir surmonté.

La véritable humilité est l'ambition assumée et dépassée ; on doit s'aimer pour être humble, et avoir des raisons de s'estimer soi-même. « Non sumus nostri » : tout ce que nous sommes, nous l'avons reçu ; l'humilité consiste à s'accepter comme ontologiquement débiteur, étant donné à soi-même ; mais par là elle consiste à s'accepter, à accepter le don ; s'accepter, c'est s'aimer. Il n'est pas d'humilité, antithétique de l'orgueil, sans fierté. S'il est nécessaire, trop souvent, de rabaisser son orgueil en choisissant ou en acceptant les humiliations, on oublie non moins souvent qu'il faut aussi apprendre à s'aimer, se donner des raisons de s'aimer, pour accéder à l'humilité.

Ce n'est pas le mal qui est nécessaire au bien ; ce qui est nécessaire au bien, c'est le courage consistant à ne pas fuir, quand elle s'annonce dans la conscience, la perspective de la possibilité même du mal, afin de l'affronter pour la vaincre, c'est-à-dire afin d'en récupérer la dynamique tout en la libérant de la fin mauvaise en laquelle elle est investie. Prétendre être charitable sans faire l'effort de surmonter l'instinct de vengeance intentionnellement ignoré, c'est le laisser inconsciemment proliférer, dans une incubation vécue de manière honteuse, et c'est y succomber, dans sa forme la plus insidieuse, la plus mesquine et la plus lâche, en croyant être immunisé contre lui. Et cette disposition d'esprit se résout dans le ressentiment se donnant des allures victimaires d'incompris. Ce qui n'est autre que le subjectivisme. Quand on voit du mal en acte dans toute forme de négatif, même dans cette possibilité — nécessaire en tant que possibilité — requise par la position du bien qui se pose lui-même en s'opposant au risque du mal, on évite d'affronter l'inquiétante vigueur d'un tel risque. Mais le négatif est nécessaire à la position du bien, il est donc lui-même du bien et fait valoir sa présence nécessaire mais, perçu tel un mal, on ne comprend pas la nature du bien dont il est supposé être le mal, et l'on en vient à se faire une représentation cotonneuse du bien que par là on trahit. Et c'est ce que l'on nomme le surnaturalisme, qui dévirilise les vertus chrétiennes et suscite l'aversion au fond bien compréhensible des néo-païens et anticléricaux de naguère et d'aujourd'hui.

§ 28.2. Suite du § précédent.

Si l'on se souvient du développement mené au § 12, on comprend que la Cité ait vocation à être pensée tel un « homme en grand », parce que la nature humaine, tout entière et non totalement en chaque homme, du sein même de son statut d'essence individuée, ne cesse pas pour autant de faire valoir son exigence de se faire poser par l'homme dans la forme d'une universalité concrète, ainsi universelle et déterminée, universelle et effective : l'individuation de l'universel, condition de sa concrétude, est bien une négation de soi de ce dernier, laquelle négation (comme la chose a été établie au § 28.1) se renie elle-même et se voit confirmée dans l'acte d'être reniée. Et c'est dans et comme Cité qu'elle parvient à ce statut d'universalité concrète : actualisation de toutes les virtualités de l'essence en une seule entité qui, à défaut d'être une personne singulière, est un tout ordonné animé par la volonté singulière d'un chef en lequel la Cité se fait personne. On peut à présent expliciter le sens de cette exigence voulant que la Cité se veuille en l'homme, la raison de sa présence ; c'est celle du travail du négatif, *qui invite à penser la causalité de l'essence dans l'individu selon la forme d'une négativité* : de même que la sexualité annonce à l'homme sa propre mort en faisant passer à sa descendance le témoin de la vie humaine, ainsi fait se sacrifier l'individu au profit de l'espèce, l'invite à s'excéder et à se parfaire — nul n'est homme s'il n'est père, disait Proudhon — en s'excédant, de même, et plus généralement, la nature humaine, en l'homme qui l'individue, le fait s'excéder en direction de la Cité, se sacrifier pour elle et se parfaire, ce faisant, en tant qu'homme singulier.

Elle le parfait sous un double rapport. Tout d'abord la Cité l'accomplit dans ses potentialités d'homme puisqu'elle lui donne, en plus du prodigieux héritage des générations passées, le spectacle du déploiement exhaustif, autant qu'il est possible, de la nature qui est en lui ; il accède par elle à la conscience de lui-même, et c'est en intériorisant l'ordre politique qu'il se constitue en être moral : comme analyse des mœurs visant à discerner les fins auxquelles nos conduites sont invitées à tendre par nature, la morale présuppose les mœurs constituées, ainsi présuppose la Cité. Ensuite, la Cité accomplit l'homme en ce sens qu'en s'ordonnant à elle comme à sa fin, il confère à la Cité le pouvoir de le libérer de son ordination à elle afin de se consacrer à une fin transcendante, ainsi qu'il a été tenté de l'expliquer dans ce même § 12 : la Cité accuse réception, en chaque homme qui la quitte en mourant, de sa vocation à se sublimer en société ecclésiale, en communauté religieuse.

Qu'une négativité soit à l'œuvre, dans l'homme en sa vocation politique, lui donnant de s'affirmer dans l'acte de s'excéder, de se trouver dans l'effort de se dévouer en s'oubliant, cela engage une conception de la vie politique selon laquelle ce n'est pas la paix, l'absence de conflit, qui est expressive d'une normalité troublée de manière seulement occasionnelle et au fond accidentelle par la guerre ; c'est bien plutôt la paix qui joue le rôle de l'occasionnel dans une vie tissée d'abord du plébiscite de l'effort, d'assomption des conflits, de telle sorte que l'héroïsme n'est pas l'apanage des destins et des circonstances exceptionnels, il fait, en droit, le fond ordinaire de la destinée terrestre de chacun. On trouve une expression édulcorée de cette vérité en considérant le rapport vrai entre vie active et repos : on ne travaille pas pour se reposer (hédonisme consumérisme), on se repose pour reprendre des forces afin de mieux travailler[5].

---

[5] Les sociétés occidentales, anglo-saxonnes et à ce titre anti-européennes, sont fondées sur le principe hédoniste de la subordination du travail au repos. On s'active quarante-cinq ans dans un travail abrutissant mais lucratif pour gagner trente ans de vie de retraité vouée aux voyages organisés, aux mots croisés, aux amours des sexualités séniles, aux divertissements, au culte du corps, aux satisfactions de vanité. On travaille cinq jours sur sept pour gagner le « week-end » destiné à la télévision, au restaurant, aux jeux-vidéo, aux activités luxurieuses, à la fainéantise, aux excitations des boîtes de nuit. Et l'on travaille huit heures par jour pour gagner ses soirées vécues comme autant d'anticipations des délectations du « week-end ». Tout cela selon le principe du « DINK » : dual income, no kids. Ce tropisme universel suffit à expliquer la décadence des sociétés européennes, les microbes sociaux générateurs de subversion ne proliférant que sur les corps malades. Il ne suffit pas de déplorer et de condamner vertueusement ces comportements. Il faut substituer, à l'énergie négative qui les inspire, une énergie positive qui révèle leur inconsistance ; aux appétits hédonistes qui les animent, l'appétit guerrier qu'ils oblitèrent. Et la positivité de cette énergie consiste dans le fait qu'elle a la forme d'une négation de négation : l'appétit du Bien absolu, selon la logique du « Banquet » de Platon, s'anticipe dans les appétits des biens finis qui n'ont vocation à être aimés que pour être dépassés, ainsi sacrifiés.

Ce n'est pas à dire qu'il faudrait s'inventer des ennemis en permanence, mais il faut comprendre que l'état normal de l'homme est de se dépasser, de lutter contre l'entropie mortifère immanente qui le guette, et déjà de s'excéder en vue d'un bien commun ayant raison de fin, qui mobilise les forces de chaque homme, même du plus humble, et qui lui confère la dignité de participer activement à la santé et à la gloire du tout, d'un tout qui lui fait savoir qu'il a besoin de lui autant que de ceux qui le dépassent dans la hiérarchie obligée de son ordre. C'est là le mérite de ce qui fut nommé « fascisme », mépris cultivé de la « vie facile » et seule manière, au fond, de faire plébisciter l'inégalité par ceux qui sont en bas, et de faire s'ouvrir tout le monde à l'esprit de sacrifice. On peut donner, à cette conception du politique qui fait sa place à la causalité du négatif, à l'existence d'un négatif non peccamineux, le nom qu'on voudra. Il reste que, en ce qui concerne le domaine politique, c'est dans le fascisme, pris en son sens générique, et en lui seul, que l'intromission d'un tel concept de négatif fut accomplie et mise en pratique. Si ce qui précède est exact, c'est dans le fascisme que réside le principe du salut de nos sociétés à demi-mortes. Lui seul est capable de mobiliser les peuples, de réveiller leurs ardeurs endormies par le dégoût, l'indifférence et le fatalisme, de leur redonner espérance, de faire revivre ce que, jadis, on appelait, tout simplement, la bonne volonté indissociable de la solidarité effective.

Les Scolastiques nommaient « concupiscible » et « irascible » les deux espèces de l'appétit sensible, éveillé par une connaissance sensible (sensation, imagination ou mémoire), par opposition à cet appétit intellectuel qu'est la volonté, suscitée par une connaissance intellectuelle. On nommait « passions » les mouvements de l'appétit sensible ; aussi y a-t-il des passions du concupiscible (amour, désir, délectation, haine, aversion, tristesse) et des passions de l'irascible (espoir, désespoir, audace, crainte, colère). Qu'un vivant supérieur se détourne d'un bien (objet du concupiscible qui tend vers le bien et fuit le mal) pour affronter un mal ne peut s'expliquer par le concupiscible et requiert l'intervention de l'irascible, appétit du conflit, amour de la lutte. Il est clair que l'on ne se détourne d'un bien pour affronter un mal qu'en vue de se tourner à nouveau vers un bien, après que le mal aura été vaincu, de telle sorte que l'irascible est ordonné au concupiscible. Pourtant, se détourner de l'attraction d'un bien pour affronter un mal est un caractère semblable aux vertus de la volonté dont l'intervention est manifeste surtout dans le choix des épreuves qui ne suscitent pas le désir ; l'irascible, similitude sensible de la volonté spirituelle, est plus noble que le concupiscible qui pourtant le finalise. Comment se peut-il que le plus parfait soit ordonné au moins parfait ?

Cela est impossible en effet, et pourtant le concupiscible est « ratio essendi » de l'irascible. Mais ce dernier point devient intelligible si l'on observe que le bien du concupiscible a la forme d'une victoire sur sa propre absence : si le concupiscible était absolument exclusif de l'irascible, il serait possible d'aimer le bien et de fuir le mal, mais il serait impossible de s'arracher à un certain bien pour convoiter un bien meilleur, car l'acte même de l'arrachement doit lui-même être appétible pour être opérable ; et dans l'hypothèse le concupiscible rivé aux biens inférieurs se révélerait frustré et en viendrait à se haïr lui-même au point d'aspirer à se détruire, ce qui ferait de lui une espèce d'irascible devenu dément, exclusif de tout amour pour le bien ; si donc le bien du concupiscible a nécessairement la forme d'une victoire sur sa propre absence, c'est qu'il est définitionnel d'un tel bien d'être appété selon tous les degrés de bonté qu'il assume, et l'on n'accède alors à un objet de délectation supérieur que par le sacrifice d'un objet inférieur de délectation. Or le goût pour l'acte d'un tel sacrifice est précisément l'amour de la lutte en tant que lutte, objet de l'irascible. L'aporie se dissipe donc s'il est admis que l'irascible est un moment obligé du concupiscible qui, comme identité concrète de lui-même et de l'irascible, se libère de son destin lui enjoignant de se réduire à l'irascible en confirmant ce dernier par l'acte de se le subordonner, et opérant, par cette libération même, sa sublimation d'appétit des délectations charnelles en appétit des délectations spirituelles. La volonté, appétit des biens connus par l'intellect, est le résultat de la « sursomption » (acte de se « sursumer ») du concupiscible par la médiation de l'épreuve de l'irascible ; la volonté est identité concrète du concupiscible et de l'irascible. Si l'appétit intellectuel et l'appétit sensible s'identifient négativement dans l'irascible, instance médiatrice, on comprend que l'irascible soit subordonné à ce qu'il semble dépasser en dignité, et qu'il dépasse de fait en dignité aussi longtemps qu'il se contente de préserver la position de l'acte du concupiscible dans son élément sensible propre ; on comprend aussi que la volonté ait nécessairement besoin de s'anticiper dans les passions, de préparer en elles la position de ses actes volitifs propres ; on comprend enfin, grâce à ce dispositif logique d'articulation des facultés, que la tendance qu'est le concupiscible soit objectivement porteuse d'une invitation à son propre dépassement dans la forme d'un appétit des bien spirituels ; c'est précisément par son impuissance à se sublimer, sous l'injonction de la négativité de l'irascible, en volonté, que le concupiscible est condamné à s'épuiser dans le mauvais infini de la réitération, et qu'il en vient à se dégoûter de lui-même au point de basculer dans une pulsion nihiliste d'irascible désordonné, qui n'est autre que l'appétit du suicide : désir de ne pas désirer, désir de tuer la souffrance du désir, désir d'en finir avec lui-même faute de trouver la force de se métamorphoser.

Le travail d'un négatif non peccamineux se retrouve dans la psychologie des facultés parce qu'il se manifeste dans tout être en tant qu'être (comme cela a été esquissé ici au § 3).

§ 29. Quand on se dispense d'affronter ce que seule la dialectique peut résoudre.

Tout homme de droite incroyant, ou païen, est, consciemment ou non, plus ou moins nietzschéen, c'est-à-dire partisan de la thèse de l'immanence de l'absolu, mais immanence exclusive de la transcendance : l'absolu est alors vie, vouloir-vivre, volonté de puissance, substance spinoziste, etc. Mais l'immanence exclusive de la transcendance bascule en transcendance :

Si l'Absolu est immanent, il se confond avec le monde, lequel est divers et perpétuellement changeant ; s'il est changeant en tant même qu'absolu, il est l'acte perpétuel de se faire relatif, puisque tout mouvement est une négation de soi, étant un devenir autre ; il est donc contradictoire. On dira que l'immanence de l'Absolu conserve son identité d'absolu dans l'épreuve du changement et de la diversité, parce que cet Absolu n'est pas le monde stricto sensu, mais sa substance, et que la diversité comme le devenir sont du côté des accidents de cette substance, ou de ses modes, comme on voudra le dire, et n'ont raison que de phénomènes. Mais alors se pose la question suivante : que doit être cette substance pour s'affecter, *se* modifier, *se* faire objet de son activité, ainsi s'atteindre par réflexion, elle qui ne saurait invoquer l'existence d'une cause extérieure de ses modifications puisqu'elle est tenue pour l'Absolu, englobant universel ? Ne peut se réfléchir que ce qui est immatériel, c'est-à-dire ce qui est pur esprit et par là sujet : le gras de l'index est incapable de revenir sur soi pour toucher l'endroit par lequel il touche les choses ; l'acte de voir n'est pas visible, etc. L'Absolu est sujet, pensée, et la diversité comme le devenir sont alors, dans cette perspective, autant de modes d'objectivation de cette pensée qui — penser étant toujours penser qu'on pense — doit être aussi conscience. Cela dit, étant tenue pour strictement et unilatéralement immanente, une telle *conscience* de l'Absolu, laquelle est conscience de soi *de l'Absolu*, ne saurait faire nombre avec les consciences mondaines révélées comme phénomènes de cette substance qui, dès lors, est telle que la conscience humaine de l'Absolu est conscience de soi divine de l'Absolu dans l'homme. Mais cette identité, si elle était effective, exigerait que fût dévoilé à l'homme le secret de l'acte par lequel la substance se diversifie, s'objective sans cesser d'être sujet, s'exprime et s'explicite en des différences (parmi lesquelles figure chaque homme singulier avec sa conscience, immergé dans le monde) qui contredisent sans la corrompre son identité et sa simplicité, révélant cette simplicité telle une unification, une conversion à l'unité d'une diversité en laquelle elle se risque ; or cela n'a pas lieu : la conscience qu'a l'homme de sa propre existence et du monde n'est pas la position ou génération, par cet homme, de l'existence de sa conscience et du monde. On est alors en demeure de concéder que cet Absolu qui se voulait unilatéralement immanent n'est nullement investi dans ses manifestations, lesquelles ne le dévoilent qu'en le voilant, de sorte qu'il échappe à tout regard immanent ou humain ; et c'est là le renvoyer à une transcendance inaccessible : ce qui est immanent sans transcendance est transcendant et apophatique, selon la représentation judaïque de l'Absolu qui, inconnaissable par exacerbation de la transcendance unilatérale, devient indiscernable du néant, ce qui fait basculer la transcendance abstraite en immanence radicale : Dieu n'est pas sans le Juif, Dieu se réalise dans le Juif, le Juif est Dieu et veut être adoré.

Si le nietzschéen — qui, selon l'enseignement des §§ 250 et 251 de *Par delà le Bien et le Mal*, devrait s'avouer passionnément judéophile — s'ouvrait aux vertus de la dialectique, et par là consentait à se faire un tant soit peu hégélianiser, il saurait faire sa place à l'affirmation d'une transcendance authentique, celle du vrai Dieu des catholiques, un et trinitaire, capable, de ce fait, de s'incarner, de s'introniser librement unité divine de Dieu et de l'homme.

Le nietzschéen ou néo-païen et le Juif sont *frères* ennemis, parce qu'ils communient dans la même métaphysique gnostico-panthéiste.

Si le catholique consentait à se défaire de ses aversions dirigées contre la dialectique supposée indissociable du monisme hégélianisant, il saurait intégrer à sa vision du monde fondée sur l'idée de transcendance de l'Absolu les vertus du paganisme habilitant l'homme à aimer son monde, à se sentir chez lui dans son monde, à exalter les beautés du monde et les splendeurs de la finitude ; il saurait conjurer cette mentalité d'exilé, d'apatride, de déraciné congénital haïssant ce monde sous le prétexte qu'il n'est pas le terme ultime du voyage, se défiant du monde sous le prétexte qu'il n'est pas innocent de laideurs, et qu'il est dangereux du fait même de ses beautés qui risquent d'emprisonner ceux qu'elles séduisent ; le chrétien saurait, en un sens qui n'est probablement guère nietzschéen, « vivre dangereusement » ; il saurait se défaire de cette indifférence, bientôt de cette hostilité à l'égard du monde, ainsi vis-à-vis de sa propre condition d'être au monde, par là ultimement de sa haine de soi déguisée en humilité, et génératrice de ressentiment et d'envie ; il saurait conjuguer l'affirmation de soi et l'abnégation, par là il saurait vivre le devoir d'abnégation sans ce surnaturalisme tellement contre nature qu'il en vient à engendrer un subjectivisme d'autant plus retors qu'il se joue, se voulant catholique, sur la partition morale de l'objectivisme dogmatique. Les Ecritures invitent certes le croyant à haïr le monde, identifiant la cité terrestre à celle du démon, mais il faut comprendre que la haine du monde en tant que pécheur revient à haïr le péché qui défigure le monde, et non le monde en tant que tel, lequel est foncièrement bon puisqu'il parle de son Auteur.

Il y a du subjectivisme à droite pour maintes raisons qui tiennent aux circonstances, à la faiblesse humaine, au poids des ennemis dont l'impudence victorieuse finit par écœurer les meilleurs, les précipitant dans le découragement accusé par un sentiment profond d'injustice. Tout cela est difficilement contestable.

Mais ces raisons relèvent des causes instrumentales, ou accidentelles. Le subjectivisme a gangrené la droite sous les effets du jeu d'une cause principale qui, elle, aurait pu être conjurée parce que seuls les hommes de droite en sont responsables. La droite, tout simplement, n'a pas su faire son unité doctrinale parce qu'elle n'a pas su résoudre l'équation qui pourtant la constitue : conjuguer le devoir de s'oublier dans le service d'une cause corrélatif du souci légitime de s'affirmer et de se trouver dans ce service même ; conjuguer sans les frustrer la recherche du bien commun et celle du souverain bien, le souci de l'individuel et celui du collectif, du particulier et de l'universel, de l'immanence et de la transcendance.

§ 30. Ce en vertu de quoi la dialectique ne contredit pas le réalisme.

S'affirmer dans sa négation, c'est s'affirmer dans ce dont le propre, par radicalisation de soi, fait se réfléchir sa propre négativité pour se l'appliquer à elle-même et la convertir en cette position d'un soi qui dès lors, souverainement vainqueur du moment de son altérité à soi, par là demeurant sereinement identique à soi dans sa différence, peut consentir à cette aliénation de soi vécue comme l'envers de la possession de soi et intrinsèque à elle. Ces propos, sibyllins pour certains, peuvent s'éclairer par l'illustration de l'acte d'objectivation de soi : penser est penser qu'on pense, penser qu'on pense est se penser, se penser est s'objectiver, mais ce qui s'objective a raison de sujet qui, s'objectivant, s'aliène (dégénère en objet dont le propre est de se subir, par là d'être extérieur à soi en tant qu'il est privé d'intériorité) mais qui, ayant besoin de cet objet en lequel il s'exprime pour revenir à soi à partir de lui, fait de cette aliénation le moment obligé de sa réconciliation avec soi. Si le sommet de l'être est un acte de connaître, on comprend que tout être en tant qu'il est être ait la forme d'une identité qui vient d'être décrite, celle d'une identité à soi obtenue par victoire sur la négation intestine de soi. Et alors tout être en tant qu'il est être assume du négatif. Dès lors, cette espèce de privation qu'est le mal (physique, intellectuel, moral) ne doit pas être identifiée à tout négatif ; il existe, en d'autres termes, du négatif non peccamineux. Si tout être a la forme d'une victoire sur son non-être assumé, on conçoit que l'infini et le fini, l'intérieur et l'extérieur, le naturel et le surnaturel, l'immanent et le transcendant puissent s'identifier en un moment d'eux-mêmes qui n'abolit pas leur incommensurabilité. Dieu, qui est nécessaire, peut se vouloir en sa créature, sans qu'elle cesse d'être intrinsèquement contingente, et sans qu'il cesse de lui être, corrélativement, absolument transcendant.

Soit, dira-t-on. Mais enfin, a-t-on vraiment besoin de recourir aux complications de la dialectique, avec ses ambiguïtés, ses prétentions, ses arabesques filandreuses indiscernables du verbiage le plus amphigourique, pour expliquer qu'il faille honorer le bien commun et le souverain bien tout ensemble ? Une mère se dévoue pour ses enfants au point de donner presque spontanément sa vie pour eux. Cela ne l'empêche pas d'aimer Dieu par-dessus toute chose, et c'est bien là la preuve qu'il n'y a aucun problème dans le fait d'aimer quelque chose en se rapportant à lui tout en se dispensant de l'absolutiser. L'hiatus entre bien commun et souverain bien, pensera-t-on, est fictif.

Oui, une mère peut aimer plus qu'elle-même, se rapportant à lui, son enfant sans le déifier. Mais que ce soit un fait indiscutable ne l'empêche pas de requérir une explication.

Il en est ainsi quant à l'affection prodiguée par la mère pour ses petits, parce que la nature humaine se veut en elle comme elle se veut en eux, et que cet amour lui enjoint de se sacrifier pour sa progéniture. L'espèce se veut dans l'individu. Mais l'espèce n'existe que par les individus, de telle sorte qu'ils se révèlent ordonnés comme à leur fin à ce qu'ils font être, ce qui semble incohérent : un être ne saurait être finalisé par ce qui lui est ontologiquement suspendu, parce que dans le cas contraire il serait finalisé par ce qu'il se donne et qui préexistait en lui, ce qui revient à dire qu'il ne serait finalisé au fond que par lui-même, ainsi par ce qui n'aurait raison que de prolongement de lui-même, et cela reviendrait à nier que l'on pût aimer quoi que ce fût plus que soi-même. Dès lors, si l'espèce se veut dans l'individu, c'est parce qu'elle préexiste, en tant qu'Idée divine, avant que d'exercer son efficience en se faisant immanente à cet individu, dans la pensée divine, et c'est elle qui en dernier ressort est visée par l'amour qu'elle suscite en celui qu'elle investit ; pour cette raison, c'est le désir de Dieu qui explique l'amour de bienveillance, l'amour consistant à aimer l'autre en tant qu'on lui veut du bien et que l'on se dévoue pour lui jusqu'à donner sa vie pour lui ; le désir de Dieu se préfigure dans le désir des êtres auxquels on s'ordonne. Et c'est à cette condition que l'on peut aimer un bien en s'y rapportant sans l'absolutiser. Puis donc qu'il en est du bien commun de la Cité comme d'un bien auquel on se rapporte, c'est que le désir de Dieu s'anticipe dans le désir du bien commun politique. Mais le *désir* (humain) de Dieu ne peut être que le désir (de soi) *de Dieu* en l'homme, autrement le désir de Dieu relèverait de la concupiscence qui réduirait Dieu à l'instrument de satisfaction du désir humain. Donc il faut expliquer que le désir du bien commun puisse être ce en quoi se médiatise le désir de soi de Dieu, et il n'est pas d'autre réponse à cette question que la suivante : le bien commun de la Cité préexiste idéellement, de toute éternité, indépendamment de la création du monde, dans la pensée divine. Cela dit, toutes les perfections préexistent en Dieu sur le mode divin, à savoir en ce sens que Dieu *est* ce que les créatures se contentent d'*avoir*. En d'autres termes, chaque perfection prise absolument est Dieu, cependant que la différence entre les perfections créées s'enracine dans la différence qui sépare les unes des autres les perfections incréées, selon une disposition voulant que chaque perfection soit identique aux autres en tant que toutes sont identiques à l'essence divine, sans cesser de se différencier les unes des autres ; l'essence divine ne peut remplir ces conditions logiques que si elle est identité à soi réflexive faisant de chaque degré de perfection un moment de l'acte réflexif par lequel l'essence s'atteint circulairement : l'essence infiniment parfaite se fait poser par le processus — dont elle est l'origine — à raison duquel elle assume et exerce tous les degrés finis de perfection, jusques au point nul de néantisation du parfait, là où la puissance de néantisation, n'ayant plus rien à nier, en vient à se nier elle-même pour se reconduire à l'origine de plénitude dont procédaient les degrés finis de perfection ; les perfections se distinguent bien les unes des autres puisqu'elles sont des moments hiérarchisés ; mais chacun d'entre eux est l'anticipation de soi de l'acte par lequel l'essence s'atteint à partir du degré nul de perfection qu'elle assume, et chacun d'entre eux est l'essence même considérée en un moment de position d'elle-même ; faisant s'identifier à elle ces perfections, elle les fait s'identifier entre elles sans cesse de les tenir pour différentes les unes des autres. Et s'il en est ainsi pour le paradigme divin de toute réalité, il en est ainsi pour toutes les réalités qui lui ressemblent comme l'effet ressemble à sa cause. Si la loi régissant l'amour que Dieu se porte veut qu'il s'atteigne par assomption de degrés finis de perfection renvoyant chacun au-delà de lui-même aussitôt qu'atteint, cette loi vaut pour le désir de Dieu qui anime toute créature : « unumquodque suo modo naturaliter diligit Deum plus quam seipsum » (I[a] qu. 60 a. 5 ; tout être, chacun selon son mode propre, aime naturellement Dieu plus que lui-même). Dès lors, il est de la raison de l'exercice de ce désir de Dieu exercé par l'homme de se préfigurer dans le désir de biens finis auxquels l'homme se rapporte, et c'est seulement moyennant l'acte de se subordonner à eux qu'ils renvoient en retour à plus qu'eux-mêmes celui qui les appète. Le désir des biens du monde vit du désir de Dieu dont il ne saurait pour cette raison se détacher ; mais le désir de Dieu n'est fécond, respectueux de sa Fin, que s'il sait se faire désir des biens du monde, lesquels ont à être aimés pour être dépassés en tant qu'ils enjoignent à ceux qui les servent d'aller au-delà d'eux.

Pour prévenir l'objection habituelle, brandie comme un réflexe de Pavlov, on rappellera que ce qui est mouvement circulaire est ce dont le résultat est la position du départ ; que ce qui pose sa présupposition est tel qu'il fait s'identifier le résultat du processus et le processus même, puisque la position du départ est relance du processus, lequel, par là, *s'achève* en son résultat (qui le clôt, le supprime mais tout autant le parfait, le conserve) ; que donc ce qui *est* son processus est tel que, étant aussi le processus de son *être*, il est nécessairement un mouvement de mouvement ; quand l'essence d'un mobile est sa mobilité même, alors ce qui change est son acte de changer, et l'acte de changer ne peut se changer qu'en se convertissant en immobilité pure ; décrire les conditions logiques d'une identité, dans l'Absolu, entre son identité et sa différence, c'est-à-dire d'une absolue simplicité pourtant non ablative de diversité réelle, c'est bien ce qui ne convient qu'à ce qui est acte pur, innocent de tout mouvement. Notons encore que ce qui est son processus *et* le résultat de ce dernier, c'est ce qui — le résultat d'un processus étant ce qui l'achève, l'accomplit en l'exténuant — contracte le statut de conservation-négation, ou d'« Aufhebung » (traduite en « sursomption ») de son processus, de sublimation de ce dernier, c'est-à-dire de conservation de ce processus à l'intérieur de ce qui est l'autre d'un processus, à savoir un terme immobile. Ce qui est l'identité de son processus et de son résultat, c'est ce qui conserve la vitalité d'un processus — l'activité déployée dans un devenir — mais en répudiant tout devenir. C'est ce dont l'être est son agir ou son opération, conformément à la définition thomiste de l'Absolu divin.

Bien sûr, pour adopter une telle conception de l'Absolu, à savoir une telle présentation de la conception thomiste de l'Absolu, il est nécessaire de recourir à un mode de penser dialectique — ainsi non thomiste — ayant pour pénible propriété de traiter sans ménagements le désir de clarté et d'évidence propre à un intellectualisme réaliste. Deux choses qui entretiennent un rapport de contrariété ne peuvent être en acte en même temps et sous le même rapport ; mais ces contraires s'identifient dans l'être en puissance ; par ailleurs, tout devenir, donc tout processus, est l'acte de ce qui est en puissance en tant qu'il est en puissance. Dès lors, s'il existe une réalité actuelle qui, cependant qu'elle répudie le processus dont elle est le résultat immobile, le conserve néanmoins à l'intérieur de son identité d'actualité immobile, c'est que l'être en acte, ainsi le non-contradictoire, conserve quelque chose de l'être en puissance, de sorte que l'être en acte, en tant qu'il est en acte, a lui-même raison de « sursomption » de l'être en puissance que par là il assume pour le nier souverainement. Aristote enseignait en ce sens (III *Physique* IV) qu'« il n'y a pas de différence entre être et pouvoir être dans les choses éternelles ». Si l'on se souvient qu'autant une chose a d'être autant elle a d'actualité, et que de surcroît autant une chose a d'actualité autant elle est intelligible, alors, nécessairement, il y a du contradictoire, définitionnel de l'être en puissance, dans le non-contradictoire de l'intelligible souverain qui n'est tel qu'à se faire vainqueur de son instance irrationnelle intestine. Autant confesser, dans ce contexte logique, qu'il y a de l'obscur dans la clarté en tant même que clarté, et que le rationnel de cet obscur ne se peut discerner que selon le mode de penser dialectique. Il résulte de ces développements iconoclastes que le souverainement intelligible ne coïncide plus stricto sensu avec ce qu'il est convenu de nommer l'évident, lequel, il est vrai, « crève les yeux », les rend aveugles. Au terme de ce dangereux développement (« dangereux » parce que, selon la vulgate de la bien-pensance, il sera tenu pour « malsonnant », « équivoque », « puant l'hérésie » etc.), on se rendra compte encore que le subjectivisme s'est insinué dans la pensée de droite à raison même de la fascination de cette pensée pour la clarté, l'évidence, le non-dialectique, c'est-à-dire ce qui satisfait le souci subjectif de transparence pour l'entendement répugnant à se conformer aux sinuosités dérangeantes de la réalité, comme si le vrai devait toujours, infailliblement, se signaler par sa simplicité entendue dans le sens de facilité d'appréhension. Le « complexe » dit, selon le génie inconscient de la langue, le « compliqué », ce qui sollicite abondamment l'intellect parce qu'il y a en lui beaucoup à comprendre ; le « complexe » dit aussi le composé, le divisible, le décomposable en éléments simples, ainsi l'instable, le construit, le précaire, le divers incapable de se ramener lui-même à l'unité, le disparate, le privé de cette unité qui empêche une chose de s'échapper d'elle-même, l'impuissant à se contenir, l'incapable de coïncider absolument avec lui-même, le désordonné, le grevé de non-être, l'insignifiant pauvre en intelligibilité. Aussi est-on invité à comprendre, dans cette amphibologie, que le simple, antithétique du « complexe-composé », est ce dans quoi il y a le plus à comprendre, mais c'est là aussi le privilège du « complexe » entendu comme l'éminemment structuré ; dès lors, force est d'en déduire que le simple est riche de la complexité du complexe ; il est ce qui déploie sa richesse dans une infinie diversité, il est ce qui est actuel en tant que puissance *active* riche de ses différences qu'elle fait s'identifier en elle. Le simple, objet supposé d'une intuition immédiate, ne révèle pas sa profondeur autrement que dans une exposition de lui-même saisissable seulement par une discursivité éminemment exigeante, fort obscure à un esprit assoiffé d'immédiateté.

Ajoutons, à cette fascination cartésienne — très française — pour la clarté, cette prétentieuse dilection non moins française pour l'idée d'élection (« France peuple élu du Nouveau Testament », dont il sera question bientôt au § 37) : on aura là quelques raisons non négligeables de considérer que le subjectivisme s'est infiltré dans la psychologie de l'homme de droite traditionnel.

Pour tendre vers le bien commun, ainsi vers un bien ayant raison de fin, sans exclure de tendre vers le souverain bien qui se subordonne le premier, il faut que le bien fini (tel le bien commun terrestre) soit un moment obligé de la position du souverain bien ; et par voie de conséquence, puisque tout ce qui est fini et créé ressemble à son Auteur, tout être doté d'un certain degré de perfection a la forme du résultat d'une victoire sur ses degrés d'être inférieurs assumés ; ce qui ne se peut appréhender que selon une pensée dialectique ; aussi, en la récusant, en la réduisant à une modalité du « pilpoul », on s'interdit de comprendre adéquatement le bien commun ; mais par là on fausse le principe directeur d'une philosophie politique de droite.

L'espoir des désespérés.

§ 31. Le pouvoir d'achat.

En avril 2022, les Français ont voté. Le résultat, lamentable, était prévisible.

Il est bien difficile de savoir ce qui s'est tramé dans les officines des décideurs, mais on peut, au vu des résultats, proposer l'explication suivante sans grande crainte de se tromper :

Les partisans d'une France gaullienne des années soixante à fort pouvoir d'achat, sans Arabes, sans fiscalité insupportable ni chômage, sont les nostalgiques de l'optimisme consumériste des Trente Glorieuses, c'est-à-dire d'un mirage : une telle représentation de l'ordre et de la prospérité, issue de la « victoire » des Alliés » — c'est-à-dire, sur fond d'individualisme jacobin, de l'alliance de la judéo-maçonnerie et du communisme —, était grosse de notre monde contemporain proprement infernal, promoteur d'un mondialisme en forme de fin de l'Histoire. Ces nostalgiques, séduits par un mensonge, étaient prêts pour être trompés de nouveau, c'est-à-dire par celui qui leur promettrait de reproduire leur rêve adolescent. Ils ont été happés par un nouveau mirage opéré par un Juif financé par des Juifs, Français juif et donc Juif français et plus encore sioniste en France. La marionnette était téléguidée pour exacerber dans le royaume des lys la haine des Arabes qui, certes, n'ont rien à y faire, mais dans l'intention de faire rouler les nationalistes français pour Israël. Il s'agissait du miroir aux alouettes d'une « droite » décomplexée mais demeurée libérale et républicaine, ce qui est un oxymore. Il s'est agi en vérité d'une stratégie destinée à doubler sur sa droite un autre Parti installé chargé de représenter, dans le cadre parlementaire, cette droite supposée « de conviction » ou « non conformiste » existant depuis maintenant bientôt cinquante ans. Un tel Parti, soucieux de s'intégrer — au prix de divers accommodements doctrinaux et pratiques négociés avec les ennemis des nations — à l'hémicycle parlementaire, ne servit jamais que de supplétif pour les uns et d'épouvantail pour les autres ; il n'est pas possible de promouvoir une politique de restauration de la grandeur nationale dans le contexte des institutions de la république jacobine. Il s'agissait, pour le petit Juif (il est, de fait, petit et juif), de doubler le Front national sur sa droite parce que ce Front avait poursuivi depuis vingt ans, sous la houlette de la fille du fondateur, une opération objectivement suicidaire de conquête de respectabilité républicaine ; il s'était amolli, avait déçu ses militants des débuts, avait trahi tous ses idéaux pourtant déjà passablement émoussés des premiers jours ; on redoutait que les militants de la première heure, quelque déçus qu'ils aient pu être par les entreprises de dédiabolisation de l'héritière, ne lui fussent malgré tout fidèles, ce qui, additionné aux militants de la dernière heure amadoués par les renoncements doctrinaux de la fille, aurait tout de même fait du monde et inquiétait le pouvoir. Il fallait aussi, dans l'intérêt du mondialisme qui, pour satisfaire aux réquisits du judaïsme, favorise la miscégénation systématique, désamorcer l'exaspération antimaghrébine du vote des petits Juifs sévissant en France et séduits par le Front national ; il fallait bien leur donner un os casher à ronger. Zemmour a donc affaibli Marine, Marine a servi la soupe à Macron avec une servilité destinée à payer son score électoral d'apparence flatteuse, et le scenario de 2017 s'est reproduit, pour le plus grand avantage des détenteurs du vrai pouvoir dont le paltoquet Macron est le factotum.

Même si la stratégie de dédiabolisation menée par la Marine aurait pu, sans Zemmour, inquiéter le pouvoir, elle eût été suicidaire au regard des véritables intérêts de la France, dans la mesure où elle s'était rendue incapable de conjurer la décadence puisqu'elle s'était engagée à satisfaire les appétits d'électeurs répugnant, à cause de la nature de tels appétits, à concrétiser un vrai bien commun.

Toute cette histoire électorale n'a en vérité aucun intérêt. Ce qui en revanche suscite un triste intérêt, c'est la mise en évidence de la revendication principale des Français pendant cette campagne : *le pouvoir d'achat.* Face à une telle revendication, il était bien entendu que tout espoir d'une véritable renaissance était vain ; et c'est pourquoi les électeurs ont cru encore une fois à cette mauvaise farce démocratique, qui feint d'offrir un choix alors que tous les prétendants au pouvoir s'entendent au préalable, verrouillent l'accès à l'éligibilité et proposent au fond tous la même chose, ne différant les uns des autres que par les moyens de l'obtenir, et plus encore par la manière de le promettre. Les Français, les Européens, les Blancs, sont des dégénérés mûrs pour la servitude.

Aussi longtemps que les électeurs seront principalement mus par le désir de consommer, ainsi par l'appétit pour des biens que l'on ne peut que se subordonner, ils seront frustrés de la joie de servir, c'est-à-dire des biens auxquels on se subordonne ; ils seront ainsi, d'une part, insatisfaits, divisés entre eux parce que chacun divisé contre lui-même, ; ils seront, d'autre part, particulièrement fragiles face à quelque entreprise de manipulation que ce soit flattant, en exaltant leur liberté, leurs bas instincts afin de les empêcher de guérir de leurs véritables maladies.

§ 32. Un peu de rêve.

Rêvons un peu. On pourrait s'efforcer à établir la liste des mesures qui devraient être prises pour que nos nations occidentales se soustraient véritablement à leurs maladies mortelles et s'échappent de l'étau en lequel entendent les tenir leurs fossoyeurs. On constaterait sans peine que ces mesures sont proprement irréalisables parce que personne ne les supporterait, pas même les prétendants à l'exercice du pouvoir de la droite dite de conviction aujourd'hui diabolisée. On pourrait tirer des plans sur la comète, esquisser les contours d'une idéale société saine, rêver à ce qui devrait être afin de se rendre supportable l'épreuve lancinante de ce qui est : ces évocations parviendraient peut-être à entretenir, en ceux que la décadence révulse, l'instinct d'insurrection et la vertu d'espérance. Mais on devra alors commencer par rêver à ce qui pourrait être dit pour faire advenir ce devoir-être, et c'est alors qu'un tel rêve tournerait au cauchemar : rien de ce qui devrait être dit et compris ne peut aujourd'hui être formulé sans encourir non seulement les foudres de la répression républicaine, mais encore les incompréhensions et les colères de ceux que l'on entend guérir, jusques et y compris ceux de son propre camp. Ce qui signifie qu'il n'y a rien à faire, sinon à prier, à se préserver du monde en choisissant l'exil intérieur, et à attendre que le mal moral qui fait jouir finisse par « faire mal », par se révéler pour ce qu'il est à ceux qui l'ont embrassé avec délices et qu'aucun argument raisonnable ne peut ébranler. Seule la souffrance peut les sauver.

Il est difficile de nourrir le désir de se dévouer pour un peuple qui ne pense qu'à bouffer, à copuler et qui, en dehors de ces appétits triviaux, en guise de substitut d'aspirations spirituelles, ne songe qu'à se repaître de satisfactions de vanité en lesquelles il ose reconnaître la manifestation d'une exigence de sa foncière « dignité de personne ». Telle est la triste vérité que révèle la principale préoccupation électorale des Français. On pourrait, hélas, en dire sur ce point autant des autres peuples occidentaux. Et l'existence de cette préoccupation érigée par eux en question principale de la vie communautaire fait de tels peuples des être collectifs absolument non amendables, voués à crever en le méritant. C'est cela qu'il faudrait commencer par dire au peuple, en prenant le risque de s'en faire un ennemi, qui s'ajouterait aux ennemis institutionnels des sociétés démocratiques : les diffuseurs de l'esprit judéo-maçonnique. Ce qui signifie que le peuple, dénaturé, appauvri physiquement, financièrement et culturellement par ses maîtres, plébiscite au fond une telle servitude puisque, aussi bien, il approuve la répression, opérée par ses tyrans, de ceux qui entendent le libérer de tels tyrans. La chose se vérifie par le fait de la multiplication des venimeux petits soldats qui s'élèvent spontanément, pas même stipendiés, pour exercer une « vigilance citoyenne » au détriment des contestataires, aussi bien par exemple chez les élèves de professeurs déviants que sur les réseaux sociaux à propos de n'importe qui. Il s'agit d'aller à la curée pour « balancer » son porc, son antisémite, son antidémocrate ou son homophobe. Et ce tour d'esprit de délateur se retrouve jusque dans les rangs des Réprouvés. Ceux-ci, non certes aux autorités légales, mais aux lecteurs des auteurs de divers travaux marginalisés, dénoncent avec une virulence cruelle — non pour faire progresser la vérité en usant du principe de la correction fraternelle, mais pour tuer au moins moralement, pour blesser, pour empêcher d'exister ces auteurs, pour étouffer ceux qui pourraient leur faire de l'ombre en bousculant la quiétude de leurs convictions mal étayées — ce qu'ils croient être des défauts ou des erreurs dans les productions de leurs compagnons de combat. Ils ne retiennent, du travail de ceux qu'ils devraient tenir pour leurs camarades, que ce qu'ils croient être imparfait, et oblitèrent systématiquement ce qu'il peut avoir de bon et de novateur. Tant il est vrai que le subjectivisme a bien gangrené même les rangs de la droite. Le premier et le plus sûr effet de l'éclosion du subjectivisme, c'est la sécrétion de la haine ordinaire entre les hommes. Et il faut s'attendre à ce que celui qui, parce qu'il est véritablement de droite, dénonce le subjectivisme de gauche *et de droite*, ait tout le monde contre lui.

La liberté de conscience et d'expression n'existe plus en Europe depuis que son droit a été proclamé, parce que faire un droit de ces « libertés » revient à mettre sur le même pied la vérité et l'erreur, à leur conférer une égale valeur, de sorte que ce droit à la liberté de conscience et d'expression n'est pas neutre précisément parce qu'il se veut neutre :

Il fait le choix d'accorder autant de valeur au mal qu'au bien ; or, du fait qu'il n'est pas neutre, il n'est pas neutre à l'égard de lui-même, il proclame sa valeur indiscutable, il exclut de se rendre complice du choix de refuser de reconnaître un bien dans la liberté de conscience et d'expression ; ce que résume la formule abominable de Saint-Just : « pas de liberté pour les ennemis de la liberté », c'est-à-dire « pas de liberté pour les ennemis de notre conception libertaire de la liberté ». Une société dans laquelle sévit le droit à la liberté de conscience et d'expression est ainsi, par essence, une société répressive. Et la répression est féroce pour ceux sur lesquels elle s'abat ; il n'est pour s'en convaincre qu'à penser au traitement qui est réservé aujourd'hui aux révisionnistes, aux fascistes, aux défenseurs d'un racisme même raisonnable et non passionnel, ou aux ennemis du judaïsme, ou à ceux qui condamnent l'avortement et rappellent les exigences de la morale traditionnelle. Compte tenu de ce qui précède à propos de la signification du privilège conféré au pouvoir d'achat, on comprend que le peuple puisse approuver chaleureusement une telle répression. Poursuivre néanmoins le dessein de le sauver contre lui-même, cela relève du masochisme, ou de la vaniteuse bravade consistant à embrasser « pour la beauté du geste » une cause perdue, ou bien cela relève de l'attente d'un miracle, ou du goût inavoué pour le suicide, ou d'une naïveté déconcertante, et peut-être parfois chez certains de toutes ces choses à la fois.

Quand le bien commun est en jeu, il est du devoir de tout homme honnête de se sacrifier pour lui. Encore faut-il qu'une chance de le sauver soit encore présente. Agir autrement relève de l'état d'un esprit insane affligé de l'un des travers qui viennent d'être évoqués. Mais il est vrai que nul ne saurait se targuer de mesurer le pourcentage de chances de rédemption qui gisent encore dans un peuple dépravé.

Il en est peut-être des foules — soyons un instant optimiste et généreux — comme il en est de ces femmes qui ont du mal à identifier les causes objectives du malaise qu'elles ressentent pourtant avec une grande acuité, parce qu'elles n'osent s'objectiver ces causes, par pudeur ou par charité pour autrui, ou par crainte d'être mises en demeure d'envisager le pire. Elles invoquent alors une raison peu crédible pour faire attester et communiquer leur indignation et le sentiment d'iniquité qui la sous-tend, c'est-à-dire une raison dont la superficialité fait croire au caractère illusoire ou feint de leur malaise, alors que ce dernier est bien réel. Peut-être ces foules abruties et rétrécies par le désir de consommer, intoxiquées par les idées fausses depuis le berceau, expriment-elles, à travers la revendication consumériste frustrée, une aspiration plus noble, un désir de grandeur dont il suffirait à un vrai chef de leur dévoiler l'existence pour qu'elles révélassent des ressources d'héroïsme insoupçonnées d'elles-mêmes. Faire une telle hypothèse relève de l'irénisme niais, parce que celui qui connaît un tant soit peu la nature humaine sait qu'un menteur ment, qu'un voleur vole, qu'un lâche fuit et qu'un porc bâfre, qu'ainsi les êtres sont en général ce qu'ils paraissent être, au point que la première impression, quand il s'agit d'identifier leur caractère, est toujours la bonne : ils n'ont pas eu le temps de se composer un visage. Il reste qu'un être est toujours irréductible à la série de ses manifestations, et qu'une divine surprise est toujours possible, qu'il est moralement interdit de faire comme si elle était impossible, même si cette possibilité est à vue d'homme improbable. Le pire, le décevant, l'attristant, l'entropie et la défaite face aux forces de subversion qui meuvent les hommes de l'intérieur, c'est ce qu'il y a de plus probable en effet, parce que l'être humain n'est vraiment pas une engeance aimable. Mais, parmi les nombreuses manières dont il use pour mentir et se mentir, il y a aussi la quiétude attachée au choix du désespoir, la confortable complaisance dans le pessimisme absolu, exaltant un cynisme qui cèle une lâcheté.

Aussi n'est-il peut-être pas complètement vain de découvrir ce que pourrait dire, s'il lui était donné d'échapper pendant quelques heures aux tourments de sa camisole de force, un fou en liberté, un aliéné de notre temps, supposé devenu étranger à lui-même du fait de s'être rendu étranger à l'anti-société moderne déshumanisée parce qu'humaniste, désaxée parce qu'anthropocentriste ; quelles horreurs pourrait bien proférer un fou furieux sorti de son ergastule de Réprouvé, un ghettoïsé par l'anti-société, c'est-à-dire par les ex-ghettoïsés de la société défunte ? S'il est encore quelques lecteurs capables de n'être pas scandalisés par les lignes qui suivent, c'est que le conflit direct avec les faiseurs de décadence est encore d'actualité, parce que la moelle du peuple n'est pas encore complètement pourrie.

§ 33. Nos compatriotes sont des cons.

La chose n'est pas nouvelle :

« Plus con que le Français ? Vraiment n'est-ce pas c'est impossible ? Et surtout l'intellectuel ? Littéralement enragé dès qu'il s'agit de déconner dans le sens juif (…) 'Moi ! voyez-vous ! moi ! moi ! moi je dis que ! que ! que ! et patati ! et patata ! La race-ci ! … la race-là ! la race qua ! qua ! qua ! qua ! … n'a pas ! n'a pas ! n'a pas ! n'a pas ! …' qu'il est une race à lui tout seul, une race de 'moi ! moi ! moi ! moi ! moi !'… Dix-huit millions de cons dans un seul » (Louis-Ferdinand Céline, *Les Beaux draps*, Nouvelles éditions françaises, 1941, pp. 124-126).

Nos ancêtres, quelque pauvres qu'ils fussent, pouvaient se constituer un patrimoine même modeste, mais la chose est devenue presque impossible aujourd'hui, parce que l'État libéral s'est dépossédé de son droit régalien de battre monnaie, droit qui fut confisqué par la Banque ainsi héritière du pouvoir monstrueux de faire varier la valeur des signes monétaires au gré de ses intérêts, dans le moment où l'État devenu factotum de la Banque l'engraissait indéfiniment en appauvrissant le peuple par le moyen de la fiscalité. Même un communiste stalinien avait la tripe patriotique et n'eût pas supporté que son pays devînt la poubelle des migrations extra-européennes. Les gens de bon sens n'eussent pas supporté d'être dirigés par un paltoquet prétentieux amoureux des nègres pédérastes, manipulé par les banques juives, et pur produit dégénéré de l'enseignement délirant dispensé par les officines maçonnique dans les écoles de la « République ». Pour le pire autant que pour le meilleur, le Français était un contestataire qui ne s'en laissait pas conter, doué de bon sens et soucieux de ses intérêts, ne fussent-ils que des intérêts à court terme. Aujourd'hui, il est d'une docilité servile, supporte tout sans broncher, avale toutes les couleuvres, digère tous les mensonges, plébiscite toutes les humiliations. Il veut ce qu'il subit, il n'en peut être autrement. Il lui suffirait de jeter son appareil de télévision, de clamer haut et fort les vérités indésirables, de refuser de payer l'impôt spoliateur, de décider d'être sourd aux mensonges d'État et aux incitations publicitaires ; on ne pourrait mettre la France entière au cachot. Le Français sait que la France est entre les mains d'un maximum de deux cent mille personnes qui pour la plupart n'on rien de véritablement français, qui le manipulent et l'avilissent, et que ces ignobles petits tyrans ne pèsent pas grand-chose en face d'un peuple en colère. Les Français, fatalistes, ne bougent pas ; ils ne veulent pas bouger, ils n'ont que ce qu'ils méritent.

On associe l'idée de con à celle d'imbécile, de crétin, d'idiot, et cela est légitime, mais il y a dans le concept de « con » quelque chose de particulier : un con n'est pas toujours singulièrement dénué d'intelligence, il n'est pas fatalement un imbécile ; il est celui qui fait un usage imbécile de son intelligence. Il y a certes une corrélation entre la chose et son usage parce qu'une lumière indigente à éclairer est indigente à s'éclairer elle-même, et réciproquement, mais ce n'est pas une fatalité. Ce qui est réflexif (non seulement qui pense les choses mais qui se pense en se prenant pour objet), telle la raison, quelque faible qu'en soit l'intensité, a quelque chose d'infini en tant même que réflexif, parce que ce qui revient sur soi a la forme d'un processus qui fait retour à l'origine par l'acte de la fuir, qui donc a la forme d'une négation de négation. Or ce qui a la forme d'une négation se radicalisant en se prenant pour objet, c'est ce qui a en soi-même son autre, ce qui se rend par définition victorieux de sa limite qui, par là, intérieure à lui, le délimite sans le limiter, le détermine sans le restreindre, lui donnant d'être infini *et* déterminé, analogue à un acte pur ou infini actuel (mais il ne s'agit que d'une analogie parce qu'une telle raison n'est pas raison suffisante d'elle-même, elle ne se fait pas exister). Que la raison, ou intelligence considérée dans son automouvement, puisse remplir son office de chasseur de vérités, quand bien même elle est d'intensité médiocre, cela peut s'illustrer par le fait que des intelligences très moyennes parviennent à d'heureux résultats à force de travail, et en entretenant une bonne dose de modestie qui, transfigurée en humilité, rend intelligent au sens où « intelligence » est pris en son acception vraie : « intus legere », saisir l'intelligible dans le sensible, lire le dedans des choses, les saisir par leur dedans qui est leur essence. La modestie rend intelligent dans la mesure où elle fait taire les passions qui, elles, font délirer la raison ; elle rend intelligent dans la mesure, aussi, où elle rend lucide ; la lucidité opérée sur soi-même fait se développer un habitus d'acuité ou d'acribie qui perfectionne l'intellect dans l'appréhension du réel en général, extérieur aussi bien qu'intérieur. Au lieu que l'intelligent qui se désintéresse de la vérité n'aspire plus à percer le réel pour atteindre son dedans, mais à relier des phénomènes, à faire la synthèse d'images auxquelles sera préalablement réduite la réalité, afin d'élaborer des représentations nourrissant l'imagination et les sentiments.

Ces considérations permettent de mieux cerner l'essence de celui auquel convient le prédicat de « con ». Un con est celui qui fait un usage déraisonnable de sa raison, sous la pression de passions dont il refuse de se rendre maître, et en particulier sous la pression d'une insondable *prétention,* laquelle dispose à la suffisance et au ridicule ; sous ce rapport, on est toujours responsable de sa connerie, comme on l'est toujours de ses névroses, tant il est vrai qu'il est impossible de séparer la psychologie de la morale.

Ainsi trouve-t-on autant d'espèces de cons qu'il y a de formes de passions, avec une prédilection pour les passions qui se nourrissent de ce jugement erroné qu'est l'autosatisfaction, puisque le con naît d'abord dans la misère de l'imbécile satisfait.

On peut évoquer, entre autres, le « jeune con » dont le propre est d'être submergé par sa présomption, qui sait tout sans avoir jamais rien appris ; au passage, on se souviendra du message de la Vierge de Pellevoisin lors de sa neuvième apparition, qui contenait la remarque suivante : les Français veulent tout savoir avant d'apprendre et tout comprendre en se dispensant de savoir.

On peut spontanément, par suite, évoquer le « vieux con » dont l'intellect s'est atrophié parce qu'il s'est coupé du monde, préférant reposer en soi-même et se suffire de lui-même, se complaisant à cuire dans le jus de passions ancestrales, et refusant à sa raison la nourriture intelligible de la réalité extérieure.

On peut aussi évoquer les variantes du « petit con », roquet envieux soulageant ses complexes en se jetant dans le dénigrement, l'insolence et la provocation, monté sur ses ergots dérisoires et crachant sa bile ; il est difficile ici de ne pas penser au coq gaulois ; ce peut être aussi cet impudent, cet effronté qui rabaisse tout et tous à son niveau en osant jouer à l'égal de ceux qui le dépassent sans mesure, et qui se délecte de l'offense qu'il leur inflige en embrassant un tel rôle. C'est l'expression de la volonté de puissance des nullités qui se savent telles et qui enragent, se vengeant de leur orgueil impuissant en salissant ce qui les dépasse. Un exemple typique de ce genre de con est l'auteur d'une satire, raillerie minable dirigée contre Hegel l'année même de sa mort, intitulée « Les vents ou Construction entièrement absolue de l'Histoire universelle par le cor d'Obéron, composée par Absolutus de Hegelingen ».

Le « gros con » est le fainéant aspirant à se réduire à une vie végétative, qui mesure les choses les plus sublimes à l'aune des exigences de ses tripes ; « gros con » signifie alors, en langage contemporain, « beauf ».

Le « con niais » est tellement fasciné par lui-même en sa vanité dévorante, tellement débordé par son égotisme qu'il en vient à oblitérer cette distance à l'égard de soi-même seule capable de prévenir ses propres ridicules ; les grands dadais onanistes à face d'œuf ont ce triste privilège d'être en général encore plus cons qu'ils n'en ont l'air, ce qui, au vrai, n'est pas peu dire, et c'est là une illustration inattendue de cette idée classique selon laquelle un être, même un con, n'est jamais réductible à la somme de ses manifestations.

Il existe dans les cons patentés d'inépuisables ressources de connerie grasse.

Force est, dans cette perspective, de parler du « grand con » paralysé par l'esprit de sérieux, qui prend l'air compassé pour se donner de la profondeur et confond, par vanité encore, la gravité et la tristesse ; il se signale par sa manie de proférer des platitudes sur un ton solennel. A lui en particulier est destiné l'adage précieux selon lequel il est préférable de faire silence en passant pour un con plutôt que de pérorer en montrant qu'on en est un ; mais il faudrait être intelligent pour en saisir la portée, de sorte qu'il n'est aucun moyen de le faire taire et qu'il est expédient de le fuir.

Le « sale con » est celui que sa méchanceté rend bête, parce que sa lâcheté, qui le rend insupportable à lui-même, le rend méchant ; est méchant celui qui par exemple se réjouit du mal d'autrui, qui développe une dilection à vouloir gratuitement du mal à son prochain, ne discernant en lui que ce qui est critiquable en se rendant incapable d'en apercevoir ce qui peut être digne d'admiration ; le « sale con » est impuissant à s'ouvrir aux vertus libératrices de l'admiration ; il se venge sur autrui de sa faiblesse et de sa haine de soi.

Le « docte con », affligé d'une stérilité intellectuelle parfaite, masque ou croit celer son indigence conceptuelle par une accumulation de savoirs au nom desquels il se fait juge de ses semblables, distribuant bons et mauvais points à tout bout de champ et sur n'importe qui ; il se préfère à la vérité, n'aime le savoir que pour épater ou se comparer à autrui en faveur de lui-même, ou bien seulement pour embellir son esprit, et du coup il se fait une fausse idée du vrai savoir, comme il se fait une fausse idée de l'intelligence, ce qui le range dans la rubrique des cons ; le drame — pour lui et pour les autres — est que l'intelligence dont il use pour se fourvoyer dans l'erreur finit par ressembler à l'idée imbécile qu'il s'en fait.

Le « pauvre con » peut être reconnu dans toutes les espèces de cons, dans la mesure où sa débilité, expressive de sa misère morale, suscite en tout homme bien né un sentiment de pitié.

Dans tous les cas, un con est une intelligence gâtée par le subjectivisme, lequel change de peau comme un serpent. Et il en est des peuples comme des individus ; il y a des peuples cons, non par nature mais par effet d'une démission morale ; quand, dans ces peuples, la pathologie du « gros con » affligé d'égoïsme jouisseur ne l'a pas définitivement emporté sur les autres formes de connerie, on a un peuple d'*emmerdeurs*, générateur de dissensions entre les peuples ; et la France républicaine est comme le guide des peuples d'emmerdeurs, loquaces, grandes gueules, donneurs de leçons, indisciplinés, geignards, grandiloquents, sans humour, brouillons et jamais contents. Là n'est pas, évidemment, l'essence de l'identité française considérée en son intégrité. Là n'est pas non plus le fond de tous les Français même d'aujourd'hui.

Quand il est affirmé que le Français est un « con », il faut évidemment comprendre, comme d'ailleurs l'entendait un Céline éminemment français et fort intelligent, l'image que se plaît à donner de lui-même le Français quand il s'est gâté par égotisme et présomption ; c'est-à-dire qu'il faut entendre par là ce en quoi se résout l'intelligence française quand la personne qui l'exerce se fait oublieuse et haineuse de ses limites : la limite d'un être étant ce qui ne le condamne à n'être que ce qu'il est que par là qu'elle lui donne d'être, tout simplement.

On notera que le roi des cons est le Serpent qui, rendu stupide par son orgueil déployé à la mesure de sa prodigieuse intelligence, ne peut s'empêcher de cultiver une révolte ayant cette propriété de promouvoir malgré lui la cause du Bien. Au bois de l'arbre de la Connaissance du bien et du mal répond le bois de la Croix. Il reste que le début de la carrière du con commence avec l'adhésion à cette idée selon laquelle l'intelligence ne serait pas faite pour la vérité ; ne serait pas philosophe celui qui dévoile des vérités encore méconnues, mais celui qui « crée des concepts ». Un concept n'est pas quelque chose de créé par l'intelligence, il ne se laisse engendrer par l'intellect humain que parce qu'il est le Principe de l'activité intellectuelle, ainsi que l'établit la doctrine platonicienne de la réminiscence ; il est donc bien plutôt, en tant que conception divine ou concept se concevant, créateur des choses et de l'intelligence elle-même qui n'opère que dans son sillage ; aussi « créer des concepts » n'a d'autre sens que celui de produire des mots sans concept ; serait donc philosophe le « bavard » ; et sur ce point, hélas, le prototype du « philosophe » est bien le Français qui, trop souvent, avec autorité, parle à tort et à travers à propos de n'importe quoi ; comme « l'agité du bocal », il donne l'impression de ne vivre que par les mots.

Déconnecter l'intelligence de la recherche et de la découverte de la vérité est accompli pour nier au fond, mais sans le dire, l'existence de la vérité objective, et pour lui substituer l'idée selon laquelle chacun aurait « sa » vérité. On le fait sans le dire parce que le dire reviendrait à se contredire immédiatement, dès lors qu'on affirmerait, en le tenant pour vrai, que le vrai n'est pas. Mais on le fait pour réduire la vérité au produit de la subjectivité souveraine, pour lui ôter sa vertu de principe normatif, théorique et pratique, de la subjectivité. Et ce tour d'esprit relativiste exercé sur le mode autoritaire de la susceptibilité intolérante est bien le propre de cette espèce unique de discutailleur invétéré qu'est le Français capable de représenter l'archétype du con, dans la mesure où il est la synthèse, quand il se met à être con, de toutes les manières d'être con.

§ 34. Impossible d'être con n'est pas français.

Le Français, presque congénitalement, nourrit une tendance subjectiviste à laquelle il ne succombe pas toujours ni tout le temps, mais de plus en plus depuis plusieurs siècles. Il se prend pour le centre du monde. Il croit que le reste du monde attend religieusement ses oracles et le contemple avec envie. Dans sa version chrétienne, cela vient de la thèse indéfiniment ressassée de la « France fille aînée de l'Église » qui fait du Français un rejeton de la « race élue du Nouveau Testament », et de la France « la tribu de Juda du Nouveau Testament ». Evidemment, avec de pareilles prémisses, une solidarité psychologique et historique, mais aussi sentimentale et même doctrinale ne peut pas ne pas naître entre la France et Israël : ces deux peuples sont certes ennemis mais tout de même ils se tiennent pour « frères » dans l'élection, ils nourrissent les mêmes réflexes, ont les mêmes ennemis (l'Allemagne, les Impériaux), ils sont les victimes innocentes de la méchanceté du reste du monde, ils ont une vocation unique qui les place au-dessus de tous les peuples quelque médiocres qu'ils se révèlent au regard de celui qui n'a pas foi en leur élection. Ils geignent, glapissent, font du vent, critiquent, s'exhibent, se vantent, s'indignent.

Il n'est plus, en vérité, qu'une seule vraie race élue : la race élue de Jésus-Christ, selon l'enseignement même de saint Pierre, parce que, comme le rappelle saint Paul, la colère de Dieu est tombée sur les Juifs « définitivement », eux qui ne plaisent point à Dieu, qui sont ennemis du genre humain. Parce que l'idée saugrenue de race ou de peuple élu en contexte catholique n'a en vérité aucun sens et se révèle indéfendable logiquement, on conjugue une telle idée, pour la rendre buvable, avec celle de l'actualité de l'élection théologique des Juifs malgré le déicide, en professant que, attention, ils sont réprouvés, mais seulement parce qu'ils refuseraient le Christ ; quand ils seront convertis, vous allez voir ce que vous allez voir ; ils recouvreront leur prééminence et dirigeront l'Église et le monde avec elle ; avec de telles prémisses, et en ajoutant que les rois de France étaient d'origine davidique — on copie ainsi les Anglais qui se voulaient descendants de la treizième tribu d'Israël —, on en vient à faire contracter à la France chérie le statut de peuple élu par dérivation. Une telle conception de la France fait du Français un antisémite judéomorphe et judéophile inavoué, amoureux de ses ennemis dont il a vitalement besoin et dont, de ce fait, il soutient la sacralité, pour faire de lui-même un « élu » et se penser tel. Un tel Français sera antisémite aussi longtemps que les Juifs ne seront pas baptisés, mais, une fois passés au baptistère, ils seront « Juifs catholiques » et deviendront les maîtres des nations, évidemment par la France qui, les ayant à sa tête, sera maîtresse des nations jusqu'à la fin des temps et — pourquoi pas ? — pour l'éternité ; au moins pour les mille ans du règne de Dieu sur Terre, d'un Jésus roi des Juifs et du monde par les Juifs mais dont le paradis serait éminemment de ce monde, et roi des Juifs par la France. Que le millénarisme — idée juive — ait été condamné par Pie XII n'a aucune importance ; Lustiger et Williamson, solidaires dans le fond et par accident opposés, ont génialement rectifié cette bévue, éclairés par Barthélémy Holzhaüser, MariaValtorta et Claire Ferchaud... Alors bien sûr, dans cette compétition au statut d'élu entre France et Israël, il y a certes un peu de frottement mais beaucoup de solidarité, et déjà une solidarité tactique contre tous les autres, la fange, les Barbares, l'anti-France, ce qui fait beaucoup de monde.

Le judéo-catholicisme est le fondement doctrinal de la connerie spécifiquement française, qui induit tous ses vices et sa faiblesse : suffisance, mentalité pète-sec et caporaliste, vanité insondable, aptitude à se faire sganarelliser en toutes circonstances, propension presque invincible à choisir toujours le mauvais camp, à se réduire au cocu bavard et satisfait de lui-même dans l'épreuve de tous les tournants de l'Histoire. Sa position de membre d'une nation dotée de prétentions presque ecclésiales fait du Français — une appartenance ecclésiale étant par nature d'un autre ordre que l'appartenance nationale — un citoyen du monde détaché au fond de toute détermination raciale, de toute particularité temporelle, de tout enracinement ; il est mondialiste par essence, avec cette nuance que le monde serait français parce que la France serait le monde même, en puissance sinon en acte. D'où s'on attachement à l'universalisme abstrait, celui des droits de l'Homme, ainsi de l'homme réduit à sa pure subjectivité.

Parce que le subjectivisme inspirait cette position, dans le moment où le subjectivisme a pour logique immanente de se consommer en déification de l'homme ablative de toute religion, ladite position a fini par se laïciser, ce qui a produit Rousseau, les Lumières, Voltaire, la philosophie des Droits de l'Homme, celle dont la France serait désormais la patrie, la préfiguration de l'État mondial.

La France se veut entretenir à l'égard des autres nations le rôle de l'Education nationale vis-à-vis du peuple français.

L'Education nationale ne sert pas à apprendre quelque chose aux élèves, elle sert à en faire des républicains jacobins ; elle n'est pas l'instrument que se donne une société organique pour transmettre son héritage culturel à ses rejetons en lesquels elle projette son avenir ; elle se veut la matrice de cette France désincarnée qui prétend à elle toute seule être le monde ; elle est donc l'instance que se donne un peuple dont l'âme est devenue subjectiviste pour se déifier : la nature humaine est ce par quoi l'homme est homme, elle n'est ni blanche ni jeune ni vieille ni homme ni femme ni grande ni petite, elle est universelle aussi longtemps qu'elle n'est pas individuée ; se délester de ses notes particularisantes et individuantes, c'est se réduire à cet universel, mais c'est en même temps le faire exister en acte en tant qu'universel ; c'est donc se faire le créateur du principe de soi-même, c'est aspirer à être cause de soi, par là divin ; et si l'homme se déifie en se réduisant à l'Homme, il faudra, l'Homme étant Dieu, que cet homme soit toutes les manières d'être homme, par là soit le métis absolu, le produit d'une miscégénation exigeant que tous les peuples n'en deviennent qu'un seul ; l'Education nationale jacobine est la machine, en France, qui fait se recréer la France pour faire d'elle-même le

Monde. Et la France jacobine est au reste du monde ce que l'Education dite nationale est à la France.

L'Education nationale est principe de transsubstantiation du rejeton naturel, breton, périgourdin, tourangeau ou lorrain, en citoyen républicain, c'est-à-dire en citoyen du monde, en citoyen de cet État mondial dont la France jacobine se veut la matrice et le creuset, la préfiguration et le modèle. Le Français se croit intelligent parce qu'il se targue de n'avoir d'autres racines que celles qu'il consent à se reconnaître, singeant l'homme universel qui plane au-dessus des manières historiques d'être homme, c'est-à-dire singeant l'homme qui n'existe pas, à la manière dont un humain en vient aujourd'hui à refuser, tout en prétendant être homme et non pas ange, toute détermination sexuelle pour se donner le pouvoir de la choisir, de se choisir en elle, et de s'éprouver, comme opérateur d'un tel choix, riche des deux manières d'être humain ; plus généralement, celui qui refuse sa manière particulière, non choisie, prédéterminée d'être ce qu'il est, c'est celui qui aspire, ce faisant, à être tout, en puissance active, c'est-à-dire riche de toutes les manières d'être un être, parce que l'être qu'on prétend être n'est pas *un* être mais l'acte même d'être dont le propre est en effet de contenir la richesse ou perfection essentielle de tout être ; et c'est là le privilège de Dieu.

Il est clair pourtant que si l'on entend faire s'identifier des contraires, les posséder ensemble sans être détruit par leur conflit, on doit appartenir à une espèce d'être qui transcende celle dans laquelle les individus qui la possèdent font se réaliser l'un d'eux en acte, mais à l'exclusion des autres. Prenons l'exemple des ces animaux qui sont naturellement dotés, l'un de fourrure, l'autre d'ailes, le troisième de nageoires, le quatrième de griffes etc. Il est clair qu'un de ces animaux ne saurait posséder toutes ces armes naturelles, parce qu'elles ne sauraient coexister en acte dans le même individu, comme avoir la force de l'éléphant et la vitesse du léopard. L'homme est cet être qui naît nu, mais qui possède naturellement tous ces outils non de manière actuelle mais virtuellement, en puissance active dans sa raison qui invente les techniques, et dans ses mains qui les exercent ; l'homme est à la fois oiseau, éléphant, renard, poisson, tigre, et il est tous ces êtres (au sens où il possède les privilèges qui les définissent) parce qu'il n'est aucun d'eux, étant d'une espèce supérieure aux leurs ; il est animal mais plus qu'animal ; il est homme, tenant, par son âme, de l'ange, et tenant plus de l'ange que de l'animal du fait de cette âme immortelle et pensante qui le rend semblable à Dieu, mais qui, comme forme d'un corps, ne saurait s'identifier à une réalité angélique. Dès lors, celui qui, parmi les hommes, entend n'être doté d'aucune manière particulière d'être homme afin de se rêver possesseur de toutes, doit être plus qu'homme, doit n'être pas homme mais déjà ange. S'il ne l'est pas, sa prétention se résout en tératologie : celle de l'androgyne et, culturellement, celle de citoyen du monde et de métis absolu. Et tel est au fond le rêve du Français qui entend faire de son identité nationale quelque chose qui serait plus que la sienne, non une nation particulière parmi d'autres, mais la nation universelle.

Mais de même que l'homme n'assume la diversité des qualités des animaux qu'en étant plus qu'un animal, de même le mondialiste n'a vocation à assumer les caractères définitionnels de toutes les identités nationales qu'en tant qu'il est plus que le membre d'une nation ; il sera, à ce titre, membre de l'Eglise. La prétention française à vivre l'identité nationale sur le mode non d'une manière particulière d'être homme, mais sur celui de la quintessence de toutes les identités nationales sans pour autant quitter la sphère des réalités ethniques, équivaut à celle de l'homme qui voudrait n'être ni homme ni femme pour être les deux, sans cesser d'être un animal sexué ; cela produit, comme on l'a dit, une réalité tératologique, un être en train de se défaire, et c'est bien ce qui se produit depuis 1789 en France. La France n'a plus d'identité, son identité est de n'en pas avoir, elle fait se rassembler toutes les cultures du monde hostiles entre elles et ne les fait se supporter qu'en les nourrissant, en les gavant de gadgets et de plaisirs bas, en les dénaturant comme elle s'est elle-même dénaturée. Le Français est aujourd'hui le gogo complaisant de la propagande juive et des slogans maçonniques, la cible de toutes les formes des visées arc-en-ciel et du grand capital internationaliste, de tous les chantages et de toutes les provocations. Au passage, on notera que ce Dieu que l'homme contemporain veut être — cet homme que la France en ses travers spécifiques dispose si facilement aux plus monstrueuses démesures —, est en soi, suréminemment, toutes les manières essentielles d'être de l'être, parce que Dieu est plus qu'un être, au sens où il est plus qu'un étant, plus qu'un « ayant l'être » : il est l'acte même d'être ; et en retour l'essence de l'acte d'être se révèle telle l'identité concrète, non contradictoire, de toutes les différences demeurées différences.

La jeunesse française ne sait plus se mobiliser que pour les causes écologistes depuis longtemps récupérées par les ruses de la Finance : il s'agit d'inventer des périls physiques plus ou moins illusoires pour imposer de nouvelles technologies supposées moins polluantes, et d'imposer le renouvellement de tous les matériels ; le capitalisme ne fonctionne qu'en régime de croissance, à peine de se dérégler et de s'étouffer, et donc il est nécessaire d'ouvrir toujours de nouveaux marchés ; la terre étant ronde, on en a vite fait le tour et, à défaut de nouveaux consommateurs pour des produits déjà existants, on invente de nouveaux besoins pour des consommateurs non aisément renouvelables ; quand les nouveaux besoins ne naissent pas spontanément, on les impose comme des nécessités écologiques. La jeunesse française ne se mobilise plus, en dehors de la farce écologiste, que pour la question dite du genre, pour le véganisme, pour le droit à l'avortement et pour l'antiracisme : autant d'illusions mortifères qui précipitent le grand mouvement de la décadence, qui donnent aux membres de cette jeunesse le sentiment de vivre pour une noble cause masquant leur appétit de vivre en rentiers hédonistes.

Le peuple français susciterait le désir de le sauver, de le servir et de mourir pour lui, s'il était capable d'abord d'écouter et de digérer le propos qui précède, et si, par suite, il se révélait capable, s'adressant aux hommes politiques supposés le représenter, de formuler les revendications suivantes que nous laisserons à Tartempion le soin de formuler :

« Vous nous promettez, menteurs professionnels, marionnettes des banques, factotums des intérêts privés et des Loges, de gagner toujours plus, de mourir toujours plus tard, d'éradiquer la souffrance, d'avoir de nouveaux droits, plus d'égalité, plus de sécurité, plus de ceci et de cela, plus de satisfactions conquises afin de dorer la pilule du petit moi de chacun. Et les efforts que vous nous demandez de consentir sont présentés par vous comme les conditions obligées de ces avantages que vous nous promettez en assurant, la main sur le cœur, que vous n'avez d'autre souci que celui de répondre à nos besoins. Vous nous imposez de renoncer, dans les faits, à notre religion catholique depuis longtemps corrompue par les modernistes qui sortent des mêmes officines judéo-maçonniques que vous ; de renoncer à notre identité nationale, à notre vie de famille, à nos métiers traditionnels, à notre vie intérieure, à notre intimité, et au fond à nous-mêmes, en nous réduisant précisément à ce moi pur qui n'est rien en tant qu'il est vide.

Bougres de crapules, abrutis congénitaux, vous n'avez pas compris, ou bien vous n'avez pas voulu comprendre, ou bien vous feignez — salauds — de ne pas comprendre que c'est ce petit moi qui nous dégoûte, envahissant, ignoble, insupportable. Livrés à nous-mêmes, réduits à de petits moi solitaires, nous sommes placés dans cette situation effrayante d'être mis en demeure de ne penser qu'à nous et de nous adorer, et le pire est que ça marche : nous nous adorons en effet et plébiscitons vos programmes politiques à la manière dont l'alcoolique aime son poison qu'il prend pour un remède aussi longtemps qu'il lui donne l'illusion de lui 'faire du bien', mais qu'il sait au fond de lui-même être un mal qui le détruit en le rendant complice de sa destruction. Nous nous adorons de manière abjecte parce que nous avons fini par croire, à cause de notre faiblesse et de nos mauvais maîtres, que nous sommes des absolus, que chacun de nous est l'absolu, ou plutôt une exigence d'être absolu, une exigence indéfiniment revendiquée d'être l'absolu ; et cette exigence induit la tendance dévorante à ramener tout à soi, à faire de tout ce qui n'est pas moi un objet et un avoir du moi, un moyen et un esclave de ce dernier ; d'où notre consumérisme : nous sommes condamnés à n'aimer que des biens que nous rapportons à nous-mêmes. Et cela nous rend mauvais, médiocre, méchants, abrutis, aveugles, et faibles. Nous courons à la catastrophe en nous faisant un mérite de notre décadence ».

Ce qu'il y a de terrible, c'est que le peuple français (mais cela ne lui est pas propre) est structurellement incapable de formuler de telles exigences. Voyons pourquoi.

On a rappelé que les Européens ne s'intéressent qu'au pouvoir d'achat, et que par voie de conséquence obligée ils se haïssent et concèdent tout à la subversion et à l'invasion. Si on leur offrait des raisons de vivre nobles, et supposé qu'ils y soient sensibles, ils supporteraient aisément les inégalités sociales, et la tendance à voir en elles un mal ne serait pas cultivée. Le désir fondamental d'un être, celui qui le définit, dépend de sa différence spécifique ; si l'homme se veut consommateur principalement, son désir principal sera de consommer et tout lui sera subordonné. Le gâteau est toujours limité, chacun en veut le plus possible puisqu'il exprime son essence dans ce vouloir, et donc les hommes se haïssent, ne conçoivent pas de projet commun qui les unirait et les rendrait solidaires, de projet qu'ils aimeraient en s'y rapportant. Les hommes ont bien quelques projets qui se veulent généreux, mais ce sont des projets qu'ils aiment en les rapportant à eux, qui donc sont matériels dans leur fond : supprimer la faim dans le monde, lutter contre les pandémies ; ce sont là autant de soucis égoïstes vécus sur le mode de la générosité, en ce sens que celui qui les embrasse entend assurer à autrui son droit à être égoïste comme condition et garantie du droit du premier à ne s'intéresser qu'à lui-même. Si l'homme plaçait sa différence spécifique ailleurs, l'avoir matériel n'étant plus l'essentiel, on serait indifférent à ce que l'un eût plus que l'autre, on serait disposé à s'ouvrir à l'idée d'une légitimité de l'inégalité. Elle est légitime quand chacun se voit récompensé selon la justice distributive, par là selon l'égalité proportionnelle (au travail, aux talents). Tout le monde en convient implicitement, mais on ne s'ouvre pas aux raisons de l'admettre parce qu'elles sont court-circuitées par le fait que chacun exprime son essence dans la recherche de l'avoir. Les hommes étant également hommes, être homme consistant à avoir sans limite, chacun doit avoir sans limite et tout ce qui limite son avoir (à savoir l'avoir des autres) est perçu comme une injustice. On est bien dans une société de la haine, et les protagonistes de cette Cité, liés à la même chaîne de production de biens matériels qui les divisent, s'épuisent à se haïr et y investissent toutes leurs ressources d'intelligence et de volonté, de sorte qu'il n'existe plus rien pour leur donner de se ressaisir. Comment faire aimer un bien auquel on doit se rapporter ? Comment éradiquer le subjectivisme dont le propre est de ne concevoir les biens appétibles qu'en tant qu'on les rapporte à soi ? **Pour *décider* de se libérer du subjectivisme, on doit user de sa subjectivité, de sa conscience, de sa raison et de sa volonté, lesquelles doivent n'être pas subjectivistes pour pourchasser le subjectivisme. Ce dernier est comme le sommeil, on devient incapable d'en sortir par soi-même, car il faut être éveillé pour décider de s'éveiller.** On a besoin d'autrui, ou d'un événement extérieur. On doit être éveillé pour apprécier les charmes de la vie vigile, on ne peut les prendre pour objets d'appétit aussi longtemps qu'on dort. Il en est de même pour le subjectivisme ; le subjectiviste a besoin d'être tiré par autrui de son piège. Mais ceux qui ne sont pas subjectivistes sont minoritaires et n'ont pas la force de s'imposer et de soumettre les autres au service de la recherche de biens auxquels on se rapporte, cet exercice de soumission en venant à révéler l'appétibilité des biens que l'on ne savait plus aimer. On ne peut ni dominer par la force la multitude humaine gagnée au subjectivisme, ni tenter de convaincre ses membres, qui sont intentionnellement sourds et aveugles. Donc il n'y a rien à faire, sinon, évidemment, d'une part, prier, d'autre part, se préserver du mal physique et moral de la société en laquelle on est bien obligé de subsister. Il n'y a rien d'autre à faire qu'à tenter de dégager les raisons pour lesquelles il n'y a rien à faire. Il faudra un cataclysme, un sevrage extrêmement douloureux qui désembourbera les appétits et les rendra disponibles pour la recherche d'autres biens.

On doit donc se tenir prêt à bouger, à se dévoiler, à prendre des risques, à risquer son confort, sa quiétude et même sa peau, aussitôt que ces sacrifices sont susceptibles de se révéler utiles, c'est-à-dire dans des circonstances dont nous ne maîtrisons pas l'instauration. Mais il est vain de gesticuler, de se lever en exemple pour tous, de prendre la pose du chef charismatique ou du sauveur avant leur advenue. D'où évidemment la parfaite vacuité des combats électoraux, mais aussi des dérisoires entreprises de putsch fomentées par des déclassés aux nerfs fragiles abreuvés de littérature conspirationniste.

§ 35. La recherche devenue prépondérante des biens sensibles ne peut se nourrir que du subjectivisme.

S'il pouvait se guérir tout seul, sans qu'il lui fût besoin de souffrir à l'occasion d'une crise économique ravageuse et d'une guerre civile sanglante, le subjectiviste libéré dirait ceci :

« Nous avons le groin enfoncé dans les jouissances charnelles et les divertissements aliénants que nos maîtres démagogues entretiennent afin de nous maintenir en cet état de con suffisant, incompétent et sans sagesse d'autant plus suffisant qu'il est plus con, ainsi d'autant plus manipulable, complice de sa servitude qu'on voudrait lui faire accepter comme le fruit d'une conquête et une libération.

Les femmes se dénudent et se donnent à n'importe qui, se font engrosser de préférence par un étranger non européen, ne supportent plus leur naturelle condition de soumises et perdent tout ce qui faisait leur force et leur influence, leurs privilèges et leur grandeur. Il y a des femmes haltérophiles, ministres, ingénieurs, patrons, chefs de service, mais ce sont là des choses qu'elles ne feront jamais aussi bien qu'un homme ; au mieux elles le feront comme lui. Il y a une chose en revanche qu'elles sont seules à faire, ce sont les enfants ; non seulement elles les fabriquent mais elles les élèvent, et les hommes sont ce qu'elles font d'eux. Elles font, dès lors, peu d'enfants qui les empêchent de travailler à l'extérieur. Les hommes se féminisent et se font commander par des femmes qui ne font plus d'enfants pour prendre le temps de singer l'homme, et c'est ainsi que nous en venons à avoir besoin de cette invasion extra-européenne qui nous tire irrésistiblement, et de manière irréversible, vers une condition socio-politique de nation du tiers-monde, en même temps que les femmes nous méprisent d'autant plus que nous leur sommes plus dociles ; elles exigent notre docilité pour s'affirmer et apaiser, croient-elles, leur vindicte à l'égard de l'homme, alors que ces démissions masculines renforcent leur rancœur, nourrissent leur refus d'être femmes, exacerbent leur haine de soi. L'homme se hait d'être homme et la femme d'être femme, et les Européens d'être Blancs, et tout cela est l'effet du subjectivisme. Nous avons compris ces choses. On en a tellement bouffé du plaisir bas, du « sea, sex and sun », qu'on s'étonne d'être encore sensible à de telles tentations dont nous savons bien qu'elles nous avilissent et nous déçoivent, alimentant cette haine de soi qui nous rend profondément malheureux. A y réfléchir un peu, on s'aperçoit pourtant que c'est là quelque chose de rationnel. Ce n'est pas l'hédonisme matérialiste et consumériste qui, faisant plonger dans l'égoisme, engendre le subjectivisme ; c'est le subjectivisme qui induit le matérialisme telle la condition obligée de son exercice. Le jour où nous nous rendrons capables de cette douloureuse aptitude à la lucidité, il sera enfin et au moins prouvé que nous sommes moins cons que nous ne le pensions, et surtout moins cons que ne le pensaient nos bourreaux doucereux.

Pour jouir dans et d'une société de consommation, il faut accepter de ne penser qu'à ça, il faut travailler beaucoup, inventer, détruire, sacrifier presque tout ce qui fait la douceur de vivre. Le défunt Alexandre Zinoviev faisait observer naguère que sous le régime communiste, pour effroyable qu'il fût, on lisait néanmoins plus qu'on ne lit dans les sociétés occidentales, on cultivait l'art de la conversation, on avait paradoxalement plus de moyens et de goût pour les activités désintéressées que dans les sociétés dites libres. Si la finalité poursuivie par la société libérale est bien l'amélioration indéfinie des moyens matériels d'existence, qui rend possible cette société industrielle sans laquelle il n'est pas de puissance financière, alors on doit en tirer diverses conséquences. D'abord, en passant sa vie à s'épuiser pour accumuler les moyens de vivre, on substitue le moyen à la fin et la vie humaine, privée de finalité, est absurde. Elle devrait être, à ce titre, tenue pour insupportable, et ce n'est pas le cas. Il y a donc une explication à chercher. D'ailleurs ce sont des moyens de vivre dont on n'a même pas le temps de jouir : quand on a acquis assez d'aisance et que le fisc n'a pas tout bouffé pour engraisser l'invasion étrangère, faire se goinfrer les banques et arroser de quelques miettes la foule innombrable des « sans dents », on est trop vieux pour en profiter. Ensuite, la société industrielle socialo-libérale (à fonctionnement plus ou moins libéral et à finalité socialiste) ne peut produire que des biens matériels, elle s'écroulerait si elle devait s'accommoder d'une philosophie sociale invitant à la sobriété ou à l'ascétisme, au mépris des biens matériels. Et des biens matériels ne procurent que des jouissances sensibles et ne rendent possible qu'une conception hédoniste du bonheur. Mais les conditions de fonctionnement de telles sociétés, fondées sur le conflit, la compétition, l'individualisme, le cynisme et le travail, par là fondées sur l'effort et la douleur, contredisent la finalité hédoniste des biens qu'elles promeuvent. Et la société fonctionne quand même malgré cette apparente et réelle contradiction. C'est donc que, derrière l'absurdité d'une telle condition, derrière la fin hédoniste affichée, une autre fin inavouée se profile qui, elle, est pleinement satisfaite en sa hideur inavouable : la célébration du subjectivisme. C'est que, en effet, un bien qu'on aime tel un instrument consommable ne peut pas être aimé pour lui-même puisqu'il a raison de moyen ; et en retour un bien qu'on aime pour lui-même — tel le bien commun — invite le moi à se vouloir l'instrument de la promotion de ce bien, et cela contredit la prétention du moi à se déifier. Par conséquent le moi choisit les biens matériels non tant pour la jouissance qu'ils offrent que pour la jouissance — spirituelle à sa manière — de faire l'expérience d'une consommation de biens que l'on rapporte à soi, en tant même qu'on les rapporte à soi. Rien n'est plus commun que d'être un moi, tout homme est un moi, rien sous ce rapport n'est moins personnel que le moi ; aussi le moi vide se donne-t-il un contenu et une consistance en se suscitant des désirs infiniment variés qu'il entretient, afin de se prendre pour objet et de se célébrer lui-même dans la consommation des objets extérieurs qui suscitent de tels désirs ; je suis mes désirs infinis auxquels rien ne résiste en tant que je les satisfais, et m'adore en ma toute-puissance ainsi vérifiée par le caractère infini de la réitération de tels plaisirs. Il y a donc solidarité entre célébration des Droits de l'Homme et consumérisme, matérialisme et déification de l'homme. La valeur infinie que s'attribue la subjectivité se mire dans l'indéfini des biens consommables et renouvelables, même si la plupart d'entre eux demeurent inaccessibles à beaucoup, ce qui au reste n'a pas tant d'importance que cela puisque de tels biens ne sont voulus qu'au titre d'instruments de glorification du moi. Et quand il advient qu'une âme moins gangrenée que les autres conserve le pouvoir de ne pas céder au trou noir du subjectivisme, la manière dont fonctionne la machine sociale l'oblige à s'inscrire pour des raisons alimentaires — ainsi pour survivre — dans cette chaîne de production infernale enjoignant à chaque homme de consacrer l'essentiel de son temps à poursuivre des biens sensibles. Par là, un tel homme est comme condamné à aimer des biens qui sont rapportés au moi, ce qui l'oblige à se prendre pour fin, et c'est là une situation absurde : ce qui a raison de fin ne saurait manquer de bien, sans quoi, imparfait, il n'aurait pas raison de fin. Alors l'homme est renvoyé à lui-même, vide et souffrant, pour se porter derechef vers d'autres biens sensibles qui ne peuvent quant à eux le renvoyer qu'à sa propre vacuité. Seule la recherche d'un bien auquel on est rapporté peut donner sens à la vie ; seul il peut faire taire cet égoïsme à raison duquel les hommes se haïssent à proportion de la haine que chacun se porte. De petits dieux ne sauraient coexister sans se haïr, parce que l'absolu exclut d'être plusieurs : il faudrait qu'il fût cause première et effet causé en même temps et sous le même rapport. Mais l'interdépendance entre travailleurs consuméristes condamnés à se repaître de plaisirs matériels est — division internationale du travail oblige — toujours plus grande, de sorte que cette haine croît avec la promiscuité. Seul le service d'un bien commun, qu'on aimera en se rapportant à lui, peut faire taire les égoïsmes, peut susciter la réconciliation de chacun avec lui-même, dans le service d'une cause commune ; seul un tel service peut conjurer l'horreur du subjectivisme ».

« Les hommes politiques mériteront notre confiance lorsqu'ils sauront nous dire ceci :

'Nos chers compatriotes, vous êtes bien malades. Vous devez réapprendre à servir et à vous sacrifier. Nous ne vous apporterons ni de nouveaux congés payés, ni des points de retraite à gogo, ni une augmentation du sacro-saint pouvoir d'achat. Nous vous apporterons une vie austère, faite de pénitences et de purges, de labeur et de larmes, et nous vous savons incapables de le choisir vous-mêmes, aussi vous l'imposerons-nous. Fini les parlottes, la « dignité de la personne humaine », le progrès social, l'épanouissement individuel, la consommation sans fin, le culte du corps, la tyrannie du « moi je dis que », le laxisme moral, l'individualisme. Vous travaillerez plus et plus longtemps, on va remplir les prisons et faire marcher la guillotine à ciel découvert dans toutes les grandes villes, et il y aura du monde à rétrécir, faites-nous confiance. La démagogie, c'est fini. Agir ainsi et vous imposer un tel traitement est la seule façon de vous respecter et de cesser de vous prendre pour des cons ; nous savons que vous ne nous en saurez aucun gré, mais nous n'attendons pas de remerciements. Vous êtes malades, nous sommes tous malades, malades du progrès, du nombrilisme, du mondialisme, de la dictature du plaisir, de nos infidélités et de nos trahisons, de notre nuque raide et de nos échines trop souples, de nos prétentions et de nos démissions ; nous devons nous refaire une santé, nous retrouver, sortir de ce que l'ignorance des uns, la faiblesse de tous et la malignité de quelques-uns ont appelé le sens « arc-en-ciel » de l'Histoire. Cette sortie ne se fera pas sans déchirements, sans souffrances, sans luttes. Nous aurons sur le dos l'hostilité du monde que le simple fait de notre présence ultra-minoritaire condamne en lui rappelant l'inversion en quoi il consiste, laquelle, pour oublier qu'elle est une inversion, doit faire disparaître tout témoignage — fût-ce le plus résiduel — de ce dont elle est la perversion. Nous devons, au moins pour un temps, tendre vers l'autarcie, l'autarcie économique, intellectuelle, démographique, technologique, médiatique. Il y aura de la censure puisque vous êtes incapables de résister aux sirènes du mensonge. Nous vivrons notre convalescence dans une atmosphère de pénitence, de renoncement, de remèdes amers et de reconquête agressive de nous-mêmes. Ce sera le temps des vaches maigres, pour une durée indéterminée, en attendant que le reste du monde contaminé par l'inversion finisse par se défaire sous le poids de ses vices'.

Tant que personne ne nous tiendra un tel discours, le vote sera vain, et l'on peut être assuré que celui qui parle à ses compatriotes est un menteur ».

§ 36. La France dont personne ne rêve, qui n'existe pour personne et qui seule a droit d'exister.

Si les Français (et plus généralement les Européens) sont *devenus* cons, c'est qu'ils ne l'ont pas toujours été, et il faut bien qu'ils soient en possession de ressources naturelles d'intelligence et de caractère exceptionnelles pour ne pas sombrer sans retour dans le néant nonobstant le traitement antinaturel de débauches mortifères qu'ils s'imposent depuis 89 : ils sont parvenus à commettre les actes les plus dégradants, à faire les choix politiques et moraux les plus insensés, à s'intoxiquer avec les idées les plus fausses, sans en mourir mais seulement en devenant très malades. S'ils sont *devenus* cons, c'est qu'ils étaient intelligents ; il en résulte qu'ils n'ont été abusés par ceux qui avaient intérêt à les abrutir que parce qu'ils ont voulu l'être. Si la France est prétentieuse et bavarde, non sans subir toutes les salissures dégradantes par lesquelles elle ose se donner au monde en exemple, c'est parce qu'elle s'affecte d'une corruption qui a raison de privation de vertus naturelles dont il faut faire mémoire par esprit de justice et souci de rédemption. L'erreur étant toujours une corruption de la vérité dont elle fait mémoire en tant qu'elle la présuppose pour la nier, la France des Droits de l'Homme est la corruption de cette France dont Paul Valéry déclarait en 1931, dans « Regards sur le monde actuel » qu'elle **« a pour spécialité le sens de l'universel »**. Sous ce rapport la France est un joyau unique et irremplaçable.

La France est cette nation en laquelle se réfractent tous les aspects du génie indo-européen, lequel fut soutenu par un peuple originaire ayant eu une existence historique réelle, comme l'a montré le linguiste Jean Haudry : il exista une langue primitive à l'origine des langues européennes, mais qui dit existence d'une langue dit existence d'un peuple pour la parler ; c'est là un peuple qui s'est diversifié en nations cousines afin d'expliciter les potentialités dont il était riche. « A cause, écrit Valéry, des sangs très disparates qu'elle a reçus, et dont elle a composé, en quelques siècles, une personnalité européenne si nette et si complexe, productrice d'une culture et d'un esprit caractéristiques, la nation française fait songer à un arbre greffé plusieurs fois, de qui la qualité et la saveur de ses fruits résultent d'une heureuse alliance de sucs et de sèves très divers concourant à une même et indivisible existence ». Il ajoute : « Le fait fondamental pour la formation de la France a donc été la présence et le mélange sur son territoire d'une quantité remarquable d'éléments ethniques différents. Toutes les nations d'Europe sont composées, et il n'y a peut-être aucune d'elles dans laquelle une seule langue soit parlée. Mais il n'en est, je crois, aucune dont la formule ethnique et linguistique soit aussi riche que celle de la France ». Cette variété sur laquelle insiste le poète ne doit pas faire oublier qu'elle est intérieure à un groupe bien déterminé à l'exclusion de tous les groupes : il s'agit de la coexistence et du métissage *de rameaux issus de la même souche indo-européenne.*

Conjuguant tous les aspects des génies nationaux du monde indo-européen, l'esprit français se caractérise par le sens de l'équilibre et de la mesure ; mais le souci de la mesure ou de la juste proportion en toute chose se transcrit dans le souci de ce qu'il y a d'essentiel en toute chose : pour mesurer ce qui revient à chaque être, on doit posséder le principe de mesure qui, cherchant le milieu entre le trop et le trop peu, sait discerner la quantité qui revient à chaque chose ; or cette quantité procède de l'essence de la chose même, et ce qui relève de l'essence relève du nécessaire, par là de l'*universel.* La particularité de la France, à l'intérieur du monde européen, c'est donc son sens exceptionnel de l'universel, comme l'ont fait observer des gens aussi différents que Paul Valéry et Antoine de Rivarol. Mais ce souci de l'universel assume en les dépassant, loin de les répudier, les manières particulières d'être homme : si l'on cherche la beauté dans les choses belles, on n'oublie pas que c'est en elles que la beauté se réalise ; elles sont autant de conditions de sa manifestation chaque fois nouvelle, elle qui demeure identique à elle-même dans ses différences. L'humanité, entendue comme l'essence ou nature de l'homme, ne se réalise concrètement que dans des hommes dotés de caractères bien déterminés. Et, comme l'enseignera Oswald Splengler dans son « Prussianité et socialisme », c'est parce que Goethe était pleinement allemand, ou que Dante était pleinement italien, qu'ils parlaient et parlent encore à tous les hommes : n'étant existant que comme particularisé, l'universel ne manifeste ses vertus que du sein du particulier. Aussi est-ce encore en vertu de la complexion *particulière* de la France que cette dernière est gratifiée du don d'universalité, lequel donne à la France, nouvelle Athènes, d'être à l'Allemagne comme la Grèce était à Rome : son sens de la mesure, son souci de l'équilibre, son art de conjuguer l'unité et la diversité ; il est des différences qui appellent leur intégration dans une unité politique nationale, il en est d'autres qui y répugnent ; on fait des Français avec des Bretons, des Tourangeaux, des Lorrains et des Auvergnats, non avec des Chinois, des Congolais et des Arabes. Comprenons que des êtres différents doivent être comparables pour que soit attestée leur différence, et que des êtres comparables manifestent une communauté qui les identifie sous un certain rapport : toute différence est différenciation *de soi* de l'identité, elle en procède et elle y ramène. Elle *se* différencie pour se faire principe d'unification de ses différences, à la manière des différents organes d'un corps, lequel est ontologiquement premier par rapport à eux. Toute différence n'est pas unifiable. Des différences doivent avoir même origine pour être intégrables dans une communauté organique. C'est seulement si l'homme était son espèce (l'humanité serait non seulement *tout entière* en chaque homme, mais encore elle y serait *totalement,* et l'individu serait à lui tout seul une espèce) qu'il jouirait du pouvoir de faire s'unifier toutes les différences ethniques et raciales en lesquelles se diversifie cette espèce ; il serait riche de toutes les manières d'être humain, et pour cette raison même il serait plus qu'un humain, il serait un ange ; parce qu'il n'est pas son espèce, le pouvoir, propre à cette espèce, d'unifier politiquement — ainsi temporellement et charnellement — les différences en lesquelles elle se réalise, est limité : l'unité dans la différence n'est possible qu'au niveau des sous-espèces, et tel est le cas de l'Indo-européen qui, dans le monde eurasiatique, déploie ses différences dans la forme de peuples homogènes, et qui, dans ce peuple français qui est fruit de l'histoire et de la volonté étatique, intègre ces différences en une totalité originale viable. Mais comprenons bien que l'origine volontaire — d'aucuns diraient : volontariste — et politique de la nation française ne signifie nullement que cette nation ne répondrait pas à un vœu de la nature humaine elle-même. On oppose classiquement ce qui procède de la nature à ce qui procède de la liberté, mais les esprits avisés n'oublient pas que la volonté elle-même, sujet du libre arbitre, est dotée d'une nature ; on la nomme « appétit rationnel » depuis saint Thomas d'Aquin. De même, il est des réalités humaines, telles les nations, qui ne viennent au jour que par la médiation des volontés humaines opérant dans l'élément des contingences de l'Histoire, au gré des conflits d'appétits princiers ; mais, loin de contredire l'ordre naturel, à toute distance d'un constructivisme artificiel, elles sont le rejeton d'une « intentio naturae » qui s'est médiatisée dans l'efficience d'une série de choix libres.

Si la France est réduite à cette construction artificielle que sont les « Droits de l'Homme », alors, en effet, il n'y a pas d'identité française fixe, la France n'est qu'une machine à intégrer des immigrés pour en faire des monades, des entités juridiques, et l'identité française consiste à préparer l'avènement de l'État mondial ; et cela vient de ce que le Français déraciné, frappé par la maladie de l'individualisme, s'est réduit à sa pure subjectivité. On peut se demander si un tel homme est encore véritablement humain ; le péché du subjectiviste, c'est de décider de se soustraire à toute détermination naturelle, ainsi de n'être rien de déterminé (tel un néant d'être), pour rêver qu'il est tout, comme s'il était riche de toutes les déterminations qu'il pourrait se donner : être à la fois homme et femme, blanc et noir, être citoyen du monde, être l'« homme générique » de Marx… Evidemment, il n'en est rien, à moins de réduire l'homme à la forme tératologique d'humanité d'un Michael Jackson, prototype du citoyen complètement dégénéré, américanomorphe, de l'État mondial.

Le défaut de la France, son péché mortifère, fut de refuser, au temps où elle était grande, forte et française, le bien commun de la Chrétienté, bien commun dont la poursuite eût maintenu la France dans son rôle irremplaçable, mais aussi dans ses limites ; elle lui préféra son bien propre qui, dissocié du bien commun de la famille européenne et chrétienne, se dégrada du fait de sa démesure. La France est d'une part le défenseur en quelque sorte attitré de la liberté spirituelle du Saint-Siège face aux différentes formes de césaropapisme. Elle est d'autre part le promoteur privilégié, sur le plan culturel, de l'esprit universaliste. La France se veut l'incarnation ethnique du sens de la mesure, en héritière de l'esprit grec du « mêden agan » (le « ne quid nimis » — « rien de trop » — des Latins conquis par ceux qu'ils avaient conquis : 'Graecia capta ferum victorem cepit, et artes intulit agresti Latio', comme le chanta Horace). La double vocation de protecteur du Saint-Siège et de magistre culturel de l'Europe est elle-même non arbitraire mais rationnelle : l'esprit français, fait de clarté et de rigueur dans les distinctions, est particulièrement habilité à se livrer au si délicat travail d'intelligence de la foi catholique, ainsi d'explicitation du dogme. Autant se souvenir, dans cette perspective, que la France est catholique ou n'est pas.

Son péché qui la trahit le plus radicalement, c'est bien son relâchement dans la démesure — l'« hubris » —, elle qui se veut et se sait n'être que par son sens de la mesure, son respect des proportions en toute chose. Le sens de l'universel, c'est le souci du nécessaire discerné dans le contingent, de l'essentiel entrevu dans l'accidentel, c'est l'aptitude à passer du fait au droit, c'est l'art d'induire, d'aller du sensible à l'intelligible, et c'est l'œuvre de l'intelligence même ; et cette œuvre est le propre de l'esprit français que la variété de ses peuples appropriée à celle de ses paysages et de ses climats — mais toujours à l'intérieur de la sphère européenne et seulement européenne — dispose à développer de manière unique au monde. Le péché de la France est d'avoir étendu au monde entier, au macrocosme humain, son caractère de peuple diversifié à l'intérieur du microcosme européen dont il est comme la quintessence. Sous ce rapport la France s'est voulue le monde et elle se défait, comme le prévoyait Victor Hugo pour s'en réjouir :

« Ô France, adieu ! Tu es trop grande pour n'être qu'une patrie. On se sépare de sa mère qui devient déesse. Encore un peu de temps, et tu t'évanouiras dans la transfiguration. Tu es si grande que voilà que tu ne vas plus être. Tu ne seras plus France, tu seras Humanité ; tu ne seras plus nation, tu seras ubiquité. Tu es destinée à te dissoudre tout entière en rayonnement, et rien n'est auguste à cette heure comme l'effacement visible de ta frontière. Résigne-toi à ton immensité. Adieu, Peuple ! Salut, Homme ! Subis ton élargissement fatal et sublime, ô ma patrie, et, de même qu'Athènes est devenue la Grèce, de même que Rome est devenue la chrétienté, toi, France, deviens le monde » (*Choses vues*, tome II, 1867).

Aujourd'hui, telle une vieille catin vérolée singeant l'innocente en ses minauderies écœurantes et séniles, la République se fait un honneur d'être envahie et violentée par les Barbares de tous les horizons, les plus revendicateurs, les plus avides, les plus destructeurs, les plus envieux et les plus rancuniers qui soient. Ne sont tenus pour dignes d'intérêt en France que les immigrés, les jeunes issus de l'immigration, les LGTB, les névrosés, les bipolaires, les autistes marqués par le syndrome d'asperger, les drogués, les traumatisés, les non-catholiques, les femmes qui ne font pas d'enfants, les membres de familles monoparentales ou recomposées, la foule des individus jadis tenus pour anormaux. Dans ce refus de toute normalité, dans cette absence d'identité, la France voit la marque même de son identité.

Même les moins aveuglés sont gênés pour réagir avec la violence radicale, avec les mesures révolutionnaires de salut public qu'appelle la situation. Le plus navrant est qu'il ne s'agit probablement pas de lâcheté, à tout le moins pas seulement de lâcheté. Ce qui reste de français en France est paralysé par la fausse conception qu'il se fait de la France, c'est-à-dire par la méconnaissance qu'il se fait de sa vocation particulière fondée sur son aptitude à saisir l'universel. Le Français le moins dénationalisé ne comprend pas que cette vocation à l'universel est destinée à s'exercer au titre de spécification d'un genre, celui de la race blanche ou du monde indo-européen, et, sur le plan religieux, celui du service du bien commun de la Chrétienté, occidentale d'abord, orientale, africaine, asiatique ensuite. La France, en sa prétention démesurée, bien avant 89, n'a cessé de favoriser l'islam et le protestantisme, dans son aspiration à se substituer au Saint-Empire. Cette haine de l'Allemagne s'est consommée dans le suicide de la race blanche lors de la guerre de 14, corrélatif de la mise en place de la mâchoire américano-soviétique inspirée ou exacerbée par cette haine animant les Juifs dont saint Paul disait qu'ils étaient devenus, avec le déicide, les ennemis de genre humain.

§ 37. Les origines théologiques de la connerie française.

« L'Eglise, continue de soliloquer Tartempion, est née au sein de l'Empire romain qui avait vocation, comme institution païenne, à exercer, en et par son chef, la vertu naturelle de religion. C'est ce que le père de l'élève Machin tentait d'établir tout à l'heure. Il essayait aussi de montrer que le surgissement d'une finalité surnaturelle, corrélatif de la Révélation fondatrice d'Eglise, ne fait pas se substituer cette fin nouvelle à l'ancienne, mais l'assume en la dépassant. Possédant en son prince une prérogative naturelle (culte religieux expressif de la vertu naturelle de religion) vouée, par le fait de l'Incarnation, à être assumée par l'Eglise, l'empereur une fois chrétien avait vocation à se démettre *librement* de cette prérogative, à la remettre au pape, et tel aurait dû être, dans le même esprit, le sens rationnel de la cérémonie du sacre royal : non pas recevoir une autorité politique que détiendrait le pape, mais confier au pape une autorité et une vocation religieuses naturelles désormais destinées à être assumées et dépassées par cette autorité divine à vocation surnaturelle propre au vicaire du Christ. Se démettre de cette prérogative, c'eût été conserver sa souveraineté dans l'ordre politique, tout en reconnaissant que la fin ultime du politique est le salut religieux.

Le processus aboutissant à la liberté de l'Église ne se fit pas sans heurts, retards, difficultés diverses liées aux mœurs du temps, aux passions des uns et des autres. Il est certain que la prétention des empereurs à diriger les papes dans la convocation des conciles, dans la nomination des évêques, dans l'imposition des disciplines ecclésiastiques, dans la promulgation des dogmes, était contre nature (et plutôt contre surnature), et sous ce rapport les papes se sont appuyés, pour se soustraire à de tels abus d'autorité, sur des forces politiques faisant obstacle à l'hégémonie excessive des empereurs. Dans ce contexte, ce qui allait devenir la France joua un rôle non négligeable qui lui valut la reconnaissance du Saint-Siège et la déclaration d'une vocation de la France à protéger l'Eglise. Mais cela ne signifie pas que la France aurait été désignée pour s'opposer par principe à l'Empire germanique destiné à succéder à l'Empire romain ; cela ne signifie même pas que la France avait vocation à se soustraire à la suzeraineté du Saint-Empire. Cela ne signifie pas, enfin, que l'autorité papale aurait jamais possédé les deux Glaives. Ces considérations historiquement datées, développées par les papes depuis Grégoire VII jusqu'au point culminant de l'esprit théocratique incarné par Boniface VIII, ne relèvent nullement du dogme et ne sont pas couvertes par la formule, dotée des notes de l'infaillibilité, clôturant « Unam sanctam »[6].

Ce qui s'est produit, ce sont des abus des deux côtés. L'Église avait besoin de son indépendance pour s'assurer des conditions de son apostolat ; les hommes d'Église inventèrent donc la « Donation de Constantin », ce faux en écriture suivi des

---

[6] Dans le prolongement du contenu du § 12, on peut ajouter ici que le chef d'État chrétien, loin de recevoir son autorité — ainsi la légitimité de son pouvoir — du pape qui le sacre, la conquiert, en tant que chef d'État *catholique*, en décidant souverainement de refuser — par là implicitement de remettre au pape — le titre et le costume de grand pontife ; ce que fit, le premier, l'empereur Gratien (375-383), ami de saint Ambroise. A toute distance de prétentions théocratiques à saveur surnaturaliste, telle est la vraie signification du couronnement d'un roi ou d'un empereur par le pape. Le pape approuve (sans la constituer) l'autorité du roi parce que le roi se dépossède librement d'une fonction religieuse naturelle devenue obsolète parce qu'elle est assumée, depuis l'avènement du Christ, par l'ordre surnaturel de l'Eglise dont le pape est la tête. Ce que le couronné reçoit du pape, c'est la reconnaissance officielle, par l'Eglise, de la décision, opérée par le roi, de régner en roi *catholique*.

« Fausses décrétales » et des « Dictatus papae », afin de contraindre l'Empire — à savoir ce qui restait de l'Empire romain et ce en quoi se préfigurait le futur saint Empire romain germanique — à renoncer à son magistère en tous domaines. Ce qui ne manqua pas de susciter au Moyen Âge les réactions excessives — mais n'étaient-elles pas compréhensibles ? — des empereurs. Corrélativement, les hommes d'Église appuyèrent les processus par lesquels la France était en train de se constituer en accédant lentement à la conscience d'elle-même, et ils le firent au détriment de l'Empire, c'est-à-dire en favorisant la prétention de la France à se déclarer nouveau peuple élu en compétition avec l'Allemagne. En 1202, pour la première fois, Innocent III usa, au profit de Philippe II Auguste, de l'expression « rex superiorem non recognoscens » au temporel, dans sa bulle « Per Venerabilem ». Le seigneur de Montpellier Guilhelm VIII, reprenant au titre de précédent la légitimation par le pontife des rejetons du roi de France après qu'il eut répudié Ingelbruge du Danemark, persuada l'archevêque d'Arles d'intercéder en sa faveur auprès du pontife romain afin d'obtenir de celui-ci la légitimation de ses bâtards. Innocent III rejettera cette demande à lui adressée parce que, selon lui, c'était au roi de France qu'il convenait de se référer dès lors qu'il ne se reconnaissait aucun supérieur au temporel (sources : Wikipedia). On avait fait croire au roi des Francs que les Francs étaient le peuple élu du Nouveau Testament, que le sacre faisait du roi l'héritier des rois d'Israël ; Hincmar de Reims au IXème siècle ira, dans sa « Vita Sancti Remigii », jusqu'à écrire que le roi des Francs descendrait du roi David ; que saint Remi aurait sacré Clovis immédiatement après le baptême de Reims, alors que le premier roi sacré fut en vérité Pépin le Bref en 754. Viendra ensuite le temps où l'on professera, dans le sillage de ces pieux mensonges lourds de conséquences tragiques, que la langue française tirerait sa source de l'hébreu, en évoquant les initiatives du rabbin Rachi Salomon Isaki, fondateur de l'Ecole de Troyes au XIème siècle ; Rachi et les tossaphistes firent Nicolas de Lyre, lequel fit Luther. *La promotion de la France au statut de « Fille aînée de l'Église » et de royaume soustrait à l'autorité de l'Empire, en tant que « tribu de Juda du Nouveau Testament », est objectivement solidaire de la judaïsation de l'identité française et de la promotion de l'hérésie protestante ».*

Incitée par les hommes d'Église à abaisser la puissance du Saint-Empire que redoutaient ces derniers, la France, bien avant de se faire jacobine, était déjà tombée dans la démesure en aspirant à l'hégémonie politique et militaire sur la Chrétienté, ainsi d'abord sur l'Europe. La vocation française à l'hégémonie est spirituelle et intellectuelle, non politique ou militaire. Le propre d'une réalité démesurée est de n'avoir pas en soi-même le principe de sa limitation. C'est ainsi que ce qui faisait la grandeur de l'idée française, ce sens de l'universel, sortit de son lieu légitime d'exercice, à savoir son lieu culturel, pour se déclarer politique et militaire ; mais par là il devint intrinsèquement corrompu, et c'est alors qu'il se laïcisa et se fit promoteur de l'universalisme abstrait.

Il n'en pouvait être autrement. Si une nation prétend se définir par une élection religieuse, et en référence à une religion universaliste, il est inévitable qu'elle tende à se donner des structures de forme ecclésiale, laquelle est mondiale ou n'est pas ; Maurras enseignait à juste titre, sans probablement tirer toutes les conséquences de ce constat, que la seule Internationale recevable est l'Internationale catholique ; or précisément, si un peuple particulier en vient à se définir, de manière essentielle et au détriment de toute caractérisation strictement naturelle, par la catholicité de sa religion, tout en prétendant continuer à subsister dans une forme politique et nationale, il ne peut pas, à terme, ne pas tendre à s'internationaliser politiquement en faisant s'internationaliser son identité nationale. Mais une telle internationalisation, demeurée politique, ne peut être que celle d'un État reconnaissant la philosophie des Droits de l'Homme comme son constitutif formel, c'est-à-dire d'un État voué à coïncider à plus ou moins long terme avec le monde entier : la France est la patrie des Droits de l'Homme, tout homme adhérant à ce principe est donc français… C'est alors que le sens de l'universel, vécu de l'intérieur d'une identité charnelle et historique particulière, ainsi un sens de l'universel dont l'exercice était canalisé dans une sphère qui est celle de la culture, ne peut pas ne pas tendre à se muer en universalisme abstrait, ainsi à se corrompre.

Avoir le sens de l'universel, c'est être capable de voir les choses d'assez haut pour saisir l'homme et sa destinée en tant qu'homme par-delà les différences sexuelles, raciales, ethniques, géographiques ou même culturelles (dans ce que la culture peut avoir d'irréductiblement particulier) ; il s'agit alors de saisir l'humanité dans l'homme, l'essentiel dans l'accidentel. Mais ce n'est pas là méconnaître les principes particularisants et individuants de l'universel qui requiert, en tant qu'universel, de se particulariser. Si l'universel était exclusif du particulier, il ne l'engloberait pas mais par là, le laissant hors de soi, il serait placé au même niveau que lui, et formerait avec lui un tout dont il serait lui-même une partie, ce qui obligerait à le réduire à quelque chose de particulier ; l'universel sans sa manière particulière de subsister se convertit dialectiquement en particulier. Saisir l'humanité dans l'homme, et promouvoir l'humanité en tout homme, c'est donc promouvoir, corrélativement, la diversité des manières dont cet universel se particularise, et qui sont inscrites en lui en tant même qu'universel. Et l'opérateur de cette promotion de l'universel, en l'occurrence l'esprit et l'âme français, se doit de plébisciter en lui-même cette manière particulière de subsister sans laquelle un tel peuple se confondrait avec n'importe quel autre et perdrait sa spécificité, et avec elle son pouvoir de promouvoir culturellement l'universel concret, l'universel réel, l'universel considéré dans sa vocation à se particulariser sans cesser d'être universel. Or le peuple français, enclin, pour les raisons susdites, à se reconnaître une identité quasi ecclésiale, ne pouvait pas ne pas en venir à négliger, voire à renoncer à ces principes particularisants, ethniques, et donc aussi raciaux, qui faisaient de lui un peuple au milieu d'autres peuples. C'est que, en effet, la catholicité de l'Eglise, sans contester le caractère naturel (non culturel en tant que biologique, non surnaturel en tant que naturel) de ses ouailles, ne les considère pas selon ce caractère : le salut ne se préoccupe pas du sexe ou de la race, ou de la culture particulière de celui qui aspire à se sauver. Dès lors, quand un peuple particulier entend se donner une légitimation qui l'apparente de près ou de loin à une Eglise, tout en demeurant une réalité politique constituée par un peuple, il doit absolument renoncer à sa particularité naturelle. Et c'est bien ce qui s'est produit : sous nos rois, le droit du sol l'emporta sur le droit du sang, l'appartenance à la communauté politique relevait du droit et seulement du droit ; la nation française s'appliquait à elle-même ce sens de l'universalisme abstrait négligeant la particularité de ses manières de s'incarner ; la nation française s'appliquait à elle-même la manière ecclésiale de promouvoir l'universel. Autant la mise entre parenthèses de toute détermination particularisante est légitime au niveau ecclésial, autant elle devient monstrueuse au niveau politique.

La médiation, entre les conséquences de « Per Venerabilem » (et de ce qu'en fit l'orgueil des laïcs, en particulier des juristes) et cette descente aux enfers du laïcisme et de la philosophie des Droits de l'Homme objectivement mondialiste, ce fut l'invention de l'absolutisme dans sa prétention à faire du sacre un huitième sacrement, dotant le pouvoir politique d'une fausse légitimité pseudo-sacerdotale génératrice de théocratie royale directement opposée à l'autorité du Saint-Siège, dans la forme du gallicanisme bientôt relayé par le jansénisme lui-même porteur de l'esprit jacobin ».

Résumons les propos iconoclastes de Tartempion :

Les relations entre l'Église et l'Empire furent rendues difficiles du fait que les gens d'Église avaient, pour satisfaire leur légitime souci d'indépendance par rapport aux pouvoirs séculiers, eu recours à des prétentions théocratiques non du tout essentielles au dogme catholique, et même opposées à la philosophie qu'appelle

la vision catholique du monde et de l'Histoire ; de surcroît, ces hommes d'Église avaient tenté de faire cautionner leurs prétentions théocratiques par des faux manifestes dont la dénonciation favorisa en retour une hostilité aussi psychologiquement compréhensible que moralement et théologiquement malheureuse. Les raideurs impériales réactives suscitèrent chez les clercs une tendance stratégique à exacerber les prétentions françaises contre l'Empire. D'où la naissance de la démesure dans la conception, par la France, de sa véritable vocation. La France s'est faite le héraut du mondialisme par sa fascination maniaque pour l'universalisme abstrait, c'est-à-dire déconnecté de sa vocation à s'incarner en se donnant une manière d'être particulière. Autrement dit, c'est cette France, celle de ceux qui se veulent les dévots de saint Louis et de sainte Jeanne d'Arc, cette France traditionnelle affreusement défigurée par le mondialisme ambiant, c'est elle qui contenait en ses flancs, de manière latente, le monde contemporain. Réenclencher les prétentions démesurées de la France, de nature théologico-ecclésiale, c'est relancer le processus qu'on entend combattre.

Quelle est donc cette France qu'il convient de faire revivre en la soustrayant aux manœuvres des mondialistes ? Ce n'est pas celle de saint Louis parce qu'à cette époque la France n'existait pas encore, à tout le moins elle cherchait encore ses contours géographiques et intellectuels, et parce que la forme de l'État n'existait pas encore. Ce ne peut être celle des Valois et de Richelieu qui financèrent l'islam et la Réforme ; entre mille exemples, on peut se souvenir que notre « bon roi » Henri IV, afin de vaincre les Ligueurs ultra-catholiques, appela dans le royaume de France des soldats anglicans de la reine Elisabeth d'Angleterre. Cette France qui mérite de renaître, ce ne peut être celle de Louis XIV qui fut gallicane et hégémonique, en excès par rapport à ses pouvoirs réels. Et ce ne peut être celle de la Révolution française ou du général de Gaulle, France fille aînée de la Maçonnerie refusant la séparation de l'État et de la Synagogue.

La France qui peut s'opposer rationnellement à cette épave spirituelle et physique qu'elle est devenue est une France qui n'existe pas et qui n'a jamais existé en acte, et c'est pourtant la seule vraie France.

La raison profonde de l'échec des droites en France, c'est peut-être cela, tout simplement : personne ne sait exactement, quand il s'essaie à dépasser les attachements sentimentaux ou les fidélités fondées sur la seule Histoire, pour quelle France il doit combattre ; c'est le seul refus du mondialisme, consommation de l'esprit jacobin, qui constitue le principe d'unité des nationalistes français. Et une analyse des autres aspirations nationales d'Europe aboutirait probablement à des résultats analogues. La Droite et l'anti-décadence, les monarchismes et les nationalismes des peuples d'Europe n'ont, dans les faits, qu'une appréhension négative d'eux-mêmes. Chacun reconnaît que tout dans son histoire n'est pas absolument recevable, que donc l'Histoire et les produits de l'Histoire peuvent et doivent être mesurés à l'aune de valeurs transcendantes ; mais quand il est question de définir ces normes de l'identité nationale, on ne s'en tire que pour tenter de souligner ce qu'elle n'est pas, à moins d'avoir recours à un caractère religieux pour la définir, comme c'est le cas pour la France et les défenseurs de l'identité française : elle serait le peuple élu du catholicisme. Et l'on vient de voir en quoi cette identité artificielle est promotrice de la décadence.

§ 38. Il faudrait aimer la France « réelle »

La France à aimer et à défendre est le concept de la France, son essence irréductible à la série de ses manifestations, cette entité immanente à tous ses aspects historiques, lesquels sont autant de moments de sa vie qui la trahissent autant qu'ils la manifestent. Il en est ainsi non parce qu'ils ne représenteraient qu'un aspect d'elle-même au détriment des autres : ne présenter qu'un aspect, c'est là la condition obligée de toute expression processuelle historique, et ce n'est pas une trahison. Il y a, dans les moments historiques de la vie d'une nation, trahison autant que révélation parce que chacun de ces moments se trouve déployer un contenu qui se révèle, à divers égards, exclusif du contenu des autres moments, comme si chaque expression historique de soi d'une nation n'avait été qu'un essai avorté d'objectivation d'elle-même, vite repris dans le giron de son être en puissance pour tenter une nouvelle extériorisation de soi aussi unilatérale, et au fond aussi erronée que la précédente. C'est un fait que la France monarchique de saint Louis, qui s'accommodait sans barguigner de la préséance du Saint-Empire dans les relations diplomatiques internationales, n'est pas la France de François Ier et d'Henri II qui s'alliait au Turc et finançait les princes protestants ; et il est clair que ces deux France ne sont pas celle de Gracchus Babeuf et de Louis Blanc. Dès lors, ce qu'il faut tenter de refaire contre la décadence, ce n'est pas une redécouverte, une réhabilitation ou une restauration de ce qui fut, c'est une invention ou une recréation, mais une invention au sens de découverte, la découverte de ce qu'est la France en son concept, indépendamment de cette démesure théocratico-universaliste en laquelle elle a cru fixer son essence dès l'époque des premières années de son existence. Cela ne l'a pas empêchée de manifester ses talents qui font d'elle une nation irremplaçable à vocation culturelle de guide et de modèle, mais cela a corrompu de tels talents, non sans lui faire développer des maladies dont elle meurt aujourd'hui.

Il s'agit donc de découvrir la France telle qu'elle n'a jamais existé, parce qu'elle s'est leurrée sur son propre compte dans le moment même où elle naissait.

Tel est le point de vue de Tartempion qui, non attaché à une conception de la nation qui obligerait ses membres à en avaliser tous les aspects et toutes les phases historiques, considère que le nationalisme bien compris consiste à discerner *métaphysiquement* le destin de son peuple, sa vocation, et à les promouvoir.

Si un pays a vocation à dominer les autres, par les bienfaits de sa force et en vue du bien commun universel, c'est cette vocation impériale qu'il convient de défendre. Si un autre pays n'a pas de vocation impériale, il lui revient de respecter son essence, sa finalité ou sa vocation en plébiscitant ses limites et son rôle subordonné dans le concert des nations en vue du bien commun universel. Et la doctrine qui permet de définir adéquatement le rôle des diverses nations dans le concert international des initiatives politiques est celle qui se trouvera en même temps proposer aux nations-sœurs, à celles qui appartiennent à une même sphère de civilisation, une adéquate conception de leur organisation interne, parce qu'il existe une solidarité obligée entre l'organisation interne d'un organe et son aptitude à s'incorporer à un tout dont il est l'organe. Aimer la France, c'est l'aimer telle qu'elle doit être, non telle qu'elle est ou telle qu'elle fut. Après les dysfonctionnements de la monarchie en ses diverses réalisations féodale puis absolutiste, après l'épreuve de la folie de la Révolution française, après l'expérience de la folie sanglante du nationalisme jacobin lors de la Grande Guerre au début du XXème siècle, laquelle, mondiale, a révélé que la civilisation européenne s'y était épuisée et était en passe de périr, il y a eu ce qui fut nommé la croisade des fascismes, dont bon nombre d'idées étaient nées en France mais, comme souvent, ne furent exploitées, harmonisées, systématisées et appliquées que par des nations sœurs ou cousines. On eut là une illustration amendable, imparfaite mais prometteuse, de ce qu'eût pu être une Troisième voie : une organisation de l'Europe décidée à en finir avec l'individualisme et le libéralisme de 89, avec l'étau américano-soviétique, avec les deux erreurs symétriques du capitalisme et du communisme, mais aussi avec les travers de l'organisation monarchique de la société, laquelle n'était pas organique, et ignorait le concept d'État entendu comme principe formel, organisationnel d'actuation de cette réalité potentielle ou « matérielle » qu'est la nation. Cette absence d'État entendu en ce sens rendait possibles les dysfonctionnements les plus criants, la genèse des classes sociales antagoniques, mais aussi la vulnérabilité vis-à-vis des subversions maçonnique et juive. De surcroît, l'émergence d'une puissance germanique dominante permettait de repenser pour l'avenir à la renaissance d'un Saint-Empire devenu, assagi, soucieux des identités nationales qu'il aurait eu vocation à subsumer. Une même forme fasciste individuée par les génies nationaux d'Europe, unifiée par un Empire germanique, tel était l'espoir que pouvait susciter la croisade des fascismes. Une telle Troisième voie aurait restitué à la civilisation occidentale débarrassée de ses maladies américanomorphe et soviétoïde, mais aussi surnaturaliste, son statut naturel de centre politique, militaire, culturel et religieux du monde entier. L'expérience millénaire des talents déployés par les diverses nations d'Europe révèle, par induction, que la France est à l'Allemagne ce que la Grèce fut à Rome, ce qui d'ailleurs pouvait être entrevu dès le moment de la genèse de la France, puisque les Francs étaient des conquérants germaniques destinés à épouser la culture du monde gallo-romain. En se faisant guide spirituel et éducateur d'une Allemagne à laquelle eût été reconnu le rôle de suzerain politique, la France aurait trouvé sa vraie place, ce qui n'eût pas empêché cette dernière d'être économiquement et militairement assez forte pour rappeler ponctuellement à ses limites constitutives, en particulier vis-à-vis de l'Eglise, la suzeraineté du Saint-Empire qui, comme toutes les choses humaines, peut lui aussi être tenté par l'« hubris » en outrepassant son rôle vis-à-vis de l'Eglise.

« Folie !, dira-t-on. Verbiage, paradoxes tordus, littérature délirante et mauvaise philosophie, rétorquera le nationaliste français réaliste, charnel, fier, optimiste et non nostalgique. La nation existe, on l'aime telle qu'elle se donne à connaître, comme réalité historique, parce qu'elle n'a pas, affirmera-t-on péremptoirement, d'autre réalité qu'historique. On l'assume ou on la rejette ; on l'embrasse chargée de tout son héritage, parce que son essence n'est pas ailleurs qu'en lui, ou bien on se livre au mondialisme constructiviste. On ne décide pas de ce qu'est la nation, encore moins de ce qu'elle doit être ; c'est l'histoire seule qui en décide. Une nation est la série de ses manifestations historiques, il n'y a pas d'essence intemporelle de la France, prétendre le contraire relève d'une investigation métaphysique, c'est-à-dire des fumées de la raison spéculative frileusement attachée à la recherche d'essences intemporelles non contaminées par le flux infini du devenir ; mais il n'y a que du devenir, comme l'a bien montré ce Français typique que fut Bergson ! La France est identique à elle-même, éternellement majestueuse, dans sa manière de changer et non dans ce en quoi elle se change ».

« La France, précisera-t-on, c'est la doctrine sociale de l'Église *et* Proudhon ; c'est la Pucelle soulevée par le service du droit de Dieu (« Dieu premier servi !»), *et* c'est aussi la déclaration des Droits de l'Homme ; c'est la droite *et* c'est la gauche, c'est l'audace entrepreneuriale *et* le syndicalisme de lutte des classes, c'est le catholicisme *et* le déisme robespierriste. La France, c'est d'abord la citoyenneté, c'est l'effet de la volonté et de son corollaire le centralisme étatique ; la France est d'abord une réalité juridique ; toute référence à la race est non française, voire antifrançaise, elle est germanique ; qui embrasse une conception ethnique de la France est un nationaliste allemand, c'est-à-dire un traître, un vendu à l'ennemi héréditaire. La France est universaliste, elle est souveraine ou n'est pas, elle est le modèle des nations. Il s'agit non de remettre en cause la manière dont elle s'est perçue au moment de sa naissance historico-politique, mais de faire la synthèse de toutes les manières dont elle s'est définie au cours des âges. Dès lors, tout ce qui est souverainiste est français, qu'il soit de droite ou de gauche. Il est logique qu'il en soit ainsi. Peuple-modèle ou peuple élu, la France ne peut que rejeter quelque suzeraineté politique que ce soit. Elle a refusé la suzeraineté du Saint-Empire, elle doit refuser la suzeraineté du monde anglo-saxon, c'est-à-dire américano-sioniste aujourd'hui, et elle a victorieusement refusé la victoire germanique des Puissances de l'Axe. Les fascistes germanophiles représentent cette espèce détestable de nationalistes français réactionnaires, radicalement hostiles à Jean-Jacques Rousseau, aux Lumières françaises, qui haïssent la France et n'ont de cesse d'être du côté de ses ennemis. Il faut bien avouer qu'un Bernard Tapie avait vu juste quand, opposé à Jean-Marie Le Pen lors de la première guerre du Golfe, il fit observer à ce dernier que la droite extrême avait toujours été du côté des ennemis de la France. Les collabos sont des traîtres, tels de vieux enfants aigris tellement déçus par les travers de leurs parents qu'ils en sont venus à haïr leur famille et à ne plus voir en elle ce berceau qui les forgea quant à l'âme aussi bien que quant au corps. L'esprit « collabo » est le fruit du ressentiment, de la haine de soi, du passéisme, et de la méchanceté peureuse. Les Français germanophiles développent une xénophilie hargneuse pour satisfaire leurs pulsions de haine de soi qu'ils projettent sur leur propre pays et sur leurs ancêtres ».

« Au reste, les notions de droite et de gauche n'ont plus grande signification aujourd'hui, si tant est qu'elles en aient jamais eu une.

La gauche, c'est l'utopie, c'est l'aspiration au bonheur, c'est le partage, la générosité, c'est la justice et la révolte contre le principe de la loi du plus fort, contre les méfaits de la nature peu soucieuse d'égalité entre les hommes, c'est le respect de la personne humaine, c'est le refus de l'individualisme. La droite, c'est le sens de l'efficacité, c'est le réalisme, c'est le sens des valeurs patriarcales et guerrières, les valeurs viriles, le culte du courage et du dépassement de soi, la promotion de l'épique, et la France c'est tout cela à la fois. Et la France est une, elle est unique, et la droite et la gauche sont ses dimensions, et donc elles sont complémentaires, et il y a une manière intelligente d'être de gauche et sotte d'être de droite, et une manière sotte d'être de gauche et intelligente d'être de droite. Il n'y a pas une politique de droite et une politique de gauche, il y a une bonne et une mauvaise politique. Il y a la gauche de l'utopie qui fait lever la pâte de l'espérance, qui met en activité l'imaginaire et qui rend possible le goût de l'action, et la droite du réalisme qui se donne les moyens d'agir ; il y a la gauche du concupiscible et la droite de l'irascible, pour parler comme les Scolastiques, et il y a matière à jouir dans les deux éléments, et ces derniers se présupposent l'un l'autre ; il y a aussi la gauche du déterminisme économico-scientiste et la droite de l'héroïsme tragique affrontant la contingence. On pourrait s'étonner que le déterminisme fût de gauche, mais il n'y a rien là que de normal. Le déterminisme c'est le mécanisme ; le mécanisme c'est l'absence de finalité, et l'absence de finalité préétablie c'est la liberté, même si elle est rendue impossible du fait de l'absence de contingence ; mais subir le déterminisme sans être étouffé par la prédétermination d'une fin qui connote toujours une Intelligence imposant sa volonté à celle des hommes, c'est se donner les moyens de préserver, intacte, l'aspiration à la liberté humaine en cultivant l'espoir de faire servir le déterminisme aux fins qu'elle se fixe. Il y a donc la gauche intelligente qui vise le progrès social, cultive la créativité de l'imaginaire, entretient le culte du progrès indéfini, conjugue le progressisme technique et l'esprit de compassion chrétienne, et il y a la droite intelligente qui fait sa place au supplément d'âme spiritualiste par sa référence à des valeurs normatives qui invitent au dépassement de soi. Il y a la gauche « beauf » du cassoulet et du vin rouge, des congés payés et de la bagnole, qui veut consommer d'abord et avant tout ; mais la droite « beauf » n'est pas en reste avec ses reliquats de racisme et de xénophobie frileuse, son poujadisme et son mauvais goût. Si l'on y regarde bien, la droite antilibérale et dirigiste, corporative et anticonsumériste, communautariste et écologiste, n'est pas si éloignée que cela de cette gauche préservée des bassesses de la gauche-caviar. Et la gauche des merguez et de la bière est proche, psychologiquement sinon sociologiquement, de la droite libérale des cadres moyens et dits supérieurs. Être nationaliste français, c'est donc non pas être de droite et non de gauche, c'est être souverainiste et capable de marier la gauche du progressisme et de la justice sociale, avec la droite de l'intégrité morale et de l'héroïsme : Joseph de Maistre et Gambetta, la Tour du Pin et Jaurès, Maurras et Proudhon,

Barrès et Sorel. Et on n'a nul besoin d'aller chercher ses modèles ailleurs qu'en France, et surtout pas en Allemagne ».

« Et puis, que voulez-vous, la France c'est la Raison, c'est Descartes ; l'Allemagne c'est la fumée des brumes nordiques, c'est le culte de l'inconscient et du vitalisme, de Nietzsche à Dilthey, c'est l'ivresse de la passion. Ces gens ne sont vraiment pas de chez nous. La miscégénation induite par le libéralisme et organisée par le mondialisme, c'est-à-dire par la toute petite élite vétérotestamentaire qui la manipule, est certes quelque chose de regrettable, mais ce n'est pas par le racisme et par la dictature qu'on la réduira à l'impuissance, par le fascisme et par la Révolution conservatrice dont les intellectuels collaborationnistes ont plein la bouche. C'est par le redressement de cette France composite, définie par son histoire, par ce qui subsiste identique à lui-même dans sa manière de changer indéfiniment, à savoir dans le *caractère* français, foncièrement léger et rebelle, et dans la conscience non négociable de son élection. Est nôtre tout ce qui, explicitement ou non, se retrouve dans l'idée de France-peuple élu, qu'elle soit élue pour l'humanisme saint-simonien ou pour les missions chrétiennes ; c'est là sa substance ; remettre ce point en cause revient à la trahir et à la tuer. Seuls sont de vrais nationalistes français ceux qui communient dans cette idée fondatrice ; au reste, Hitler était matérialiste, darwiniste, anticlérical, antichrétien, athée, et — comble de la dérision — d'origine juive, inverti et admirateur du productivisme des Etats-Unis d'Amérique ».

« Notre France est celle des cathédrales et des croisades, mais aussi de Victor Hugo, de Valmy, de Péguy. Ces oiseaux de malheur qui critiquent la France en permanence et haïssent son essence sous prétexte de dénoncer ses péchés ponctuels et ses crises de croissance sont des assassins de l'esprit. Le magistère intellectuel de la France ne se conçoit pas sans son fier et intraitable souverainisme politique. La France, puissance thalassocratique, a pour alliés naturels le monde slave, la Pologne, contre les prétentions impériales germaniques prétendant au rôle de moelle épinière, continentale, de l'Europe. Il faut certes éviter, bien entendu, de servir par trop, en satisfaisant trop systématiquement à notre principiel anti-germanisme, les intérêts du monde anglo-saxon qui toujours flanqua la zizanie en Europe, mais enfin, il y a du bon dans cette propension au désordre, même quand ponctuellement elle nous dessert : elle est le garde-fou contre toute prétention à l'unité de l'Europe ; l'ordre, c'est l'équilibre entre nations toujours plus ou moins hostiles et temporairement alliées, et cet équilibre doit demeurer précaire, une telle précarité est la garantie de notre indépendance et de nos pouvoirs de renouvellement. On pourra toujours s'entendre avec les Anglais ; on ne le pourra jamais avec les Teutons. Les Français germanophiles sont tellement idiots qu'ils ne voient pas combien les Allemands sont juifs, par leur prétention à se poser en race supérieure qui les méprise, eux les collabos boiteux, en refusant leurs avances ».

« La France est une idée universelle qu'aucune détermination particulière ou particularisante ne limite, aussi est-elle une machine à intégrer l'Etranger ; on raconte stupidement qu'elle est en train de se suicider en accueillant le monde entier chez elle, mais c'est n'y rien comprendre ! Elle s'affirme, ce faisant, elle affirme son identité qui est universelle ; elle est cette manière d'être homme qui consiste à incarner l'Homme, sa manière d'être la plus propre est de n'en pas avoir parce qu'elle les a toutes. Nous ferons des Français pur jus de nos millions de maghrébins, et le racisme anti-arabe est encore et toujours le fait d'une alliance objective avec le judaïsme politique.

Ceux qui dénoncent l'influence des Juifs en France et dans le monde, et qui se plaignent de la présence maghrébine dans leur pays sont incohérents ».

« L'esprit français aime la clarté, le pouvoir de séparer, il abhorre tout ce qui relève du confus, de l'être en puissance, de l'opacité de ce qui a raison de matière et de principe individuant ; la disponibilité de l'esprit allemand pour l'être en puissance, pour l'obscur, c'est ce qui fait sa lourdeur proverbiale, sa mentalité de mangeur de « Kartoffeln » et de buveur de bière producteur d'éructations tonitruantes ; sa langue est un hennissement, et c'est là tout un symbole ».

« On nous reproche, à nous Français, notre légèreté, notre insolence, notre impudence, notre audace, mais ces traits de caractère sont là pour exprimer notre haine et notre mépris de cette « profondeur » dont Montherlant disait qu'elle peut se dire de n'importe quoi, même d'un pot de chambre… La légèreté, l'humour, le mot d'esprit, l'ironie en toute chose, qui désacralise tout prétendant au sérieux, à l'empesé, au grave, au compassé, au constipé, c'est notre manière pudique d'être profonds. Nous sommes légers comme les Allemands sont lourds. Notre Charles Maurras inoubliable, notre théoricien du nationalisme vraiment français, discernait dans le national-socialisme un « Islam du Nord », parce que les Allemands sont « des Nègres blonds candidats à l'Humanité » ; l'Allemand, grossier par nature, est « un simple candidat à la qualité de Français ». Le Français contre l'Allemand, c'est David contre Goliath, c'est le rayon fulgurant de l'intelligence contre l'épaisseur de la force brute, c'est la victoire du petit malin sur la fureur obscure des bœufs moyens ».

« Notre antisémitisme, puisqu'il faut bien en parler, est bien particulier ; il n'a rien d'allemand. Les Juifs et nous avons une identique mentalité de peuple élu, et, comme tous les élus, nous sommes exhibitionnistes, cabotins, donneurs de leçons, sceptiques, « déconstructeurs » par scepticisme ou par animosité à l'égard de ce dont nous ne pouvons nous targuer d'être les auteurs ; quant à nous, pour ce que nous avons en propre, nous aimons l'originalité tueuse de tabous traditionnels — non sans vouer un inconditionnel, servile et fanatique respect à l'égard des tabous fondés par les Juifs — par fascination nihiliste dont nous nous extrayons par la suprême élégance d'une pirouette, cependant que nos frères aînés s'y complaisent parce que cette puissance destructrice est inspirée par la haine, alors que nous manquons de souffle pour la pratique de la haine autant que pour celle de n'importe quoi ; nous sommes, eux et nous, rivaux dans le genre de l'histrionisme qui nous est commun. Nous sommes *frères* ennemis en compétition, non ennemis irréconciliables étrangers l'un à l'autre. Nos vrais ennemis sont ceux qui osent nous dire que, avec les Polonais et les Serbes, les Français seraient le troisième des peuples d'emmerdeurs qui sévissent en Europe : nous n'aurions pas les moyens de nos ambitions tenues pour extravagantes… Chez nous, champions de la dérision, tout finit par des blagues, on peut rire de tout, sauf de notre élection. Et bien entendu tout le monde nous regarde et nous envie ; peu importe que l'on nous critique, l'essentiel est que nous ne laissions pas le monde indifférent. Regardez le nombre extraordinaire de saints canonisés, mais aussi de grands hommes humanistes que notre doux pays a produits… Nous sommes vraiment le peuple élu qui fait suite à l'autre et nourrit à son endroit une inavouable et fatale sympathie ; notre antisémitisme est une histoire d'amour ».

§ 39. L'amour sous conditions.

Que répondre à ces péroraisons indignées ?

D'abord, pour ce qui est du caractère français, on peut se souvenir de ceci :

« L'intellectuel français présente souvent en un souple esprit quelque chose de propre, de net, de pas très étendu, de défensif et d'aigu. De son intellectualité rayonne je ne sais quelle électricité douée de petites pattes armées de griffes, comme celles de la chatte, dont la seule vue, le seul contact, ne laisse aucunement douter que l'animal retombera d'une autre façon que bêtement et lourdement sur le dos. L'impossibilité de cette chute contient en soi-même quelque chose qui fait sentir tout de suite aussi que le plan dans lequel se meut un esprit aussi manifestement retiré de tout risque, n'est pas tout à fait naturel. Ajoutez à cela un je ne sais quoi de distant et d'observateur, d'indifférent à votre vie profonde, je ne sais quelle facilité à plaisanter avec finesse sur ce que vous déciderez de lui dire, avec, un peu, le sentiment que cette fine plaisanterie contient dans son attitude même ce qui peut et doit en somme être considéré comme le meilleur du fruit de l'homme.

Il y a dans cette manière de sentir et d'être vis-à-vis des autres, de se présenter tout naturellement dans la lumière, de prendre place entre la lumière et l'ombre, avec une espèce de discrétion qui n'est point humilité, mais sens des demi-teintes, un art du bon goût, qui sent son hérédité et dégage son prix, et, selon le même art, produit ces deux assistants, plus ou moins visibles, mais toujours présents : un peu de mépris et beaucoup de défiance » (Alphonse de Châteaubriant, *La Gerbe des Forces*, Nouvelle Allemagne, Animus et Anima, Grasset pp. 141-142).

Qui niera qu'il y a beaucoup de vérité dans ce constat désabusé ? Léon Daudet intitula jadis un de ses nombreux livres « Deux idoles sanguinaires, la Révolution et son fils Bonaparte ». A la fin de son exposé, il observait : « La révolution russe, la révolution espagnole ont été copiées sur la révolution de 1789. Les mêmes excès, les mêmes abominations, les mêmes fièvres vaines, les mêmes hécatombes les ont marquées. Elles s'éclairent réciproquement et plus les années passent, plus cette ressemblance ou, mieux, cette filiation s'accentueront ». Y a-t-il de quoi être si fier ? Quand on se sait capable de commettre de telles erreurs, est-on encore en état de faire la fine bouche en excluant de trouver ailleurs que chez soi-même les éléments de résolution de ses propres problèmes et les remèdes contre ses maladies ? A bien des égards, en découvrant le fascisme, pris en son acception générique, c'est-à-dire les solutions dites de « Troisième voie », la France redécouvrait maints aspects de son héritage intellectuel et moral qu'elle n'avait pas su faire fructifier chez elle en temps opportun. Louis Marion, dans son *Histoire de l'Église* (Paris 1922, tome IV pp. 258 et 259) remarque que la noblesse était une classe privilégiée en 1789, que ces privilèges « étaient tolérables au temps de la féodalité, alors que les seigneurs avaient un rôle politique et social, nécessaire à la nation ; mais ils n'ont plus de raison d'être depuis que l'autorité royale a attiré à elle par des accroissements successifs tous les pouvoirs publics. La noblesse du XVIIIème siècle n'est rien dans l'État parce que l'État est tout ; elle est onéreuse à la nation sans lui être utile (…) » ; quant aux bourgeois, progressivement fortifiés par l'émancipation des communes menée depuis le XIIème siècle, « l'inégalité sociale, nullement basée sur le mérite personnel, leur paraît une injustice criante » ; l'État n'avait pas leur sympathie parce qu'il était inféodé à la noblesse et menaçait leur fortune en tant qu'il était un insatiable emprunteur, du fait de la structure inadéquate de sa fiscalité dont le fonctionnement était abandonné au bon plaisir de puissances privées oligarchiques nullement dévouées au bien commun, et sous ce rapport il n'y avait pas trop mais pas assez d'Etat. Il fallait bien que ces choses changeassent, non certes par le jacobinisme maçonnique et antichrétien, non du tout par la poussée démocratique intrinsèquement mauvaise, toute démocratie étant toujours, structurellement, condamnée à la démagogie et à la ploutocratie. Incapable de remédier à ses dysfonctionnements internes autrement que par un appel à l'universalisme abstrait, l'esprit français a mis l'Europe à feu et à sang.

Qu'il soit permis ici, pour être mieux compris, de développer une analogie. La vraie dignité de la personne humaine tient dans son aptitude à faire rayonner la nature humaine que la personne réalise en la singularisant : le particulier est pour l'universel, et il importe peu, sous ce rapport, d'être grand ou petit, homme ou femme, blanc ou noir, l'essentiel étant d'illustrer au mieux les vertus de l'animal raisonnable ou de la raison incarnée. Mais l'universel ne se fait valoir que du sein d'une manière particulière de subsister : il faut être homme ou femme ou blanc ou noir, il faut être quelque chose de déterminé — et de particulier — pour être homme. Il est nécessaire de consentir à une manière d'être particulière pour accéder à l'universel et pour le servir. Il est donc nécessaire pour cela d'être patient, d'accepter ce qui peut être psychologiquement vécu comme un détour et un obscurcissement : l'universel ne s'atteint lui-même qu'en s'investissant dans son autre (ce particulier où il semble s'éclipser et s'aliéner) à partir duquel il se fait advenir. Et il en est des peuples comme des personnes individuelles : l'esprit d'un peuple est la manière particulière que se donne la nature humaine, en son exigence de réalisation communautaire de soi, pour advenir à l'existence et contracter une efficience historique. De même que c'est en étant pleinement femme que cette personne est véritablement humaine, de même c'est en étant pleinement national que ce peuple est pleinement humain et parle à tous les hommes qui se reconnaissent en lui, en ce sens qu'ils y reconnaissent un aspect de leur commune nature mais que leur manière particulière de la réaliser a occultée en eux.

Mais le Français est impatient, méprise ce détour, est excédé par cet obscurcissement, ne séjourne pas dans la sphère du particulier qui brouille sa vision et offense son appétit de clarté ; il tend à réduire le réel — réalisation d'une Idée (divine) — à l'idée abstraite qu'il s'en fait, dégagée de ces notes particularisantes qui la réalisent ; ce faisant, il rate sa vocation à l'universel aussi sûrement qu'un homme voulant incarner au mieux son humanité mais qui se refuserait à ce qu'il y a de particulier en lui, ainsi d'individuant : son sexe, sa race, son héritage familial, etc. ; s'il refuse tout cela et prétend planer au-dessus de ces contingences, il n'est pas un homme mais un monstre, le résultat de l'effort avorté d'être un ange. Si l'Anglo-saxon se noie dans le particulier en réduisant, selon le nominalisme et son corollaire l'empirisme, l'universel à un « flatus vocis », le Français est en quelque sorte son contraire, et l'on sait que les contraires ne s'opposent qu'en appartenant au même genre.

Ce qu'il y a de laborieux, de pesant, de lent dans l'esprit germanique, c'est précisément son souci de respecter le processus à raison duquel l'universel s'anticipe dans ce qui le conteste afin de se poser, dépassant souverainement ce en quoi il s'aliène, comme concrètement universel : l'essence humaine, pour subsister, se contracte, se limite, se réduit à une manière particulière de se forger (féminine ou masculine, africaine ou européenne), ainsi se nie, et, de ce en quoi elle s'investit et se perd, elle se fait sourdre, autant qu'il est possible, par négation de négation, afin de se restituer à elle-même et de se poser selon ce qu'elle est, comme universel riche de ses différences. Et c'est là l'expression de la vraie rationalité. Si l'universel se fait nécessairement procéder du particulier qui est son autre, quand le rationnel, qui dit ce qui rend raison, ainsi ce qui est nécessaire, se révèle être par là ce qui est universel, alors le rationnel se fait nécessairement (ainsi rationnellement) procéder de son autre, c'est-à-dire de l'irrationnel, et ainsi il est rationnel qu'il y ait de l'irrationnel. La prétention du Français, brandissant l'effigie de Descartes, à se vouloir le champion de la rationalité contre l'irrationalisme romantique du Germain, a quelque chose qui force à sourire quand on pense aux richesses autrement plus spéculatives de la philosophie allemande classique achevée dans le hégélianisme dont le contenu fut lui-même pressenti, mais non développé, par le Français Dom Deschamps. Si le Français consentait à recevoir des leçons de l'Allemagne honnie, plutôt qu'à se faire complaisamment avilir par le monde anglo-saxon, il saurait s'enrichir des fruits de cette dialectique, propre au réel autant qu'à la pensée, qui régit le rapport entre universel et particulier ; et il le ferait, retenu par une prudence et une réserve latines, en se dispensant du travers souvent germanique, il est vrai, de la tentation moniste et panthéistique, en laquelle est tombé Hegel.

En ce qui concerne cette prétention du génie français à incarner la raison, force est donc de se souvenir de ce qui fut ici évoqué au § 30 sur la fascination, toute affective au fond, de l'esprit français pour la clarté, c'est-à-dire pour une clarté qui, se voulant exclusive de toute obscurité, en vient à ne pas comprendre qu'il est rationnel qu'il y ait de l'irrationnel. Au reste, ce rationalisme cartésien est plus un volontarisme qu'un rationalisme, puisque, pour celui que l'on tient pour le fondateur de la philosophie moderne, c'est par sa volonté, non par sa raison, que l'homme est à l'image de Dieu. Parce que la rationalité cartésienne réduit le rationnel à l'idée « claire et distincte », elle récuse l'existence et la rationalité du concept *d'être en puissance* et, ce faisant, elle substitue une explication mécaniste du réel (le tout est la composition de ses parties) à une explication métaphysique de ce dernier (le tout se fait positionnel de ses parties dont il se fait procéder en les unifiant, selon une action réciproque entre tout et parties qui définit le vivant) ; dès lors, ce qui est matériel se voit, par le cartésianisme, réduit à l'étendue (tenue pour essence de la matière, dans la ligne scotiste de la matière en acte de corporéité), et l'esprit, parce qu'inétendu, se voit réduit à la conscience, parce que l'inconscience relève elle aussi de l'être en puissance ; il en résulte que la volonté n'est plus cette *puissance* thomiste actualisée par la raison, cet appétit rationnel des Scolastiques ; elle se réduit à un libre arbitre producteur de liberté d'indifférence, déconnectée de tout principe rationnel interne d'actualisation. Et tel est bien le volontarisme par définition anti-intellectualiste, rationaliste, c'est-à-dire bien peu rationnel.

Le catholicisme est la vérité absolue, parce qu'il est la Vérité se révélant ; il est donc éminemment rationnel, parce que la vérité est pensable et que l'irrationnel ne l'est pas. Dès lors, il est un universel concret, un universel qui se particularise sans cesser d'être universel, et c'est bien ce qui se produit quand il s'approprie au génie de chaque peuple sans rien céder de ses exigences dogmatiques ; ce qui revient à dire qu'il répugne à être confisqué par un peuple particulier, se gardant disponible pour tous. Or la France, par une lubie qu'expliquent les intérêts conflictuels du sacerdoce et de l'Empire, mais aussi par une orgueilleuse perversion de la particularité indéniable de son esprit qui est d'être tout spécialement attentif à l'universel, s'est mise à tenter de confisquer le catholicisme en s'en disant le peuple élu, se condamnant par là à franciser le monde chaque fois qu'elle voudrait le christianiser. En confisquant l'universel (religieux), elle prétendait, s'identifiant à lui, l'identifier à elle, c'est-à-dire à un souci de l'universel qui ne pouvait plus être religieux puisque l'universel religieux, ou catholicité, ne répugne à aucune particularité, alors que, confisqué par la prétention française à l'élection, il était mis en demeure d'exclure toute appropriation particularisante de lui-même qui n'eût pas été française ; pour cette raison, en se faisant le peuple élu de la catholicité, l'esprit français ne pouvait que laïciser le message universaliste du catholicisme : le Dieu qui se fait homme devint l'homme qui se fait Dieu. En naturalisant l'universalisme de l'ordre catholique, en le faisant s'investir dans le domaine temporel, ainsi en substituant la religion de l'homme à celle de Dieu, dans le moment où l'on entendant faire advenir sur Terre la perfection de la Cité céleste, on a évidemment bouleversé l'ordre naturel lui-même et on l'a rendu inapte à s'ouvrir au surnaturel. C'est ainsi que l'esprit français a mis l'Europe à feu et à sang, non sans s'exténuer lui-même, se rendant perméable à toutes les coquecigrues les plus tordues qui fleurissent aujourd'hui sous les espèces, par exemple, du déconstructionnisme tous azimuts et de ses avatars. Il était dans la logique de l'idée judéomorphe de peuple élu, mais adaptée à la vanité française, au terme d'un processus de surnaturalisation indue de l'ordre naturel, d'en venir à naturaliser, ou à séculariser, l'ordre surnaturel lui-même.

En s'ouvrant à un type de rationalité illustré par la pensée allemande, dont l'épaisseur laborieuse lui donne de ne pas céder aux charmes réducteurs de l'universalisme abstrait, l'esprit français se fût donné les moyens de recouvrer l'authentique rationalité qu'il avait dénaturée.

§ 40. L'amour sous conditions (suite).

Ensuite, en ce qui concerne l'engagement de certains intellectuels français en faveur de la Collaboration, il est bon de se souvenir des considérations suivantes :

« Au printemps 1937, avant d'avoir rencontré Hitler, Châteaubriant publie « La Gerbe des Forces, Nouvelle Allemagne », très favorable à l'idéologie nationale-socialiste. Il ne se convertit certes pas au paganisme caractéristique de cette idéologie <sur ce point comme sur beaucoup d'autres, il y aurait beaucoup à dire, maintes rectifications à proposer :

l'antichristianisme n'était que le travers d'une frange minoritaire mais bruyante de ce courant> et reste catholique. Mais il discerne dans le national-socialisme le ferment nécessaire à la saine réorientation du christianisme anémié et vicié par la vulgate humaniste, libérale et démocratique qui domine la France et l'Europe, et qui sont le legs de la Renaissance, de la Réforme, des 'Lumières' du XVIIIème siècle, de la Révolution française et du capitalisme débridé. Le national-socialisme libérera le christianisme de son affadissement compassionnel et misérabiliste et lui fera retrouver le sens de la grandeur, de l'héroïsme, du sacrifice, de l'exigence de la foi la plus élevée et de la destinée surnaturelle de l'homme. Ainsi restauré dans son authenticité, le christianisme sera en mesure de régénérer les peuples et la civilisation européenne, enlisée dans un matérialisme mortifère et promise à la déchéance ou à la révolution bolchevique » (*Rivarol* n° 3517 du 4 mai 2022, p. 11, par Paul-André Delorme, *Alphonse de Châteaubriant (1877-1951), le poète qui crut en une Europe nationale-socialiste*).

Si Hitler avait gagné la guerre, le terrorisme bancaire exercé sur les économies nationales du monde entier eût été étouffé pour des décennies et peut-être des siècles[7] ; Vatican II n'eût pas

---

[7] Aujourd'hui, divers bien-pensants aveuglés par leur vertu (le mieux est l'ennemi du bien), mais aussi quelques petits esprits incompétents frénétiquement soucieux de jouer au sage, qui répètent mal ce que d'autres ont dit bien, tout en ajoutant leur grain de sel personnel qui se révèle n'être qu'un tissu de sottises, croient supérieurement intelligent d'ouvrir de fausses symétries : « Macron et Le Pen », « Poutine et Biden », « Hitler et Staline », tous ces couples de contraires révéleraient une profonde complicité parce qu'ils seraient les deux faces d'une même médaille et les pantins d'une même main satanique. Et, bien sûr, il faudrait condamner tout ce qui pourrait être apparenté au néo-paganisme, et revenir à la doctrine des Deux Glaives pour sortir de la décadence… Si la dénonciation de ces complicités peut à la rigueur jouir d'une certaine pertinence en ce qui concerne les deux premiers couples, elle est grotesque quand il s'agit d'Hitler et de Staline. C'est « Staline-Roosevelt » qu'il aurait fallu évoquer. Les manipulateurs actuels sont les maîtres du mondialisme bancaire. Or cette puissance bancaire, amorcée au XVIIème siècle avec la création de la Banque d'Angleterre, développée par la création de la « Federal Reserve » au début du XXème siècle, n'a pu se donner

eu lieu ; le communisme eût été éradiqué en Russie ; l'Amérique se fût repliée sur elle-même, l'Angleterre eût été contrainte de cesser son mauvais jeu de torpilleur du bien commun de l'Europe et de la Chrétienté ; les décolonisations se fussent accomplies autrement, de manière plus humaine tant pour les colonisés que pour les colonisateurs ; la maçonnerie, le judaïsme politique, l'esprit démocratique d'inspiration jacobine eussent été muselés ; et l'ignominie des désordres moraux induits par l'hédonisme, qui détruit les âmes, eût été pour longtemps retenue. De plus, la vigueur recouvrée des soubassements naturels des peuples chrétiens eût incité les clercs chargés de l'apostolat à se délivrer enfin du surnaturalisme. Il y a aujourd'hui, dans le spectacle que la France macronienne donne d'elle-même, de quoi se poser des questions, par-delà les crispations chauvinistes.

On ne choisit pas sa nation, comme on ne choisit pas sa famille. On est forgé par elles, on est toujours héritier et débiteur ; c'est par leur office, par la formation qu'elles prodiguent à leurs enfants, que l'on apprend à choisir. On doit donc piété filiale et fidélité à sa nation. On les lui doit pour ce qu'elle donne. L'erreur et le mal ayant raison de privation, ce ne sont pas là des choses que la nation donne, mais des choses qu'elle ôte à ses enfants qui, sous ce rapport, ne sont nullement débiteurs. Pour cette raison, un Français d'aujourd'hui ne doit

---

les moyens suffisants d'aspirer au pouvoir mondial que par la destruction du Troisième Reich, qui avait raison de « katechon ». C'est en effet cette même puissance bancaire qui a fait se coaliser les Etats-Unis et l'Union soviétique contre le national-socialisme et le fascisme, lesquels exprimaient le sursaut ultime de l'Europe et de la civilisation dans leur lutte contre l'esprit et les forces de la judéo-maçonnerie, c'est-à-dire du gnosticisme générateur du subjectivisme et du consumérisme en lequel ce dernier s'exerce. Quant à la doctrine théocratique de Boniface VIII, nous renvoyons à notre ouvrage « Politique et Religion » (signé « Stepinac »), Editions « Reconquista Press », 2021, pp. 156-157 et suiv.). Le comble de l'incohérence consiste à en appeler à la doctrine des Deux Glaives tout en se voulant pourfendeur des travers du surnaturalisme : l'esprit théocratique est lui-même un produit du surnaturalisme.

aucune fidélité à la mémoire de la Révolution française ou même de ce qui, dans le régime monarchique, s'écartait du service du bien commun. En étant fidèle à tous les errements de ses géniteurs, un rejeton est fidèle à ce qui trahit la santé de ces derniers, et c'est ainsi qu'il se révèle infidèle à eux. Dès lors, on ne doit pas plus de fidélité aux mythes de la Résistance et du nationalisme gaulliste qu'à celui de la Révolution, parce qu'ils sont dans son exact sillage, même si, du point de vue de l'idéal jacobin et mondialiste, on s'est fait l'allié des ennemis de cette France.

En troisième lieu, comme cela a été déjà développé ici par Tartempion dans ses « idées vagabondes », la droite et la gauche ont une acception métaphysique qui les sépare l'une de l'autre sans possibilité de collaboration : la gauche n'est que la perversion de la droite. Autre chose est de faire l'effort de récupérer ces vérités captives, constitutives de l'héritage de la droite intègre (telle la préoccupation écologique), confisquées par la gauche qui les a adultérées, autre chose est de faire l'impossible « synthèse » entre la droite et la gauche. Croire que la droite gagnerait à se faire féconder par la gauche — ne fût-elle que celle des luttes syndicales et de la « justice » sociale — c'est avoir une conception gauchisante de la droite, c'est tromper son monde, c'est le mener dans une voie de garage sous des slogans d'apparence audacieuse et novatrice. Pourquoi s'obstiner à ne pas reconnaître ces choses, aujourd'hui où tout est perdu à vue d'homme, et à ne considérer dans les fascismes que ce qu'ils pouvaient avoir d'inquiétant et d'inachevé ?

En quatrième lieu, le racisme, entendu tel le souci de l'intégrité du patrimoine biologique d'un peuple dans la constitution de son identité spirituelle, est d'abord une idée grecque, spécialement aristotélicienne : on est loin des supposées brumes nordiques. Le Stagirite n'a rien à voir avec Gobineau, Darwin, Vacher de Lapouge ou l'école matérialiste, ce qui ne signifie pas, d'ailleurs, qu'il s'opposerait par principe à tout ce que ces auteurs ont enseigné, qui ne fut pas toujours erroné. Cela signifie que la prise en compte de la constitution du corps dans la considération de l'espèce d'esprit qu'un homme peut manifester est fondée en raison et n'est nullement un fruit spécifique de la culture germanique.

A ce sujet, quand on se targue d'écouter sa raison, et de tout lui subordonner, on ne met pas au premier plan le souci de ne vivre intellectuellement que de ce que produit son propre peuple, on se tourne d'abord vers la vérité qui seule vaut pour elle-même et qui n'a pas de patrie parce qu'elle est chez elle partout. La raison elle-même est universelle, elle n'est d'aucune race et d'aucune culture, et d'aucun peuple particuliers, même si elle trouve dans certains peuples des conditions d'éclosion et d'exercice plus favorables qu'ailleurs, et c'est pourquoi le souci de l'homogénéité biologique d'un peuple est une préoccupation nécessaire et honorable. Si la France se pique de promouvoir l'intelligence, si par ailleurs l'universel n'est pas sans sa particularisation, alors la France doit se soucier de l'intégrité biologique indo-européenne de son tissu charnel. Et puis, tout de même, Gobineau et Vacher de Lapouge étaient français… Le vice propre de la France est l'attachement sentimental à l'universel abstrait, mais on ne peut revendiquer un vice pour définir une identité, puisque le propre d'un vice est de consister dans une privation, ainsi dans un manque.

Les Allemands ne sont pas, comme les en accusent les antisémites germanophobes, des juifs de mentalité par leur prétention à produire des hommes d'exception. Certains hitlériens ont en effet parlé de race des seigneurs, et tout le régime national-socialiste fut en effet très marqué par le souci de pureté raciale, de manière assurément excessive. Mais le caractère primitif d'un tel souci était l'expression d'une angoisse, celle, fondée et consciente d'elle-même plus volontiers chez les Allemands que chez les Latins, de voir disparaître la race blanche et la civilisation occidentale tout entière. L'avenir a donné raison aux nationaux-socialistes, sur ce point comme sur plusieurs autres.

De plus, autre chose est de déclarer, à tort ou à raison, qu'on est doté de talents *naturels* supérieurs, de sorte que l'on peut sous ce rapport se déclarer, quoique de manière souvent agaçante et parfois ridicule, « race élue », mais race « naturellement » élue, élue selon la nature et non selon l'arbitraire d'une élection supposée divine. Autre chose est d'affirmer que l'on est élu de Dieu pour dominer le monde, c'est-à-dire selon une élection qui se voudrait surnaturelle, sans proportion avec la pauvreté des talents naturels d'origine, mais qui aurait pour effet de conférer à de tels élus le substitut d'une supériorité naturelle dans l'ordre de ces talents, et le droit de revendiquer une telle supériorité avec tous les privilèges qui lui sont attachés ; ce qui est bien le cas des Juifs.

Pour le catholique, il y a eu une race artificielle, fruit de l'art divin, surnaturellement élue, sans fondement biologique déterminé (Schlomo Sand l'a encore montré récemment), dont l'élection est aujourd'hui caduque, qui n'avait d'ailleurs nullement doté le peuple juif de dons naturels particuliers, au point que, dans la hiérarchie des cultures antiques, le peuple juif tint un rang extrêmement modeste. Or *le judaïsme est né du christianisme*, en dépit de ce que racontent tant les catholiques traditionalistes tordus par le surnaturalisme que les « catholiques » conciliaires lustigériens, ou bien encore les Juifs eux-mêmes et les néo-païens :

« On oublie que le judaïsme n'est pas antérieur au christianisme puisqu'il s'est formé après la chute du Temple avec le Talmud » (Alain Finkielkraut, sur les ondes de *France-Culture*, le 8 août 2015).

Avant le Christ, le judaïsme était le christianisme même considéré dans le moment de son « terminus a quo », dans cette instance qu'il avait posée pour s'en faire surgir en la niant, à la manière dont un vivant, qui a par définition en lui-même le principe de son mouvement, pose en son sein son propre « terminus a quo », c'est-à-dire le « ce à partir de quoi » il se fait advenir, tel un être en acte nourrissant en lui-même sa puissance à se poser soi-même. Pour cette raison, le judaïsme, considéré dans sa différence par rapport au christianisme, dans sa différence *voulue* qui fait du premier l'ennemi intime et le négateur du second, est effectivement postérieur au christianisme, il est constitué de toutes pièces en empruntant, à la gnose indo-iranienne et babylonienne conjuguée à certains éléments de l'émanatisme néo-platonicien, pour les adapter à ses propres besoins, l'essentiel de sa vision du monde antichrétienne ; ce faisant, un tel judaïsme est une véritable trahison du judaïsme vétérotestamentaire :

Selon l'explication cabalistique d'Isaac Louria, l'« En-Sof » ou dieu inconscient, infini en tant qu'indéfini ou potentiel, telle une puissance à être Dieu, s'essaie à s'actualiser, à se poser lui-même en s'opposant un monde formé des « Sefiroth », les émanations ou vases qui sont à l'origine de la vie et donc de tous les êtres ; mais un éon mauvais se soustrait au projet du dieu originaire et crée la matière mauvaise, favorisant la brisure des vases qu'est la « Chevirat hakelim », de sorte que la lumière qu'ils contenaient se disperse en étincelles divines qui chutent dans la matière perverse ; le dieu d'origine demeure encore en puissance puisque son œuvre est avortée ; alors certaines de ces étincelles privilégiées, les âmes humaines, c'est-à-dire les Juifs (les Goïm étant des animaux), procèdent, par le « tikkun », à la réparation des vases et à la libération des étincelles captives des « kelippot », résidus mauvais ; ce faisant, les Juifs, qui sont consubstantiels à Dieu, qui prient pour Dieu plus qu'ils ne prient Dieu, achèvent la déité de Dieu en faisant retour au plérôme. Puisque le monde matériel est vicié, la rédemption universelle se fera par l'assomption du mal, dans l'optique d'un Carpocrate revu et corrigé par le judaïsme de Sabbataï Tsevi. D'où la dilection juive pour tout ce qui est destructeur, antinaturel, pervers. Les nationaux-socialistes avaient compris que le monde européen s'était presque suicidé pendant la Première guerre mondiale, et que cette corruption intellectuelle et morale était en passe de s'accompagner d'une corruption biologique irréversible. Ils ont donc tenté de restaurer l'identité européenne par ce qui est en soi, peut-être, le moins essentiel, mais le plus urgent : le recouvrement de l'intégrité des corps. Corrélativement, contre la mauvaise conscience suicidaire qui hantait l'âme malade de l'Occident succombant à ses propres poisons, ils ont essayé, maladroitement probablement, de reconstituer la fierté de l'identité européenne. Les Allemands n'ont jamais revendiqué, au nom d'une prétendue élection divine, des privilèges qui n'auraient pas été fondés sur des qualités naturelles tangibles. Faire des Allemands des Juifs inversés est donc un mensonge, ou au moins une illusion d'optique. Les affinités entre Français anti-allemands mais attachés à l'idée de « France fille aînée de l'Église » (c'est le même Jean-Paul II qui demandera à la France « fille aînée » ce qu'elle fit de son baptême, et qui fera des Juifs les « frères aînés » des chrétiens) et Juifs sont beaucoup tangibles que celles qui existeraient entre Allemands et Juifs.

L'accusation française consistant à faire de l'Allemand l'envers du Juif, tel un Juif inversé, relève donc de l'inversion accusatoire.

§ 41. 1. Ce qu'il est impensable d'exiger aujourd'hui, qui représente pourtant le minimum vital d'une entreprise de vraie rédemption politique et morale de la France et des autres peuples européens.

Depuis la rédaction du § 32 du présent travail, diverses choses peu amènes ont été dites, et d'abord que les Français sont des cons, au sens précis où ce terme a ici été défini. C'est de là qu'il est nécessaire de partir, et le fou furieux sans vergogne que Tartempion s'est plu à libérer de sa camisole est en effet parti de saines prémisses. Il y a toujours dans la connerie une bonne dose de vanité, c'est-à-dire de subjectivisme. Et c'est bien le subjectivisme qu'entend dénoncer le fou furieux. C'est ce travers qui fait qu'il n'y a rien à faire, autrement dit que tout effort, toute action héroïque, toute manifestation de dévouement à la cause du salut de nos patries d'Europe seront stériles aussi longtemps que le subjectivisme à droite ne sera pas dénoncé et combattu.

Le païen veut l'organicité, ainsi le bien commun, mais son horizon spirituel est cantonné dans l'immanence, laquelle, comme refus de l'Absolu séparé, prend toujours la forme plus ou moins accusée du panthéisme. Le panthéisme à son tour induit le subjectivisme, parce que si l'Absolu est le monde, et plus précisément la contraction mondaine de ce dernier dans et comme la Cité, microcosme en lequel le macrocosme se réfléchit et se constitue en personnalité morale, c'est encore dans la conscience individuelle du citoyen que l'Absolu prend conscience de lui-même et se fait vouloir, pensée, projet de soi-même et autodétermination, c'est-à-dire se donne cette liberté sans laquelle il ne serait pas l'Absolu ; et cela revient à faire de l'homme la conscience de soi de l'Absolu, chaque homme étant Dieu s'apparaissant ; mais de petits dieux qui ne pensent pas la même chose n'ont d'autre destin que de s'entre-tuer, autrui étant toujours de trop. On notera qu'un Absolu qui n'est pas libre ne se maîtrise pas, ne se possède pas, se subit, s'échappe de soi-même, est étranger à lui-même et, de ce fait, en état de conflit constitutif avec lui-même, il est relatif à la loi d'une action réciproque entre lui et lui-même dont il est le jouet, et c'est Dieu même qui est Sisyphe, emporté dans le vain effort, en forme de mauvais infini de la réitération, de s'épuiser à devenir lui-même, à tenter de coïncider avec lui-même ; un tel monde est au fond le fruit du hasard, et il faut dire alors qu'il n'y a pas d'absolu mais seulement la pure facticité d'un univers contingent surgi de nulle part, sans raison, telle une parenthèse évanescente dans un souffle infini de néant. Si telle est bien l'étoffe du monde, c'est l'homme, absurde comme le monde, qui souverainement décide, par-delà toute raison, de donner sens au monde, de le sauver de l'absurde, de créer des valeurs mais, étant aussi infondées, aussi gratuites que le monde, elles ne sont normatives qu'aussi longtemps que ses inventeurs consentent à y croire, et n'y consentent que pour des raisons en dernier ressort esthétiques.

Ce qui est certain, c'est que de telles valeurs ne sont pas unitives de soi, parce que ce qui est unitif de soi relève de l'universel, c'est-à-dire du rationnel, dans le moment où ces valeurs, issues de la volonté libérée de toute raison, sont elles-mêmes irrationnelles. Si le réel est de soi insensé, il est irrationnel ; aussi la création des valeurs, loin d'unifier les hommes, est l'occasion pour eux de faire s'entrechoquer leurs volontés gratuites, et l'arbitraire des libertés se vit nécessairement dans un climat de haine indépassable. Autant dire que le souci du bien commun, l'honneur et la joie de l'oubli de soi dans le dévouement au service d'une cause, la camaraderie, deviennent impossibles.

Le croyant échappe à ces impasses mais, faisant du bien commun immanent quelque chose de subordonné à cette vision béatifique définitionnelle d'un souverain bien transcendant, il lui paraît impossible de ne pas faire du bien commun l'instrument du salut individuel ; or ce qui est aimé à titre d'instrument exclut d'être poursuivi sur le mode d'un bien que l'on aime en s'y rapportant ; il ne peut s'agir que d'un bien que l'on rapporte à soi. Le bien du tout est certes le bien de la partie, *mais il n'est pas voulu par elle sur le mode d'un désir de soi du tout en elle*, et c'est l'organicité de la Cité qui est compromise. Elle a donc hors d'elle-même le principe de son unité, c'est-à-dire qu'elle l'a, ultimement, dans la volonté de la partie qui consent, aussi longtemps qu'il lui paraît expédient de le faire, à faire exister ce tout. Là encore on voit mal, dans ce contexte, que la vie politique puisse jamais être vécue sur le mode d'un oubli de soi joyeux générateur de communion entre des amis au service d'une cause immanente. Le désir de Dieu est rendu antinomique du désir du bien commun terrestre, et ce sera seulement dans l'unité religieuse et dans l'accord des consciences morales que se discernera la possibilité d'une union entre les hommes. Cela fait des paroisses plus ou moins sereines, des groupements de familles plus ou moins pacifiques, cela ne fait pas une communauté de destin. **Le besoin — naturel — de faire se déployer le contenu de la nature humaine dans une forme collective plus riche que l'actuation de cette nature à**

laquelle parvient un simple individu, y est nécessairement frustré. S'épanouir dans la forme du don de soi à la vie communautaire y devient tellement frustré que, sommé de se replier sur une communauté familiale d'une part, et d'autre de ne pratiquer que cette forme surnaturelle d'amitié qu'est la charité, laquelle ne concerne au fond que le prochain, c'est-à-dire le proche, le croyant en vient à développer un individualisme vertueux ; il en vient à ne se préoccuper que des vertus relevant essentiellement du domaine du privé, et cette exaltation du privé au détriment d'un public instrumentalisé ne peut pas ne pas en venir à laisser se développer une certaine forme de subjectivisme aussitôt que le feu de la charité se refroidit. A ne vivre que pour le Ciel sans la médiation de vocations terrestres capables de mobiliser le don de soi, l'appétit pour ce dernier s'atrophie et s'exténue. S'il est vrai que la surnature présuppose la nature comme son sujet d'inhérence obligé, la charité présuppose l'amitié, laquelle n'est pas sans la reconnaissance de la causalité d'une nature humaine ayant raison d'efficience et de finalité, ainsi qu'il l'a été rappelé ici (§§ 2 et 3) ; or cette amitié appelle elle-même de s'accomplir dans la forme de la communauté politique elle-même focalisée par le service du bien commun. Dès lors, réduire le bien commun du Politique à l'instrument du salut individuel, c'est frustrer le désir naturel d'amitié, et c'est compromettre la diffusion de la charité.

La Cité organique est fondée sur le principe de l'amitié. L'amitié consiste à aimer l'autre tel un autre soi-même, ce qui requiert l'existence d'une fin commune, d'une identique conception de la société. Ce qu'est un homme est au fond désigné par ce qu'il aime, puisque sa nature est sa fin : l'homme est défini par ce qu'il se reconnaît comme finalité, ainsi par ce qu'il tient pour souverainement appétible. Mais cette identique conception de la société enveloppe d'une part une doctrine politique et un régime, d'autre part et d'abord la reconnaissance d'une communauté nationale et étatique de destin capable de se subordonner toutes les communautés intermédiaires.

L'homme de droite prône le dépassement de soi, l'acte de se vouloir subordonné à un bien pour lequel on se sacrifie, avec ou sans référence à un Dieu transcendant.

Mais sans cette référence, une telle exigence de dépassement de soi est suspendue à l'arbitraire d'une subjectivité que, de ce fait, elle ne saurait se soumettre.

Et, avec cette référence au Dieu transcendant, un tel vœu de dépassement de soi semble exclure de se vivre dans un contexte politique ou communautaire ; s'il y a quand même communauté, elle ne peut être, dans cette situation, que de type ecclésial, et elle procède proleptiquement de la Cité céleste qui en fait son instrument terrestre. Derechef, l'amitié politique semble bien elle aussi impossible, sauf si l'on fait coïncider communauté politique et communauté ecclésiale, mais c'est là soit naturaliser la surnature (le surnaturel qui est le divin devient la réalité politique, et l'on retombe dans les contradictions du panthéisme), soit surnaturaliser la nature : le politique n'est que le bras armé de l'Eglise, son prolongement, et l'on sombre dans le surnaturalisme qui ne conçoit la réception de la grâce que sur le mode d'une exténuation de l'ordre naturel ; il est clair que le surnaturalisme n'est pas sans connivence avec le subjectivisme : ce qui reste de l'homme quand sa nature est atrophiée, c'est sa conscience, sa liberté, son moi vide.

Parce que la médiation requise pour faire tenir ensemble l'organicité politique et l'ordination ultime de l'homme à une fin transcendante n'a pas été, semble-t-il, adéquatement définie, les hommes de droite se répartissent idéologiquement en chapelles conflictuelles ; les uns tendront à abolir l'un des termes de l'aporie afin de la dissiper, et l'on obtiendra tantôt les partisans de l'organicité sans la transcendance (retour au paganisme), tantôt les partisans de la transcendance sans l'organicité (esprit théocratique) ; les autres essaieront de les faire tenir ensemble mais sans les faire s'harmoniser rationnellement, avec tous les degrés possibles de surdétermination de l'un des termes au détriment de l'autre ; ils se défausseront de l'aporie en la résorbant dans l'obscurité de l'acte de foi ; alors les deux termes constitutifs de cette aporie s'en trouveront eux aussi obscurcis ; tant l'organicité que la transcendance se révéleront difficilement pensables, selon toutes les modalités du surnaturalisme exténuant l'ordre naturel ; dans l'ordre naturel, la victime en sera d'abord la raison qui sera alors réduite au simple instrument de la théologie révélée, ou bien qui sera vécue sur le mode de cette épreuve destinée à faire prendre conscience à l'homme de sa finitude et de sa misère.

De fait, les hommes de droite sont depuis toujours paralysés par la pluralité des conceptions qu'ils se font de l'idéal politique auquel ils disent se dévouer, et cette pluralité est un principe indépassable de discorde, ainsi de faiblesse, puisque le propre de l'idéal politique est d'unir. Un *idéal* politique n'est véritablement *politique* que s'il est un, ou se pense comme unique par tous les membres de la communauté qu'il mobilise. Si le subjectivisme absolutise le moi de chacun en rejetant toute communion, il y aura subjectivisme aussi longtemps qu'il y aura à droite une diversité d'idéaux philosophiques et politiques incompatibles. Et le subjectivisme rendra ces gens méchants, amers, présomptueux aussi, destinés à s'épuiser en querelles d'écoles et à s'offrir aux coups victorieux de la gauche polymorphe.

La première des conditions requises pour rendre efficaces les efforts destinés à enrayer la décadence est donc bien l'éradication du subjectivisme. Qu'au moins les tenants de diverses visions du politique cessent de s'entre-déchirer, non en cultivant l'art du compromis, non en s'unissant aveuglément dans l'action sans souci d'une unité doctrinale, mais en admettant la controverse dialectique loyale entre gens du même camp, en vue de l'élaboration de cette doctrine unifiant véritablement la pensée de droite.

« Les païens et néo-païens sont des gnostiques satanistes infiltrés dans les rangs de la Droite traditionnelle, il faut les dénoncer et les en chasser… ».

« Les chrétiens sont des sous-hommes, des renégats judaïsés du paganisme, des agents de l'Orient émollient infiltrés dans les rangs de l'identité européenne, et ils doivent être extirpés de la société… ».

« Les dialecticiens sont des hégéliens qui substituent le devenir à l'être, qui veulent que la vérité soit évolutive, qui nient la valeur du principe de contradiction, qui ne croient pas à la vérité objective, qui sont au mieux des disciples du cardinal de Lubac et entendent infondre le modernisme dans la blancheur du catholicisme traditionaliste, c'est-à-dire du garrigou-lagrangisme… ».

« Les maurrassiens ne sont que des suppôts du jacobinisme, qui prétendent faire digérer l'idée nationale par l'idée monarchique, alors que la nation a été inventée pour se substituer à l'autorité royale… ».

« Les légitimistes sont des romantiques providentialistes qui font le jeu du mondialisme en vidant le concept de nation de toute consistance, et qui substituent la Tradition à la raison selon l'optique traditionaliste condamnée par l'Église catholique ».

« Les thomistes sont des démocrates qui doivent être corrigés par l'augustinisme politique… ».

« Les thèses de l'augustinisme politique se résolvent dans le scotisme qui est la matrice du nominalisme, et donc de l'esprit individualiste inspirant la démocratie ».

« Tout le mal en politique et en religion s'explique par l'influence des sectes judéo-maçonniques, et celui qui prétend relativiser cette influence est lui-même un judéo-maçon ou un idiot utile que les agents de la subversion manipulent… ».

« La judéo-maçonnerie n'a aucune influence réelle, elle n'est que l'effet de la prise de conscience de soi d'un mal déjà installé qui la précède ».

« La réhabilitation du projet de Saint-Empire romain germanique n'est que l'effet d'une poussée mondialiste, la preuve en est que les Gibelins et Marsile de Padoue entendaient subordonner le pape à l'empereur ; de plus, Rothschild a avoué lui-même dans les années cinquante du XXème siècle que la nation était le verrou qu'il faudrait absolument faire sauter, et que l'Europe d'après-guerre devrait substituer des régions aux nations ».

« La réhabilitation du concept de Saint-Empire est le meilleur moyen, et probablement le seul possible, habilité à préserver les peuples d'Europe du mondialisme, parce qu'il est le seul à exténuer les égoïsmes nationaux, à fédérer les ethnies — que les nations historiques ne respectèrent guère, qu'il conviendra donc de redéfinir par-delà les frontières juridiques nationales actuelles — et à leur conférer la puissance requise pour lutter contre le mondialisme anglo-saxon ».

« L'Allemagne a toujours été l'ennemi de la France, parce que les prétentions impériales du monde germanique ont toujours tenté d'empêcher la constitution de la France considérée en son identité spirituelle unique, comme synthèse des génies européens ».

« L'Allemagne a toujours été le meilleur allié de la France parce que d'une part la France s'est constituée à l'origine sous la férule d'une tribu germanique, de sorte que l'identité française est, à son origine même et jusque par son nom, de nature germanique, parce que d'autre part le véritable ennemi héréditaire de la France est l'Angleterre, puissance thalassocratique et par là essentiellement mercantile, marchande, et potentiellement mondialiste ».

On pourrait prolonger indéfiniment la liste de ces jugements à l'emporte-pièce. Soutenir qu'il existe une vérité captive partout où il existe une vraie pensée, dût-elle être une pensée fausse (et c'est pourquoi la vérité qu'elle enveloppe y est tenue captive), c'est affirmer que tous ces points de vue sont faux en tant qu'ils sont unilatéraux, exclusifs les uns des autres, mais que, par l'office de la dialectique, il est possible de les convertir à leur identité concrète.

§ 41. 2. Suite du § précédent : de quelques mesures inenvisageables et pourtant vitales.

La droite de conviction, non conformiste, la droite de la droite, la droite extrême, la droite radicale, c'est la droite qui est réellement de droite et qui, faute de mieux, se définit par son refus de l'héritage de 89 ; elle regroupe les monarchistes de toutes espèces, les fascistes, les nationaux-socialistes, les salazaristes, les franquistes, les pétainistes, les partisans de la dictature, les catholiques traditionalistes, les néo-païens. Il a été vu qu'elle pouvait se définir positivement de la manière suivante :

Il existe un ordre naturel des choses, et la dignité de l'homme consiste à le découvrir et à s'approprier à lui ; conséquence : la subjectivité n'est pas principe, mais simple attribut de la nature humaine, la liberté est mesurée par la vérité et n'est pas souveraine, ne peut avoir raison de fin ; le bien ultime de l'homme est un bien que l'on sert et non un bien dont on se sert ; il existe un bien commun qui a raison de fin des biens particuliers, ce qui enjoint à l'homme de consentir au devoir du dépassement de soi, entendu comme devoir de ne pas faire un maître de ses passions et désirs privés, mais de les tenir pour la matière sacrificielle de l'appétit pour les biens spirituels, seuls véritablement communs, seuls susceptibles d'avoir raison de fin et non de moyen du moi ; l'homme n'est pas bon au départ de sa vie ; il ne sera, peut-être, bon qu'à la fin ; l'irascible l'emporte sur le concupiscible, la lutte contre soi-même a plus d'importance et de dignité que la satisfaction des besoins ; l'irascible, comme tendance adoptée en tant que fondamentale — plus importante et, sous un certain rapport, plus originaire que le concupiscible —, est la médiation obligée entre ce concupiscible qui appète les biens que l'homme rapporte à lui, et cet autre concupiscible, ou cette autre modalité de ce dernier qui, spirituelle, appète les biens auxquels l'homme se rapporte. Selon le caractère spécifique de toute médiation, l'irascible fait s'identifier en lui les deux formes du concupiscible. Le combat, et l'affrontement de la souffrance, auxquels dispose l'irascible, sont eux-mêmes des biens aimables, et cela n'est possible que si le bien supérieur auquel l'irascible donne accès par sacrifice des biens inférieurs consiste lui-même dans le résultat victorieux d'une lutte du bien sur ses propres degrés inférieurs qu'il assume en les dépassant : en aimant le bien supérieur, le sujet appétant épouse l'autodépassement — moyennant l'intervention obligée de l'irascible — des biens inférieurs. Parce que le sujet appétant est lui-même un bien aimable (il se veut du bien en voulant tous les biens, même ceux qui l'invitent au sacrifice), l'amour qu'il porte au bien supérieur est l'expression du fait que le bien supérieur se veut en ce sujet qui, exerçant un amour qui vient de plus loin que lui, est invité au dépassement de soi-même en épousant un tel amour. L'homme de droite n'aime pas l'héroïsme parce qu'il fait jouir, il aime la jouissance de l'héroïsme parce qu'il est héroïque de l'aimer. D'où une célébration constante, dans les sociétés d'ordre, des vertus militaires ; non que la famille, l'école et la société aient vocation à se transformer en casernes ; mais les vertus militaires trouvent une application dans tous les genres de vie, et elles vivifient tous les devoirs moraux. Notons encore que le néo-paganisme, qui revendique un subjectivisme héroïque (il n'existe pas d'ordre des choses, l'homme donne sens au chaos, le rationnel est un principe d'interprétation projeté par l'homme dans l'irrationalité du réel), est quand même à bon droit placé à droite en cela que, pour lui, le comportement de l'homme doit être fondé sur un « comme si » : tout doit se passer comme s'il existait un ordre des choses invitant l'homme au dépassement de soi.

Cela fait beaucoup de choses en commun pour tous les courants de cette droite qui est la vraie droite, et cela induit un certain nombre de mesures de salut public dont il est possible de faire succinctement l'inventaire. Mais, comme on le verra, cela ne suffit pas à donner à la droite sa véritable unité.

§ **41. 2. 1.** On doit supprimer le régime démocratique entendu comme application du dogme de la souveraineté populaire. Le souverain n'est pas le peuple, il est la nature humaine intemporelle qui préexiste (ce que sait le catholique) dans la pensée divine. Cette nature humaine se réalise dans les divers génies nationaux, dans les personnalités collectives hypostasiant l'esprit des peuples, c'est-à-dire la nature humaine se particularisant en eux pour se donner une existence mondaine et historique. Et il appartient à cette hypostase communautaire qu'est l'esprit d'un peuple d'accéder à la conscience de soi dans un chef, conducteur de peuple, en la volonté duquel le peuple reconnaît son propre vouloir objectif, c'est-à-dire ce qu'il doit vouloir, ce que la raison droite veut qu'il veuille, et qui est normatif de la subjectivité de chacun. Le régime démocratique est intrinsèquement mauvais, qui fait dépendre le bien et le mal, le vrai et le faux, des suffrages non éclairés et versatiles de la foule. Il est pervers parce qu'il est le moyen par lequel les puissances d'argent exclusivement et par essence intéressées par le bien privé accèdent au pouvoir réel et instrumentalisent l'État : puisque le pouvoir appartient au peuple, elles achètent tout ce qui conditionne la mentalité populaire et lui font voter ce qu'elles veulent que le peuple choisisse ; la presse, la télévision, les maisons d'édition, les hommes politiques, avec eux les faiseurs des règles de droit, les laboratoires de recherche, les décideurs des commandes de l'Etat, les dépositaires de la mémoire collective, tout appartient désormais à la Banque.

§ **41. 2. 2.** Les supposées libertés de conscience, d'opinion, d'expression doivent être bannies. La seule vraie liberté est le service du bien et du vrai, dont le contenu ne dépend pas des états de conscience de l'individu. Sur le plan spéculatif, il est certes des erreurs utiles, fécondes en ce que la pensée s'essaie et se cherche, s'objective en elles, se confère une existence objectale grâce à laquelle la pensée peut penser ses essais et les rectifier ; ce qui est produit par l'intellect n'est pas bon seulement par les réponses qu'il propose, mais encore par les questions qu'il pose, même si les réponses doivent être amendées. La recherche intellectuelle doit demeurer libre, mais la diffusion de ses travaux doit rester cantonnée dans les cercles restreints qu'elle concerne. Il n'est pas, quant aux nouvelles de l'histoire qui est en train de se faire, d'appareil d'information journalistique qui ne soit aux mains de quelques-uns et qui ne serve leurs intérêts ; c'est là un fait indépendant de la volonté des hommes avec lequel on est obligé de composer ; informer est choisir, choisir est juger, tout jugement suppose référence à un idéal ayant raison de fin, et la fin est objet d'appétit. Il n'est pas d'information neutre, tout comme il n'est pas de manière neutre d'écrire l'Histoire, déjà parce que les choix des événements tenus pour importants conditionnent la signification que l'on reconnaît à la succession de tels événements. Aussi l'information doit-elle être assumée par l'instance la moins susceptible de la subordonner à des intérêts privés oligarchiques, ainsi de la trahir ; elle doit être assumée par l'Etat, garant du bien commun, et par les instances que l'État habilite à exercer une telle tâche. Aucun régime ne peut conjurer absolument la possibilité de sa propre corruption, et le régime autoritaire mono-archique organiciste peut toujours dégénérer en tyrannie. Mais il a l'incomparable mérite, par rapport à tous les autres régimes, d'être indépendant des fluctuations de l'opinion et des réflexes passionnels des foules, comme des groupements d'intérêt particuliers ; l'État peut se dispenser des mesures démagogiques, il peut plus aisément se dispenser de mentir ; au rebours de la pensée de gauche posant que le pouvoir avilit, l'homme de droite considère qu'il élève celui qui l'exerce, tant il est vrai que le pouvoir lui-même n'est pas neutre ; il est par essence ordonné au bien. Il ne s'agit pas tant, par le choix d'un appareil d'information étatique, de cacher certaines vérités, parce que la vérité est toujours un bien ; il s'agit d'empêcher qu'on les cache ; il s'agit aussi d'empêcher les menteurs de faire mentir les vérités en les sélectionnant ou en les présentant dans une forme qui en trahit le contenu.

§ 41. 2. 3. L'esprit communautaire doit être exalté, et l'individualisme pourchassé, ce qui se transcrit dans le travail et dans l'économie par l'instauration du corporatisme, seul capable de faire s'articuler entre elles les deux formes de justice que sont la justice distributive et la justice commutative. Corrélativement, on doit s'émanciper de la tyrannie du prêt à intérêt et recouvrer la maîtrise de la création et de l'usage de sa propre monnaie. Ces mesures relèvent du dirigisme économique, voire de ce que l'on peut nommer socialisme, pour autant qu'un tel socialisme reste innocent de toute collectivisation des moyens de production et ne soit pas ablatif de la responsabilité individuelle, indissociable de la propriété privée.

§ 41. 2. 4. Une morale publique doit être incarnée dans les lois civiles, qui proclame l'indissolubilité du mariage, la condamnation de l'avortement, des comportements antinaturels et du consumérisme. La peine de mort doit absolument être réinstaurée, qui seule signifie qu'il existe des erreurs pour lesquelles on mérite de mourir ; un tel rétablissement a donc pour signification première de rappeler l'intrinsèque supériorité du bien commun sur le bien particulier : la valeur du tout l'emporte sur celle de la partie.

§ 41. 2. 5. Doit être accomplie l'inversion radicale des flux migratoires, la reconstitution du patrimoine génétique européen propre à la France et à chaque nation d'Europe. C'est une condition sine qua non de la renaissance et de la survie des peuples d'Europe, aussi est-on en demeure d'affronter, pour la respecter, même le risque de guerre civile.

§ 41. 2. 6. Doit être extirpée de la nation cette institution corruptrice qu'est la franc-maçonnerie. Il en doit être de même pour les réseaux crypto-marxistes et autres officines plus ou moins secrètes opposées à l'idéal de restauration de la nation.

§ 41. 2. 7. Le Juif croit, selon sa religion, qu'il y a identité entre sa communauté religieuse ou ecclésiale et sa nation. Il croit qu'il lui est demandé par Dieu de dominer le monde et d'en accaparer les richesses, afin d'instaurer pour tous le paradis sur Terre dans la forme d'un mondialisme hédoniste sans propriété privée. Parce qu'il est démographiquement insignifiant dans l'océan des peuples, le Juif ne peut parvenir à dominer qu'en affaiblissant ce qui n'est pas lui ; cette même faiblesse du Juif ne peut l'autoriser à abaisser autrui en le lui imposant par la force, et ainsi le Juif ne peut affaiblir autrui qu'en le rendant complice de son propre abaissement. Ce qui revient à dire que le Juif est par condition native corrupteur, toujours attaché à river le monde non juif à ses vices. Restaurer l'exigence morale et politique des peuples passe donc par la mise à l'écart du judaïsme, c'est-à-dire des Juifs eux-mêmes puisque la doctrine du judaïsme professe que l'union religieuse sous l'égide de la doctrine juive coïncide avec la nation juive. Cette libération nationale de l'emprise juive ne saurait cautionner le sionisme, parce que reconnaître au Juif le droit à vivre dans un État revient à reconnaître la légitimité de l'existence du Juif, ce qui, du point de vue catholique, revient à cautionner le déicide : le constitutif formel de la judéité est le refus du Christ. Comme l'enseigne saint Pierre (I P II 9), l'Église catholique seule est « une race élue, un sacerdoce royal, une nation sainte, un peuple acquis ». Il n'est d'autre solution au problème juif que la conversion sincère au catholicisme. Si elle n'est pas obtenue, le Juif doit être expulsé ou bien réduit à l'impuissance médiatique, politique, économique, culturelle, juridique.

§ **41. 2. 8.** L'interdépendance économique et technique entre les peuples, sous la pression du libéralisme et du capitalisme, mais aussi les facilités d'échanges entre peuples induites par le développement déchaîné des techniques de communication, font qu'un peuple ne saurait lancer une politique de recouvrement de son identité spirituelle et charnelle autrement que par un régime d'autarcie, le mettant à l'écart du reste du monde, au moins pour plusieurs décennies. Ce qui induit l'acceptation d'une chute drastique du niveau matériel de vie. Cette interdépendance économique entre peuples actuels oblige la nation autarcique à s'armer dans une proportion considérable, parce que les puissances financières planétaires, enkystées dans les Etats techniquement avancés, ne peuvent pas ne pas percevoir, dans cette décision d'autarcie, un danger pour le système bancaire mondialisé. Le dilemme est simple : ou bien la nation autarcique est rayée de la carte par l'énergie nucléaire, et ses membres meurent dans l'honneur. Ou bien elle consent à assez de sacrifices matériels pour tenir tête au monde, sans prétendre à le dominer mais assez indépendante de lui pour le laisser s'intoxiquer lui-même sous le poids de ses propres iniquités, et une telle nation incarne la vocation du « Camp des Saints ». On se souviendra sur ce point que si le mondialisme en vient, pour parvenir à ses fins, à rayer de la carte une nation aussi importante que la France, ou toute autre grande nation d'Europe, c'est vraiment que la fin du monde n'est pas loin et que la fin du Politique lui-même est annoncée. On parle en général de fin d'*un* monde pour évoquer la mort d'une civilisation, et on laisse entendre que, après des décennies, voire des siècles de confusion, de retour à la barbarie et de chaos, une nouvelle vision du monde, resplendissante, peut toujours naître et faire se poursuivre l'aventure humaine. Mais, dans la perspective catholique ici adoptée, rien de positif ne succédera au catholicisme, parce que l'Incarnation est le centre de l'Histoire et la consommation des espérances humaines, elle les consomme et les excède. Rien ne peut succéder au catholicisme, sinon un processus de décadence et de déshumanisation exponentiel annonciateur de la venue de l'antéchrist et de la Parousie. Or il faut vraiment que la venue de l'Antéchrist soit imminente, que son impatience soit chauffée à blanc et sa certitude d'être victorieux complètement acquise, pour qu'on en vienne à détruire une nation entière, destruction génératrice de dysfonctionnements continentaux irréversibles ; il faut que les auteurs d'une telle destruction sachent qu'aucune autre nation ne prendra le relais de celle qu'ils détruisent. Dès lors, s'insurger contre l'actuelle décadence, fût-ce en prenant, par l'intransigeance d'une telle insurrection, le risque d'être détruite, cela ne peut que produire du bien puisque, supposé que cette réaction soit vaincue, ce sera le signe qu'il n'y avait de toute façon plus rien à faire.

§ **41. 2. 9.** L'une des tâches les plus urgentes est de reconstituer la mémoire collective des peuples d'Europe, en libérant la recherche historique et scientifique sur les sujets tabous et incapacitants, en lavant la conscience collective des milliards de mensonges qui l'intoxiquent et l'empêchent d'apprendre à formuler des jugements objectifs. Il ne s'agit pas seulement des mensonges grossiers relatifs à l'extermination des Juifs, aux crimes supposés de la colonisation, à tous les dangers controuvés forgés par la propagande « arc-en-ciel » destinés à imposer un gouvernement mondial ; il ne s'agit pas seulement des milliers de contre-vérités distillées depuis trois siècles par le judéo-protestantisme, par l'athéisme militant et par la maçonnerie sur la religion, sur l'histoire de l'Eglise, sur les religieux et sur les monarchies. Il s'agit aussi des pieux mensonges que les hommes d'Église et leurs soutiens, par une fausse et fort imprudente conception de la prudence, ont avalisés pour faire valoir les intérêts de la « bonne cause » ; il s'agit encore des manières par trop chauvines d'un certain nationalisme d'écrire l'histoire, qui brouillent la vue des peuples et rendent impossible la perception d'un bien commun européen.

§ **41. 2. 10.** On ne saurait faire l'économie d'un totalitarisme puissant et brutal mais momentané. Selon l'ordre naturel des choses, de même que la morale est subordonnée à la politique cependant que la politique ne saurait court-circuiter l'exigence morale mais est en demeure d'en faire respecter les préceptes, de même le bien commun des familles est subordonné au bien commun de l'État cependant que l'État est en demeure de respecter l'autonomie des familles et ne saurait se substituer aux autorités naturelles qui les régissent. Mais cet ordre suppose que les familles et les individus qui les composent soient encore solides, conservent quelque chose de l'héritage du passé, c'est-à-dire du temps où la vie politique était conforme à l'essence de l'homme. Aujourd'hui, on a affaire à des familles immatures, recomposées, décomposées, défaites, chamboulées, incapables de trouver en elles-mêmes les ressources spirituelles leur donnant de déclarer la guerre à l'esprit du monde, lequel a envahi, avec son matérialisme, son individualisme, son subjectivisme, non seulement les jeunes mais aussi les moins jeunes, et même les presque vieillards issus des années cinquante, celles du jazz, de la « Libération », des « Trente Glorieuses » consuméristes, et de la trahison de Vatican II. L'État présuppose, en droit, la vitalité des familles et les communautés intermédiaires de la société civile ; en fait, il est mis en demeure de reconstituer par le haut ces familles et ces communautés. Qu'on n'aille pas croire à l'existence d'une partie encore saine du peuple des campagnes : on y trouve la même déliquescence qu'ailleurs, la même consommation de drogues, le même individualisme, le même esprit de jouissance mercantile, la même déchristianisation, les mêmes unions « libres », le Rap, l'antiracisme, le subjectivisme du « moi je dis que » et du « moi j'ai le droit de penser ce que je veux ». Les nations d'Europe ne sont plus des peuples, elles sont des agrégats d'individus ayant conservé vaguement le souvenir d'avoir été des peuples. C'est au politique qu'il appartient, dès lors, de refaire des peuples de ces masses informes, de refaire des familles de ces unions privées désordonnées.

§ **41. 2. 11.** Si le primat du bien commun politique, qui privilégie le tout par rapport à l'individu, qui donc exige la subordination de la partie au tout, est nommé « totalitarisme », alors ce dernier est bon par essence et n'a pas vocation à être jamais abandonné. Mais ce terme peut désigner une organisation de la société selon laquelle le tout, ayant raison de fin des parties, devrait se substituer à leurs initiatives propres et les réduire à des exécutants de ses propres décrets, sans autonomie, sans initiative dévolue aux parties. Cette acception du totalitarisme n'est pas bonne par soi mais peut l'être par accident, quand les organes intermédiaires de la nation sont tellement déficients, malades et pervertis qu'ils ne sont plus capables d'agir par eux-mêmes dans la tâche de servir le bien commun ; c'est alors que l'État peut exercer de manière vicariante les fonctions normalement dévolues aux familles et aux organismes privés ; ce qui peut légitimer, dans le domaine économique, les socialisations ponctuelles et momentanées de certaines branches de l'industrie. Ce même totalitarisme, mettant pour un temps entre parenthèses la distinction réelle entre l'ordre privé et l'ordre public, mais aussi entre l'ordre politique et l'ordre religieux, exigerait que fussent tenues à un relatif silence même les communautés catholiques de Tradition. Imaginons ce qui se produirait si, dans le contexte plus qu'improbable d'une accession au pouvoir des forces de la Réaction antimondialiste, les autorités politiques laissaient, dans le domaine social, la bride sur le cou des dirigeants des diverses chapelles catholiques hostiles à Vatican II. Elles auraient tôt fait, se déchirant entre « Ralliés » et « sédévacantistes », « lefebvristes » et « williamsoniens », de prétendre chacune à un magistère théocratique sur le politique et, dans la fureur que chacune dirige contre ses sœurs ennemies avec un luxe de haine plus grand qu'à l'égard de la vraie subversion, elles auraient tôt fait de faire capoter l'entreprise de salut public en quoi consiste l'épreuve tragique d'une guerre civile et d'une prise de pouvoir par la force. Et ce qui est imposé aux chapelles religieuses devrait l'être aussi aux chapelles politiques actuellement classées à la droite de la droite. Le problème, évidemment, c'est que le personnel qu'une révolution nationale pourrait enrôler ne pourrait se glaner que dans ces milieux. D'où la nécessité de les faire s'unir préalablement sur le plan doctrinal, et d'attendre que l'une d'entre elles, s'imposant au cours d'une guerre civile suspendant les prérogatives du pouvoir étatique judéo-maçon, assume cette vocation de principe d'unité d'un tout dont elle n'était qu'une partie. Ce qui est certain, c'est que les efforts prodigués par chacune pour parvenir à ce rôle providentiel, exercés en dehors de l'état de guerre civile, sont complètement vains.

§ 42. 2. 12. Une société d'ordre ainsi conçue exige, dans son principe, la non-séparation de l'Église et de l'Etat, si le rapport entre bien commun et souverain bien est adéquatement pensé ; cette disposition anti-laïciste est même l'unique manière de préserver sa valeur absolue à la religion sans offenser la souveraine majesté de l'État : en reléguant la religion dans la sphère du privé, on charge cette dernière du poids d'une valeur absolue et l'on en vient à subordonner l'État au domaine privé de la société civile et domestique, ce qui détruit évidemment le bien commun. Cela dit, compte tenu de ce qui précède (§ 42. 2. 11), et sur le fond d'une crise contemporaine de l'Église qu'il n'appartient à aucune politique de régler, ainsi que l'on ne peut que subir dans la patience et l'espérance, on doit maintenir par accident la séparation de l'Église et de l'État afin de préserver l'État des ingérences modernistes, maçonniques et judaïques, mondialistes et marxisantes d'une Église conciliaire qui n'a pas encore produit la quintessence de son venin.

§ 41. 3. Il n'est déjà pas certain que tous les courants de la « droite sans nom » se retrouvent dans ces quelques lignes programmatiques pourtant extrêmement sommaires. Mais enfin, supposé que la chose soit acquise, on est loin de ce consensus faiseur d'efficacité requis par un relèvement des peuples européens. Déjà l'évocation qui vient d'être faite concernant le primat de l'irascible sur le concupiscible engage une certaine conception du bien en général, ainsi du réel en son entier, qui appelle pour être acceptée la recevabilité de la pensée dialectique. Il sera question d'elle une nouvelle fois bientôt, mais, l'on a vu déjà — et on le reverra encore plus en détail — le subjectivisme de droite, abhorrant tout ce qui se rend difficile à l'exercice de l'intelligence en contrevenant à l'impératif de « clarté », constitue un obstacle dirimant à l'adoption de la dialectique. Par ailleurs, si l'on consent à mesurer la somme immense d'efforts que représentent l'adoption et l'instauration des quelques mesures qui viennent d'être évoquées, jointe à celle des efforts aussi démesurés qu'appellerait l'enracinement de telles mesures, on parvient peut-être à se faire quelque idée du degré d'abnégation auquel doivent parvenir les acteurs d'un tel relèvement. C'est que, comme il est aisé de s'en rendre compte, ces mesures sont autant d'interdits, autant de privations, autant de limitations au désir de jouir et aux prétentions orgueilleuses de chaque petit moi.

Or elles sont nécessaires mais non suffisantes. On ne peut mobiliser la volonté contre l'appétibilité d'un bien de nature grossière que si l'on est capable d'aimer avec plus de force encore un bien de degré supérieur. On supporte les interdits quand ils sont la condition d'accession à un bien meilleur que celui dont ils privent. Or aimer ce bien, en tant qu'il est un bien commun, suppose qu'il soit défini et reconnu tel par tous. Autant dire que l'idéal vers lequel doit tendre la « droite sans nom » doit être clair, définitif, commun à tous, assez puissamment argumenté pour emporter l'engagement sans réserve, capable de susciter une adhésion proprement religieuse, inconditionnelle, parce que seule une telle adhésion donne la force *et* de tout risquer pour atteindre le pouvoir, *et* de tout faire pour le conserver. Et c'est sur ce point que le bât blesse puisque tous les courants de cette droite n'ont d'unité que négative, celle d'une aversion commune pour tout ce qui relève de la pensée de gauche.

§ 42. Suite du § précédent : identité et différence, identité concrète.

En dépit des apparences, la plus scandaleuse des conditions requises pour rendre féconds les efforts dispensés en politique dans le contexte désespéré de notre temps, est peut-être cette acceptation des vertus de la dialectique, celle qui suscite le plus d'aversions à droite.

Est dialectique, ainsi qu'il l'a été dit ici au § 26, ce mouvement dans la pensée qui conjugue paradoxalement l'attraction et la répulsion, l'affirmation et la négation, qui semble défier la loi première de la pensée logique, à savoir le principe de contradiction. Lorsque, par exemple, on exige que l'identité soit exclusive de la différence, parce qu'elle répugne à coexister avec son contraire, on exige, ce faisant, que l'identité soit *différente* de la différence, et que, corrélativement, cette différence, afin d'être effectivement différente, soit elle-même *identique* à soi ; on exige donc sans vouloir s'en rendre compte, face au constat de ce que l'identité sans la différence bascule en différence, et réciproquement, que l'identité soit l'identité d'elle-même et de la différence pour être authentiquement identité, et que la différence participe de ce qu'elle conteste, à savoir l'identité, pour être authentiquement différence. Ce ne sont pas là d'innocents ou fastidieux jeux de mots à toute distance du réel. La pensée droitière n'aime pas le mode de penser dialectique parce qu'il a été comme confisqué par le marxisme, et puis aussi parce que sa recevabilité suppose que soit admise l'idée selon laquelle le non-contradictoire est non pas ce qui répugne à assumer la contradiction, à l'éprouver et à prendre le risque de s'y perdre, mais ce qui s'en fait victorieux. Il est nécessaire d'adopter un mode de penser dialectique si l'on entend s'enfoncer dans les profondeurs de l'intelligibilité du réel, quitte à y risquer sa soif pathologique de « clarté », laquelle soif refoule dans l'élément supposé de l'inintelligible ce qui ne consent pas à se plier aux exigences de simplicité de la raison non dialectique. Réduire l'intelligible à la clarté, c'est d'abord, sous le prétexte de se libérer de la sophistique, une manifestation de subjectivisme, une raideur du sujet pensant indisposé par l'opacité du réel, qui tend à substituer une idée « claire et distincte » du réel au réel lui-même ; c'est ainsi d'abord une manifestation du subjectivisme faisant du sujet pensant, fasciné par sa revendication d'évidence, la norme et l'index de la réalité du réel. Paul Valéry faisait dire à Socrate, dans *Eupalinos*, que rien n'est plus mystérieux que la clarté, laquelle, comme donnée brute, ne donne pas les raisons de ce qui s'impose par son évidence à l'esprit investigateur.

La « clarté » désolidarisée du labeur consistant à la clarifier, à lui enjoindre de donner ses raisons, a quelque chose de commun avec la foi qui, assentiment de l'intellect à la vérité, est une connaissance, mais dont le jugement qui la produit ne trouve pas dans l'intellect la raison suffisante de son déclenchement : c'est la volonté qui meut l'intellect à juger, elle-même mue par l'Esprit-Saint. Et en cela la foi, plus parfaite que l'intellect en vertu de l'autorité de Celui qui la donne, est moins parfaite que l'intellect à cause de l'obscurité des raisons qui la déclenchent : on croit, on sait que l'on croit, on s'efforce à dire pourquoi l'on croit, on tente de discerner des motifs de crédibilité, on s'essaie à développer une intelligence de la foi, mais jamais, aussi longtemps que la Vision béatifique n'est pas atteinte, l'intellect ne peut dissoudre la foi dans le savoir proprement rationnel. Et le désir impatient de clarté, et l'adhésion qu'elle suscite, en laquelle l'intellect se repose, s'imposent sans donner leurs raisons, sauf que dans le cas présent, qui concerne les vérités accessibles en droit à la raison, ce n'est pas l'Esprit de Dieu qui enjoint à l'intellect d'assentir, c'est la revendication du sujet pensant qui fait de son impatience, de sa crispation sur lui-même, le principe de légitimation du déclenchement de l'adhésion. Et on a là la « meilleure » manière d'être piégé par les fausses évidences.

Si l'évidence brute est mystérieuse, c'est-à-dire obscure, c'est parce que, contre toute attente de « clarté « subjective, la clarté objective, la vraie clarté, la vraie évidence doit être comprise telle l'identité concrète — identité de l'identité et de la différence — de la clarté et de l'obscurité ; est absolument clair ce qui donne ses raisons, et ce qui donne ses raisons dévoile le processus d'advenue de l'évident ; mais un processus est un mouvement, c'est-à-dire le passage d'un contraire à un autre ; si le résultat est l'évidence, ce dont elle procède est obscur ; mais il doit, pour être recevable, être lui-même évident ; par conséquent il doit remplir l'exigence d'une identité entre l'obscur et l'évident. Et c'est cette identité paradoxale, vouée à être dépassée mais aussi assumée, qui détermine le critère permettant de discriminer entre vraies et fausses évidences.

Il est « évident », dit-on volontiers, que la liberté et la nécessité sont incompatibles, que leur identité est contradictoire et qu'elle se réduit à un « flatus vocis » en lequel la pensée s'exténue. Pourtant Dieu est tout-puissant, au point que rien ne se produit que Dieu ne veuille, jusques aux volitions que l'homme pose librement : Dieu nécessite les volontés créées à vouloir ce qu'Il veut qu'elles veuillent, sans supprimer la liberté et la responsabilité de leurs actes ; Dieu est tout-puissant *et* juste infiniment : si les volontés créées n'étaient pas responsables de leurs actes, elles seraient innocentes de leurs actes peccamineux et elles seraient damnées sans l'avoir mérité, et Dieu serait injuste. On a là un exemple typique de cette conjugaison réelle de liberté et de nécessité, d'identité réelle entre les deux, qui n'est pas ablative de leur différence non moins réelle.

Le rapport entre nécessité et liberté se révèle, ici, dialectique, et il est inévitable, par conséquent, que la rationalité de cette identité ne puisse être appréhendée que par la dialectique.

L'identité concrète, identité de l'identité et de la différence, est cette identité qui se différencie, se pose en ce moment obligé d'elle-même en lequel elle se révèle différente d'elle-même, ainsi contradictoire, et qui, de manière concomitante, fait se différencier d'elle-même cette différence d'avec soi et la ramène à l'identité d'origine mais, la posant comme concrète, elle l'institue comme émancipée de sa contradiction interne en ce sens qu'elle se révèle *n'être pas* contradictoire parce qu'elle *a* sa contradiction réduite à un moment de son autoposition. S'il est définitionnel de ce qui est identique à soi de se nier, ainsi de se différencier de soi, de se poser comme différent de soi, alors il est définitionnel de cette identité d'achever ou de parfaire la position d'elle-même en sa différence en la faisant se nier elle-même, ainsi à l'achevant, en la supprimant.

On a dit plus haut qu'il ne s'agit pas là d'un jeu stérile de l'esprit avec lui-même, et que cette négativité œuvrant à l'intérieur du positif, ainsi cette dialectique, est d'abord une activité réelle œuvrant dans le réel, de sorte que la dialectique de la pensée n'est que le reflet, en elle, de la dialectique des choses. Ce qui peut s'établir simplement par la considération du rapport général entre sujet (connaissant) et objet (connu). Cette explication sera un prolongement de ce qui fut ici esquissé au § 3.

§ 43. Suite du § précédent : lois de la raison et lois de l'être.

S'il existe une différence radicale entre le sujet et l'objet, s'ils sont à ce point hétérogènes qu'aucune rencontre n'est possible entre eux, alors le sujet se révèle incapable de connaître que l'objet est autre que lui, dès lors que l'attestation d'une différence ou altérité suppose que soient comparables les êtres qui diffèrent, par là qu'ils aient quelque chose en commun qui autorise la comparaison ; et dans ce cas la différence du sujet et de l'objet s'éclipse à tel point que l'on doit conclure à leur identité : le sujet lui-même n'est qu'un objet parmi d'autres, le sujet supposé subsister sous le phénomène de la conscience de soi n'est que la projection trompeuse des structures du langage sur le flux des phénomènes, les catégories de l'être ne sont que les catégories de la grammaire. Si en revanche on identifie radicalement le sujet à l'objet en résorbant, cette fois-ci, l'objet dans le sujet, si on les rend commensurables par réduction de l'objet au sujet, c'est que tout l'être de l'objet se réduit au résultat d'une objectivation de soi immanente du sujet : le monde est ma représentation. Mais alors, s'il est sécrété par le moi, s'il demeure un mirage immanent au moi, on ne voit pas qu'il puisse se donner au sujet qui le vit tel un autre que le sujet, telle une entité qui le détermine et qu'il subit passivement ; si l'objet est objectivation de soi du sujet, si l'acte même d'objectivation fait partie du sujet objectivant, alors cette objectivation de soi du sujet objectivant devrait révéler le secret de l'acte par lequel, en s'objectivant, le sujet cèle son activité, se fait ignorant du processus par lequel il pose la réalité qu'il vit comme s'il était affecté par elle, par une entité étrangère à lui ; ce qui bien évidemment n'a pas lieu. Ne pouvant être ni objet sans être sujet, ni sujet sans être objet, le sujet est en demeure de confesser qu'il est sujet-objet, identité concrète des deux ; l'objet est objectivation de soi du sujet, non sans demeurer quelque chose d'extérieur à lui, quelque chose qui ne procède pas de son activité. Cependant que l'objet continue d'exister en lui-même indépendamment de l'activité noétique du sujet, l'objet est, par le sujet, élevé à la dignité d'un intelligible en acte, ce qui revient à dire qu'il est, par le sujet, élevé à un mode d'existence idéel qui n'en est pas moins réel ; l'objet est élevé au statut de moment de l'acte d'intellection. Et c'est bien ce qu'enseigne le réalisme thomiste d'inspiration aristotélicienne : le plus haut degré d'élaboration de la connaissance sensible, image ou phantasme, fait subsister en elle ce composé hylémorphique définitionnel du réel objectal, et c'est l'intellect, en tant qu'agent, qui actualise l'intelligible en puissance dans le sensible, le dégageant de ses conditions individuantes et le disposant à être reçu, au titre de « species », dans l'intellect possible qui en retour, informé par l'objet, devient intentionnellement cet objet, *est* donc cet objet qu'il doit aussi *avoir* pour être dit le connaître, et c'est en l'objectivant dans un « verbum » ou « conceptus » qu'il l'a sans cesse de l'être, que donc il le connaît. L'acte d'intellection s'accomplit ainsi selon trois moments : actuation de l'intelligible, réception de l'intelligible dans l'intellect, réaction productrice de l'intelligible. L'identité du sujet et de l'objet s'exerce dans le deuxième moment, et leur différence, non ablative de leur identité, est confirmée dans le troisième ; il s'agit bien d'une confirmation puisque le rapport originaire du sujet à l'objet est celui de la différence. On voit bien ainsi qu'un sujet n'est sujet que s'il est identité concrète du sujet et de l'objet. En tant qu'il y a identité des deux, il y a identité de la pensée et du réel, mais par là est assuré que les lois de la pensée sont celles du réel : en s'informant sur la manière dont fonctionne l'intellect, on s'informe sur la structure de ce qui est. Si donc la dialectique est un aspect nécessaire du comportement de la raison, c'est que la dialectique se dit du réel autant que de la pensée. Mais, parce que l'identité de la pensée et du réel n'est pas exclusive de leur différence, c'est que la manière dont de telles lois opèrent dans le sujet pensant n'est pas, bien qu'il s'agisse des mêmes lois, la manière dont elles opèrent dans l'objet. Ce qui, dans la pensée, est vécu telle une contradiction qui déstabilise la pensée en excluant qu'elle puisse, en l'état, se penser elle-même, adopte, dans l'objet, un mode d'existence qui est celui de l'être en puissance, lequel fait en effet s'identifier les contradictoires : telle motte de glaise ne peut, en acte, être en même temps et sous le même rapport statue et broc, mais elle est les deux en puissance, elle fait s'identifier les contraires en leur être en puissance qui leur est commun et qu'elle est. Quand donc la raison se fait dialectique, la torture qu'elle subit, qui semble la faire renoncer à elle-même, en éprouvant le devoir de faire s'identifier les contraires et les contradictoires, est le signe et la preuve de ce qu'elle a saisi, dans l'être qu'elle pense, cette dimension d'être en puissance qui lui est intrinsèque. Et si l'identité concrète est bien identité de l'identité et de la différence, alors l'être en acte ou être purement acte, innocent de tout être en puissance, doit s'entendre tel le résultat d'une intemporelle victoire de l'acte sur la puissance qu'il assume et ravale au statut de moment de son éternelle autoposition. Telle était bien la conclusion du § 3. Il y était établi en effet que ce dont tout l'être est d'être n'est tel qu'en ayant ce qu'il est. Et c'est en cela qu'il peut à bon droit être dit puissance active, en tant même qu'acte pur : il est cet acte pur capable, en tant que cette puissance à lui-même, d'exercer ce qu'il est, et cette puissance à lui-même, qu'il est, est cette puissance riche de la perfection de l'acte qu'elle pose. Dieu est essence *et* existence, *et* Dieu est celui dont l'essence est d'exister.

Une pensée allergique au mode de raisonnement dialectique ne verra là que sophisme et amphigouri, rappelant doctement que l'Absolu, ou Dieu, ou ce dont l'être est d'être, est simple, et que faire de l'absolu une victoire de l'actualité pure sur la puissance assumée revient à introduire en lui une composition qui répugne à son essence. Répondons :

Plus un être est parfait, plus il est simple ; en effet :

Le plus haut degré d'être est le vivre, le plus haut degré du vivre est le connaître, lequel est toujours une extériorisation intérieure ou immanente puisqu'il n'est pas d'acte d'intellection qui ne se consomme dans la prolation d'un verbe ; connaître consiste à s'objectiver soi-même en tant que devenu l'autre (au reste, c'est là avoir ce que l'on est, et c'est pourquoi connaître revient toujours sous un certain rapport à se connaître). S'extérioriser est agir, agir est une action immanente, il s'agit là de se manifester à soi-même et à autrui (quand le verbe proféré est lui-même extériorisé). Mais plus un être est parfait, plus il tend à être son agir, parce que l'agir perfectionne l'être, l'actualise comme l'acte de courir actualise le coureur en tant que coureur, et que ce qui est parfait doit être sa perfection dès lors que, s'il l'a sans l'être, c'est qu'il n'est pas parfait mais acquiert une perfection. Plus un être est parfait, plus il tend à s'identifier à son opération, par là à se faire l'identité de l'intérieur (le proférant) et de l'extérieur (le proféré). Or cet être est un (il s'agit bien d'*un* être), donc son agir est un et simple, donc sa manifestation est unique. Dès lors, ce qui est imparfait se manifeste toujours de manière plurielle, de manière successive et chaque fois selon un aspect de soi-même incapable de l'exprimer selon tout ce qu'il est, et sous ce rapport un tel être est composé, au moins de lui-même et de sa manifestation. Donc ce qui est parfait est simple.

En particulier, l'absolument parfait exige que son essence et son exister ne soient qu'un.

Il reste que si le simple était exclusif du complexe, il faudrait admettre que le simple et le complexe cohabitent, coexistent et forment un tout dont chacun est la partie. Or la partie est au tout comme la puissance est à l'acte, et le propre de la puissance, faisant s'identifier les contraires, c'est de relever du composé et non du simple : la matière prime est bien puissance pure, et à ce titre elle est simple, mais précisément, elle n'est pas, elle ne subsiste jamais comme prime et n'existe que comme complexe ; ce qui est en puissance et qui subsiste n'est jamais simple par là qu'il est toujours un composé de puissance et d'acte toujours décomposable. Donc ce supposé simple (qu'est le simple tenu pour exclusif du complexe) n'est pas simple du fait même d'être seulement simple ; il est effectivement simple à la seule condition de se révéler tel un acte victorieux de la complexité qu'il assume ; est ainsi acte pur ce qui se révèle identité de l'identité de la puissance (essence) et de l'acte (existence), et de la différence de la puissance et de l'acte ; ce qui a sans être n'est pas vraiment ce qu'il est dit être, mais, tout autant, ce qui est sans avoir ce qu'il est n'est pas vraiment non plus ce qu'il est. Les Idées créatrices, idées divines, s'identifient bien en Dieu à l'essence divine, et tout autant elles se distinguent réellement les unes des autres puisque ce sont ces différences qui sont au principe de la spécification différentielle des créatures. Etant identique à des choses qui se différencient réellement les unes des autres, l'essence de l'Absolu est identique à soi à raison de l'assomption d'une différence d'avec soi. Le concept d'identité de l'identité et de la différence (au reste définitionnel du Concept hégélien) ne concerne pas seulement le mystère trinitaire, derrière lequel la raison naturelle pourrait se retrancher afin de se dispenser de faire l'épreuve de l'intelligibilité d'un tel concept. La raison naturelle est confrontée à une telle épreuve déjà dans l'élément des vérités qu'elle peut atteindre par ses seules forces.

§ 44. Suite du § précédent : la dialectique selon Hegel.

Sans grande courtoisie à l'égard du lecteur, il est vrai, l'auteur et son double Tartempion ont essayé ici, en divers endroits et dès l'introduction, d'expliciter cette notion d'identité de l'être et de l'avoir définitionnelle de l'être véritablement être. Il s'agissait de trouver le moyen de rendre compatibles bien commun (en lequel s'investit l'homme tout entier quoique non totalement) et souverain bien (en lequel ce même homme s'investit tout entier et totalement), affirmation de soi et abnégation, immanence et transcendance de Dieu. Et il s'agissait de les rendre compatibles afin de forger la clé qui permettrait d'en finir avec le subjectivisme, ainsi qu'il l'a été exposé au § 24. Et seule la guérison de cette maladie qu'est le subjectivisme de droite est capable de faire s'unir les nombreux courants de ses maigres troupes. Mais le mode de raisonnement habilitant à penser l'identité de l'être et de l'avoir est précisément la dialectique ; si l'identité de l'être et de l'avoir est un concept contradictoire pourtant rationnellement induit par l'analyse de concepts non contradictoires, c'est que la contradiction est elle-même, à sa manière, rationnelle ; et c'est à la dialectique qu'échoit la charge de montrer qu'il existe de la rationalité jusque dans l'irrationnel, ou encore qu'il est rationnel qu'il y ait de l'irrationnel.

Il sera donc, fort succinctement, rappelé ici, par l'auteur soucieux de faire mémoire de ses sources, ce qu'il en est de la dialectique hégélienne. Dans le § 46 sera abordé ce en quoi l'hégélianisme ne peut être suivi : en soumettant cette philosophie au critère immanent de sa propre dialectique, on s'apercevra qu'elle se trahit en se résolvant dans le monisme, c'est-à-dire en se refusant à se convertir, dialectiquement, au réalisme classique.

Ce que Hegel nomme *le* logique, c'est la forme universelle en laquelle se pose le contenu intérieur, l'essence intelligible de toute réalité, qu'il s'agisse d'être ou de pensée, ainsi de tout ce qui a être et sens ; le logique désigne ainsi le noyau par quoi s'identifient être et pensée. La chose peut être comprise en un sens réaliste traditionnel s'il est vrai que, même pour les Scolastiques, penser est toujours en quelque façon *se* penser, selon l'exigence d'une identité au moins « secundum quid » du sujet et de l'objet : connaître l'autre est, pour le sujet, « fieri aliud inquantum aliud » (devenir l'autre en tant qu'autre), s'identifier à l'autre ou l'identifier à soi (être informé par une « species »), puis se différencier de soi (considéré dans son état d'intellect devenu l'autre) en s'objectivant soi-même (prolation d'un « verbum »), c'est-à-dire se différencier de cette différenciation de soi à raison de laquelle on était devenu l'autre. Le problème de la vérité serait insoluble si l'adéquation de l'être et de la pensée, qui définit adéquatement la vérité, n'était pas aussi une identité de l'être et de la pensée, car il faut, pour vérifier cette « adaequatio », comparer ses termes, ainsi les connaître, mais la connaissance de ces termes, pour être recevable, doit être tenue pour vraie, et l'esprit serait ainsi indéfiniment relancé dans la recherche d'une nouvelle adéquation (si la vérité n'était qu'adéquation sans être identité) toujours problématique, c'est-à-dire à jamais invérifiable.

En tant qu'il exprime la forme de l'essence commune aux choses et à la pensée des choses, le logique s'expose dans des catégories et selon des scansions qui seront par définition aussi bien de l'être que du connaître.

Selon Hegel, tout ce qui est doté d'être et donc de sens (le sujet étant tenu pour identique à l'objet, d'une identité *concrète*, inclusive de leur différence), a nécessairement trois côtés et s'expose en trois moments. Il y a d'abord ce qu'il nomme le côté ou moment « abstrait ou relevant de l'entendement ». Lui fait suite le côté ou moment « *dialectique* ou négativement rationnel ». Le côté ou moment « spéculatif ou positivement rationnel » est le troisième et dernier moment, unité des deux précédents, c'est-à-dire encore leur identité, mais leur identité concrète, identité de leur identité et de leur différence, c'est-à-dire confirmation du deuxième moment exercé par l'acte à raison duquel le deuxième s'abolit en étant reconduit au premier.

Selon le moment d'entendement, A est A, A est identique à soi : l'infini n'est pas le fini, l'intérieur n'est pas l'extérieur, l'identité n'est pas la différence, l'être n'est pas le non-être, le sujet n'est pas l'objet, l'universel n'est pas le particulier, etc. Et le principe de non-contradiction a ici une valeur absolue.

Mais A est A en tant qu'il n'est pas B (ou C, ou D, ou n'importe quoi d'autre), ce qui signifie que A est A à raison de son refus d'être ce qui n'est pas lui ; tout son être étant de n'être pas les autres auxquels, de ce fait, il est foncièrement relatif, il se pose en lui-même en s'opposant ; ce qui fait qu'il est lui-même, c'est ce qui fait qu'il n'est pas les autres, aussi est-il contraint de se poser comme indépendant, comme non relatif au reste, mais en confessant sa dépendance à l'égard de ce qu'il conteste ; il doit confesser une certaine connaturalité avec lui à raison même de son opposition à lui, à la manière dont la cécité, qui est privation de la vue, tient son être de cécité de l'être dont elle est la négation (s'il n'y avait pas de vue, il n'y aurait pas de cécité) ; A sera d'autant plus assuré de coïncider avec soi qu'il sera plus négateur de ce qu'il n'est pas, c'est-à-dire de ce dont il dépend, au point de gagner son identité à soi au prix de la négation radicale de ce qui n'est pas lui ; or s'il exténue, en le repoussant de soi, ce dont il a pourtant besoin pour être soi, c'est-à-dire toute connaturalité ou relation avec lui, il en vient à n'être plus lui-même et à se confondre avec ce à quoi il entendait se contre-diviser : A n'est pas A, A est non A, et ainsi A est B ; tel est le moment dialectique ou négativement rationnel qui fait s'identifier entre elles toutes les différences, et c'est là, du point de vue de l'être (par opposition à l'ordre du connaître), le moment de l'être en puissance qui, en effet, fait s'identifier les différences et suspend la valeur du principe de non-contradiction : l'être en puissance est le référent ontologique du moment dialectique de l'activité rationnelle. Si le principe de non-contradiction est la loi suprême de la pensée rationnelle, le moment dialectique est celui de l'irrationnel mais, parce que ce dernier est rationnellement tiré du moment d'entendement, lequel, bien qu'abstrait, relève déjà de l'exigence rationnelle, il faut dire que le moment dialectique est le négativement rationnel, le rationnel dans le moment de sa négativité ou altérité à soi. Et s'il est rationnel que le rationnel se risque dans un moment d'irrationalité, c'est que ce rationnel, considéré en sa complétude, est victoire sur l'irrationalité qu'il assume : c'est l'acte (au sens aristotélicien du mot) qui s'anticipe dans la puissance pour s'en faire surgir en la faisant se renier en lui. A est non A, c'est-à-dire B, et B est non B, c'est-à-dire A. Le moment de l'identité d'entendement est celui de l'identité parménidienne ; le moment dialectique de la raison est celui du devenir héraclitéen : A est son propre passage en B, et réciproquement, et ce devenir incessant, dans l'ordre du connaître, correspond au scepticisme. Cela dit, si A, du seul fait de ce qu'il est, bascule en son contraire, c'est qu'il est définitionnel de son être de se convertir à sa négation, ou encore c'est que la négation de son être est intérieure à cet être, de sorte que, hanté par la tendance à nier son être, il ne peut pas, dans l'acte d'exercer cette auto-négation, ne pas nier, corrélativement, cette tendance même et ainsi faire s'appliquer à soi-même en tant qu'autre, en et comme B, sa propre négativité en vertu de laquelle A s'identifie réflexivement à soi par la médiation de l'auto-négation de B. Le résultat de ce geste circulaire est identique à l'origine, il a raison de position de l'origine mais, cette dernière n'étant qu'à se nier, à lancer le processus réflexif, un tel résultat se révèle identité du processus et du résultat. Aussi, quand ce résultat, considéré en sa valeur d'origine, est posé, le processus (dont l'avancée est retour) est confirmé mais, considéré comme identité de l'origine et du processus, ce résultat — qui pose et se pose telle l'origine — pose ce qui n'est qu'à se nier aussi bien comme processus que comme origine, et à ce titre le résultat se révèle négation du processus et donc résultat soustrait à la négativité de son processus, c'est-à-dire qu'il se révèle immobile. Comme identité immobile de lui-même et du processus dont il est le résultat, ce résultat est tel que son devenir est *intérieur* à son être. Et tel est, comme identité des deux précédents, le troisième moment de tout ce qui a être et sens, le côté ou moment spéculatif ou positivement rationnel qui, comme identité à soi réflexive, fait que tout ce qui n'est pas A se révèle être un moment du « devenir-A » de A. Toute chose est identique à soi dans sa différence d'avec les autres, mais en tant qu'elle est, en puissance, en ce moment de la puissance à elle-même que signifie le moment dialectique, identique à toutes les autres et différente de soi. Il n'est pas d'être qui ne soit victoire sur son contraire, victoire plus ou moins réussie ou consommée, et il n'est pas de sens, ou d'essence intelligible, qui ne soit la négation souveraine de sa propre négation. La vérité est victoire sur la possibilité de l'erreur, surmontement de ce qui serait erreur s'il n'était reconduit à l'origine.

§ 45. Ce que signifie cette dialectique dans le contexte de la philosophie réaliste.

En termes scolastiques, le concept d'être est un transcendantal, notion qui fut ici déjà exposée au § 17. Les prédicaments, genres suprêmes ou catégories, désignent ce que les choses ont de suprêmement commun en laissant échapper ce que chacune a de propre. Toute chose est ou bien substance, ou bien qualité, ou quantité, ou lieu, ou position, ou relation, ou temps, ou action, ou passion, ou avoir ; l'homme et le singe sont des animaux, l'animalité en chacun d'eux est ce en quoi ils s'identifient, mais ce qui les différencie échappe au genre et relève de la différence spécifique, laquelle, dans le cas de l'homme, n'est autre que la raison. Le propre d'une différence spécifique est d'être extérieure au genre, et c'est sa jonction avec un genre qui définit une espèce : l'homme (espèce) est animal (genre) raisonnable (différence spécifique) ; pour cette raison, l'être n'est pas un genre (il est un transcendantal) parce que, s'il était un genre, il serait possible de définir les dix catégories qui viennent d'être évoquées en ajoutant à ce « super-genre » « être » des différences spécifiques ; or cela est impossible parce que rien n'est extérieur à l'être. Il existe quelques concepts encore plus universels que les genres, ces transcendantaux (ens, unum, aliquid, res, bonum, verum) qui désignent, en chaque étant, non seulement ce qu'il a de commun avec les autres mais encore ce qu'il a de propre : tout être, en tant qu'il est être, est *res* (identique à soi); il exclut de lui-même d'être décomposable en d'autres, et ainsi il est ce qu'il est à raison d'une unité interne qui prévient sa dispersion sans laquelle il se volatiliserait, de sorte qu'il est *unum* (indivisibilité) ; cela dit, il demeure quelque chose de déterminé car « être », c'est être « quelque chose », et il appelle une détermination à raison de laquelle il n'est pas les autres, et sous ce rapport il est *aliquid*, « quasi aliud quid » : la négation des autres fait partie de l'affirmation de ce qu'il est ; il est enfin, à raison du seul fait d'être de l'être, connaissable et ainsi *verum*, et aimable et par là *bonum*. Et l'être est bien un transcendantal puisque ce qui fait se ressembler les choses est de l'être, quand ce qui les différencie est encore de l'être. Cela ne se peut que parce que l'être que désigne le concept d'être est principe d'identité entre les êtres **et** principe de différenciation de ces mêmes êtres ; or ce principe est lui-même de l'être, à peine de n'être pas, n'étant rien. Dès lors, il est identité de l'identité et de la différence, puisqu'il cause l'identité et la différence dans les êtres. Les Scolastiques enseignent qu'à ce titre il est analogue, n'étant ni univoque ni équivoque. La dialectique hégélienne dira plutôt qu'un terme analogue ne fait pas nombre avec les termes univoques et les termes équivoques, elle dira qu'il n'est pas un « troisième » terme étranger aux deux autres ; elle dira qu'il est autre que les deux autres en tant qu'il réalise l'identité concrète (« cum crescere » : croître ensemble) des deux. Elle dira que l'être, comme identité inclusive d'une différence, est cette réflexion achevée qui fait de ses moments autant de déterminations différentes les unes des autres, qui cependant, comme moments d'une même réflexion, sont le résultat unique du processus considéré dans les divers moments de lui-même, par là sont identiques à lui et, par conséquent, s'identifient entre eux.

Le raisonnement dialectique permet de comprendre que le réel n'est réel qu'à être inclusif de sa possibilité qu'il pose en son sein tel le moment dont il se fait provenir en tant que sa réalisation ; l'acte n'est acte qu'à se faire positionnel de la puissance dont il est l'acte et à partir de laquelle il entretient à son propre égard une relation d'avoir, exerçant ce qu'il est. L'être est être en tant qu'il se possède, en tant qu'il a ce qu'il est.

S'il est permis d'user de termes relevant de la représentation pour signifier ces choses, on peut proposer l'exemple suivant :

Quand saint Thomas nous apprend que ce que l'on nomme génériquement le Bien est ce que toute chose désire en tant qu'elle désire sa perfection, il entend nous signifier que la recherche du bien perfectionne le désirant, mais non que cette recherche et cette possession seraient l'instrument du désirant, parce que ce dernier peut se perfectionner du fait même d'être instrument du bien qu'il aime ; telle est la racine de l'appétit de servir. C'est son bien en tant qu'il le perfectionne, mais il ne le perfectionne qu'en tant qu'il se veut ordonné à lui. Il y a cependant ici quelque chose qui semble bien relever d'une aporie. Le désirant recherche naturellement sa perfection et recherche ce qui le perfectionne comme moyen d'acquisition de sa perfection ; pourtant, ce bien qu'il désire, il le désire au titre de fin parce qu'il se reconnaît moyen du rayonnement d'un tel bien ; ce bien a donc raison de fin et de moyen pour le même sujet désirant. La seule solution capable de dissiper une telle aporie consiste en ceci :

Le bien se veut en lui, car alors l'amour que le désirant porte à sa perfection, ainsi à lui-même en tant que parfait, *est* l'amour dont s'aime le bien auquel il est ordonné : sa perfection est un moment obligé de l'amour que ce bien se porte à lui-même. Et dire qu'un bien se veut dans celui qui l'aime, c'est dire que ce bien se pose en s'y anticipant dans celui qui l'aime. Et cela est possible sans verser dans le monisme panthéistique si ce bien est en soi réflexion (ontologique), identité à soi réflexive indépendamment de ceux qui l'aiment, et s'il les contient idéellement : Dieu est alors ce dont l'infinité, parce que concrète ou actuelle, a la forme intemporelle d'une absolue victoire sur toute finitude assumée comme possible, ainsi sur toutes les créatures possibles qui préexistent en lui comme en leur cause, sur tous les mondes possibles dont il décide librement d'en créer un, d'en poser un ad extra. Ces conditions rappelées, on comprend en quoi bien commun et souverain bien ne sont plus antinomiques. Le soldat veut sa place dans l'armée et au service de l'armée, mais la place en laquelle il se repose et l'acte même de s'y reposer sont autant de moments de l'acte d'autoposition de l'armée elle-même qui, comme résultat du processus de constitution d'elle-même (par intégration des individus qui s'inscrivent en elle), est intrinsèque au processus même, et inversement qui fait de son processus ou devenir une détermination intrinsèque au résultat immobile qu'elle est. Dès lors, le désir par quoi le soldat veut sa place dans l'armée est l'expression du désir de soi de l'armée en lui ; il tend vers son bien auquel il se voue tout entier en ce sens que l'armée *se fait* le moyen de son statut d'artilleur et que, ce faisant, elle fait de l'artilleur le moyen de son statut d'armée, et cela est possible parce que l'armée fait, du soldat, et de sa condition d'artilleur en lesquels elle s'anticipe, les moments obligés de son opération d'autoposition. Et dans cette perspective rien n'exclut que l'armée elle-même soit un moment du processus d'autoposition d'un bien plus parfait qu'elle, de telle sorte que ce même soldat puisse reconnaître sa vocation ultime en ce bien supérieur, sans qu'il lui soit nécessaire de renoncer à son vœu de se donner tout entier à l'armée. Plus généralement, le bien commun a raison de fin pour celui qui l'appète sans se substituer au souverain bien qui a raison de fin lui aussi, et cela est possible parce que le bien commun du Politique, bien fini, est superlativement et intemporellement assumé, indépendamment de la création du monde, par le souverain bien lui-même.

C'est bien la dialectique qui permet d'expliquer que le réel est rationnel et que ce moment d'irrationalité — ou de contingence — inhérent au réel est encore lui-même rationnel. C'est elle qui explique la logique négativement rationnelle du subjectiviste de droite, de sorte qu'elle rend raison de la possibilité du subjectivisme dans un élément qui théoriquement le répudie. C'est elle qui rend pensable le fait que Dieu puisse assumer le fini sans cesser d'être infini, par là que le bien commun fini, bien politique, puisse avoir raison de fin sans pour autant prétendre se substituer au souverain bien : l'artilleur s'ordonne au bien de l'armée comme à sa fin, il est disposé à mourir pour elle, il entend la servir et trouver sa délectation, sa raison de vivre dans ce service même, sans cesser de convoiter de réaliser son salut (fin ultime).

La dialectique entendue en son sens moderne renvoie à l'hégélianisme qui est un monisme idéaliste et panthéiste strictement incompatible avec le réalisme philosophique solidaire de la pensée catholique. Afin donc de dissiper toute équivoque, il est nécessaire, comme nous l'avons annoncé ci-dessus, de faire mémoire ici de ce qu'un hégélien aurait conclu en exposant l'articulation des trois moments du logique.

§ 46. Dialectique et monisme.

Un hégélien « orthodoxe », en exposant la doctrine du maître, eût enseigné ceci :

Puisque A bascule en son contraire qui en retour, pour les mêmes raisons, bascule dans le premier selon un va-et-vient révélant leur commune abstraction, et puisqu'il en est ainsi de toute détermination prétendant se mettre à distance du tout pour se poser, c'est que, en vérité, seul le tout est, seule est l'Idée (le Concept de la nature et de l'esprit, constitué en sujet d'objectivation de la nature dont il se fait procéder comme esprit) en laquelle se récapitulent tous les moments du logique, seul est Dieu qui fait du monde et des esprits finis les moments de son intemporelle autoposition. Les parties du tout n'ont un être de parties qu'en tant qu'elles sont autant de moments de ce tout, et c'est parce que chacune est le tout en un moment de lui-même qu'elle parvient à être en dépit de sa vocation à passer, s'y reniant, dans son autre qui passe lui-même. Dire que A se convertit dialectiquement en non A qui, comme B, se convertit en non B qui, comme non (non A), est A, c'est dire que chaque terme se repousse de lui-même dans un processus qui ramène à lui, donc qui le fait s'attirer par lui-même, mais par la médiation de son contraire. Aussi A et B sont-ils les deux contraires prenant place sur un cercle qui n'est que par l'acte de le parcourir et fait exister ses moments : seul est le tout (du cercle), rien de ce qui est n'est étranger à un tel cercle, et ce mouvement circulaire est l'essence même du tout. Cela dit, ce qui fait du processus positionnel du résultat une détermination du résultat lui-même, c'est ce qui est son devenir ; mais ce qui *est* son devenir, c'est ce qui, comme devenir de son *être*, est devenir de devenir, soit immobilité pure ; c'est cela même qui était exposé plus haut (§ 44) dans les termes suivants : quand ce résultat, considéré en sa valeur d'origine, est posé, le processus (dont l'avancée est retour) est confirmé mais, considéré comme identité de l'origine et du processus, ce résultat — qui pose et se pose telle l'origine — pose ce qui n'est qu'à se nier *aussi bien comme processus* que comme origine, et à ce titre le résultat se révèle négation du processus et résultat soustrait à la négativité de son processus, c'est-à-dire qu'il se révèle immobile. Comprenons là qu'un processus circulaire qui s'atteint réflexivement pose, en s'atteignant, à la fois la relance du processus ainsi confirmé, à la fois la négation de sa processualité ; mais puisque le résultat est sa processualité même, la négation de sa processualité est la négation du résultat, sa position en son contraire, et plus précisément — si l'origine qui est résultat est nommée A — la re-position de A en son contraire, c'est-à-dire la re-position de non A, soit de B : la négation de négation, qui reconduit à l'origine, s'accomplit selon un acte à raison duquel la négation simple est confirmée ; et cette démarche a pour sens que le tout du processus rassemblé dans son résultat, l'identité (de l'identité et de la différence), se réfléchit en ce moment de lui-même qu'est le moment de la différence ; ce faisant, le résultat *s'objective* dans le moment à lui opposé du processus qu'il est, et par là il se libère de sa contradiction qu'il se met à avoir, par là à n'être pas. C'est parce que le résultat du processus se fait moment du processus dont il est le résultat que ce résultat peut non contradictoirement être à la fois résultat du processus et processus s'achevant dans son résultat. C'est parce que l'identité de l'identité et de la différence se réfléchit dans le moment de sa différence qu'elle confirme sa différence par l'acte de l'abolir. Et cela seul mérite d'être déclaré existant effectif par soi, qui est capable de se réduire à un moment de soi-même sans cesser d'être l'assomption de tous ses moments ; or seul le tout vérifie cette exigence : en tant que déterminé il doit avoir une limite mais, en tant que tout inclusif de tout ce qui est, il est illimité ou infini, ce qui est possible s'il a une limite telle qu'elle puisse être intérieure à lui ; elle est déterminante en tant que limite, elle n'est pas limitative en tant que contenue dans ce dont elle est la limite ; un tel tout est ainsi ce qui est capable de s'intérioriser sans reste et de se définir telle l'identité de l'intérieur et de l'extérieur. Donc il n'existe que le tout, et ses parties ne sont que des moments qui, distingués du tout, sont autant d'abstractions ou d'irréalités qui ne contractent une réalité qu'en étant consubstantielles au tout.

Seul le tout est, lequel est identique à soi en tant qu'il est le logique ou l'Idée ; mais, puisque l'identité n'est telle qu'à être identité de l'identité et de la différence, ce même tout, basculant en différence d'avec soi, ainsi s'objectivant dans le moment ou dans l'élément de sa différence intestine, se pose comme nature et, par suite, se reconduit en tant qu'esprit à lui-même en tant qu'Idée : la nature, qui est l'Idée à l'envers ou l'être hors de soi, surmonte en effet sa contradiction en se faisant esprit fini, en se reniant en et comme l'esprit fini, l'esprit humain ou esprit conscientiel dont le caractère propre est de s'exercer selon la dualité du sujet et de l'objet ; mais cet esprit conscientiel, en se faisant philosophe ou hégélien, ainsi systématique, en vient à comprendre que seul le tout est, et donc qu'il est lui-même un moment du tout, et que le tout se pense en lui, par là qu'en pensant l'objet il ne fait que se penser lui-même ; la conscience que l'homme a de Dieu est la conscience que Dieu a de lui-même en l'homme, et les esprits finis, qui révèlent leur infinité en se faisant systématiques, ne sont que les moments de l'Esprit infini ou divin. Telle est la conclusion de Hegel, idéaliste moniste et panthéiste.

Il n'est pas logiquement irrecevable que le logique soit posé par l'Esprit qui pourtant en procède, il n'est pas irrecevable qu'il soit cause de soi, car l'identité de l'identité et de la différence, définitionnelle du logique, est nécessairement — en appliquant à ses termes l'exigence que signifie la composition de ces derniers — développée en identité de l'identité (de l'identité et de la différence) et de la différence (de l'identité et de la différence). Or ce développement signifie analytiquement que le résultat (l'identité de l'identité et de la différence) se réfléchit dans son processus, c'est-à-dire dans le moment de sa différence ; le résultat confirme le moment de sa différence dans l'acte où il la fait s'excéder ; l'Idée ou le logique confirme la nature dans l'acte où elle la fait se renier en esprit, et elle s'émancipe ainsi de sa contradiction. Le non-contradictoire est bien l'auto-négation du contradictoire, et c'est bien là encore quelque chose de rationnel : si le non-contradictoire était exclusif du contradictoire, il serait contradictoire au contradictoire, entretiendrait à son égard une relation qui répugne à sa nature, serait en demeure de se faire autre que ce qu'il est dans l'effort d'affirmer ce qu'il est.

Mais il y a une difficulté dans cette identification moniste de l'incréé et du créé, qui rend ce panthéisme rationnellement irrecevable. En effet, l'Idée spirituelle, identité de l'identité et de la différence, se libère de sa contradiction en s'objectivant la nature, mais, ce faisant, elle s'intronise sujet d'objectivation, pensée pensante, Concept se concevant, et c'est là la pensée qui sait que ce qui est pensée d'un objet n'est que pensée d'elle-même ; mais c'est, selon Hegel, en l'homme qu'elle se fait conscience ; la conscience (de soi) *de l'Absolu* n'est pas autre chose que la *conscience* (philosophante) de l'Absolu, si l'on persiste à ne pas se rendre à la thèse d'un Sujet divin réellement distinct du sujet humain, et créateur, selon l'acception classique et catholique — ainsi réaliste — du terme.

Mais s'il en était ainsi, si le monisme était la vérité, la conscience du philosophe épousant la philosophie de Hegel devrait saisir, en pensant l'Idée, l'intelligibilité de l'acte *unique* à raison duquel l'Idée se scinde en (syllogisme de la) nature et en (syllogisme de l') esprit (tel est le « troisième syllogisme de la philosophie », au terme de *l'Encyclopédie des sciences philosophiques* de Hegel) ; or, quelque effort que nous fassions, nous ne pouvons jamais penser que selon deux opérations successives d'une part l'acte de faire se renier la nature en Idée spirituelle, d'autre part l'acte de donner à elle-même la nature, ainsi de la libérer en la confirmant, et afin de s'en libérer.

Que la *raison* humaine soit capable d'élaborer une philosophie systématique posant dialectiquement ce qu'elle présuppose établit que la raison est capable de parler de l'Absolu, et que, tout ce qui est, est rationnel, même ce qui se déroule irrationnellement : que la raison pose ce qu'elle présuppose dans une démarche circulaire s'achevant dans la réduction, à un moment du parcours, du résultat de ce dernier, cela prouve deux choses ; cela prouve d'abord que la raison, fondant contradictoirement le terme fondateur par le terme fondé et s'objectivant cette fondation, s'émancipe de sa contradiction et se révèle absolument rationnelle, par là ne trahit pas sa rationalité en l'absolutisant ; cela prouve d'autre part que la raison, capable d'un geste circulaire, ainsi d'une négation de négation, a en elle-même son autre, enveloppe sa limite qui de ce fait ne la limite pas et la révèle virtuellement infinie, en droit non limitée par une réalité qui lui serait par essence inconnaissable. Mais que la raison *humaine* soit incapable de s'objectiver en un acte ce qu'elle peut néanmoins définir selon deux actes prouve qu'elle n'est pas l'Absolu dont elle parle, mais qu'elle est seulement dans son sillage. Ce qui est consubstantiel à la vie de l'Absolu, ce n'est pas notre monde, ou notre conscience, ou notre esprit fini ; c'est l'assomption intemporelle, par l'Absolu, et sur un mode idéel, de tous les degrés d'êtres finis possibles, indépendamment de la création de notre monde, lequel est le résultat contingent d'une libre création ad extra. Que le système fasse, en l'état de l'idéalisme moniste, se court-circuiter la raison dans l'ivresse irrationnelle de sa toute-puissance prouve qu'elle n'est pas divine, mais ne prouve pas qu'elle serait incapable de systématicité. Et cette systématicité établit que l'ordre des raisons de connaître est bien celui des raisons d'être et que par là la forme syllogise de la rationalité est bien celle, en tant que réflexion (ontologique), de l'être en tant qu'être.

CONCLUSION.

Du droit de la force.

§ 47. Violence et ordre.

Dans le langage courant, on nomme « violence » le caractère de toute disposition — action, attitude, parole — ayant la propriété d'offenser intentionnellement une personne, c'est-à-dire de froisser sa subjectivité, en général dans le but d'obtenir d'elle quelque chose sans son consentement. Parce que le libre arbitre ne peut être mû que par lui-même ; parce que de manière générale la vie intérieure n'est accessible aux agressions extérieures que dans la mesure où elle consent à se faire affecter par elles, la violence n'est assurée d'atteindre son but qu'en s'appliquant aux corps : une violence est d'abord pensée comme physique, et ne devient violence morale que par dérivation ou analogie ; est dit « violent » celui qui résout ses différends avec ses semblables par le recours à la force physique, au mépris des vertus supposées de la controverse et du dialogue.

Au sens strict, est dit violent, conformément à l'acception aristotélicienne du terme, ce qui est contre nature ; si le mouvement naturel d'un corps est de tendre vers le bas comme vers son lieu propre, un caillou lancé en l'air exécutera un mouvement violent. Le premier sens rejoint le second sous le rapport suivant : la raison fait l'humanité dans l'homme, la parole — ainsi le dialogue — est son attribut spécifique, avoir recours à la force physique équivaut à oblitérer en soi-même et en autrui sa propre humanité et à les réduire à leur animalité. Il reste que l'on peut faire un usage extrêmement violent de la parole, si « violence » est pris au sens d'offense, d'agression faite à la subjectivité : l'insulte, le persiflage, l'ironie, la médisance, la calomnie, l'insinuation menaçante, le chantage peuvent atteindre de très hauts degrés de brutalité. Mais la violence physique est, au moins symboliquement, porteuse du désir de tuer l'adversaire (il faut bien s'en prendre à son corps pour lui ôter la vie), et, parce que la vie est le bien temporel le plus précieux de l'homme, l'atteinte à la vie est atteinte au meilleur de l'homme, de sorte que la violence physique revêt le statut de maximum possible de la violence. S'il est vrai, selon les Scolastiques, que ce qui est premier dans un genre est cause de tout ce qui appartient à ce genre, la violence physique est tenue pour cause de toutes les formes de violence, et elle leur donne son nom parce qu'elle en est la cause : être violent verbalement, c'est vouloir tuer autrui, par la honte, par le ridicule, par une crise d'apoplexie résultant de l'indignation impuissante, ou par toute autre crise semblable ; c'est avoir recours à ce qui produira les mêmes effets que la violence physique. On peut certes objecter qu'il est des hommes préférant la mort physique à la honte, et que la violence physique n'est pas l'acmé de toute violence ; que donc elle ne serait pas, en tant que physique, le prototype et comme l'essence réalisée de la violence. Il faut convenir que cette objection est recevable, mais elle invite à préciser l'analyse conceptuelle de la manière suivante : il est des violences verbales plus violentes que les violences physiques, mais cela vient de ce qu'elles tendent à détruire non seulement la vie du corps, mais celle de l'âme. Toute violence entretient un rapport essentiel avec la mort et le néant.

L'homme dit « de droite », on l'a vu, est celui qui tient pour certain que la subjectivité, ou la liberté ou encore la conscience, tient sa dignité du fait qu'elle est douée du pouvoir de se reconnaître des fins qu'elle n'a pas choisies, et du devoir de se faire mesurer par des valeurs à elle transcendantes, c'est-à-dire à des exigences idéales qui lui sont ontologiquement antérieures ; il existe pour lui ce qu'on est convenu aujourd'hui de nommer des valeurs, mais qu'il tient pour objectives, non instaurées par la subjectivité, moralement normatives de ses choix, principes de choix et donc extérieures à la sphère des objets de choix.

L'homme de droite, de ce fait, aime l'ordre, parce que l'ordre est la disposition des choses en vue d'une certaine fin. S'il existe une échelle objective du bien et du mal, alors, du fait que « bonum est faciendum », un tel homme tient pour mauvaises et honteuses certaines actions qui seront opérées par une liberté insoucieuse de — voire opposée à — la norme du bien. L'homme de droite se reconnaît le devoir de poursuivre certaines fins et d'en exclure d'autres, par là de plébisciter un ordre et de tenir pour désordre tout ce qui s'en écarte. Or la fin est première en intention, et ultime en exécution : c'est elle, en tant que projet, qui constitue le moteur positionnel des moyens requis pour la réaliser. De tels moyens précèdent ainsi l'avènement de la finalité qui pourtant, idéellement, était à l'œuvre dans la convocation et dans l'exercice de tels moyens que par là elle précédait du point de vue de la causalité. Il existe un ordre en toute chose, selon lequel une action sera dite sensée ; il existe une mise en ordre de l'activité humaine, qui se traduit par une donation d'ordres émis par la hiérarchie dépositaire de l'autorité, ainsi par un chef reconnu tel l'instrument personnifié de la loi morale et politique, et surtout de la finalité bonne à poursuivre. Posant les règles et conditions de son avènement concret, la finalité ou téléologie s'accompagne toujours d'une téléonomie, parce qu'elle est résultat d'un processus dont elle fixe a priori les moments, de sorte que ce processus se déroule nécessairement selon une règle, par là selon une loi.

Supposons qu'un gros bateau transportant des humains échoue, par suite d'une terrible tempête l'y ayant rejeté, sur une île déserte inaperçue des radars et des satellites. La cargaison humaine se déverse dans le désordre sur l'île, chacun étant mû par l'instinct vital. Les choses humaines sont ainsi faites que, de manière spontanée, sans principe préalable d'organisation, un chef se dégage de la masse au bout de très peu de temps. Aucune règle préalable n'a présidé à la désignation d'un tel chef ;

il a été adopté, reconnu comme tel, parce que tous ont pressenti en lui la personnification de ce qu'ils se savent devoir vouloir ; cette qualité qui appelle la reconnaissance est ce qu'on nomme l'autorité (auctoritas, augere : faire croître). Il n'est pas jusqu'à la procédure démocratique qui, éventuellement adoptée par le groupe, ne soit elle-même suscitée par les initiatives d'un membre assez convaincant pour persuader le groupe d'avoir recours à un tel mode de désignation. Et aucune convention préalable n'a réglé la question des critères de légitimité de l'usage d'un tel pouvoir, nouvellement éclos, de l'homme sur l'homme. Le chef s'impose par la confiance qu'il inspire, mais aussi par la force, l'intimidation, voire la ruse, en tant qu'il fait coïncider son intérêt privé avec l'intérêt collectif, et en vérité persuade son prochain que ce qui est son intérêt privé correspond à l'intérêt de tous. Dans ces circonstances, il existe toujours des contestations, des rivalités. Il n'en saurait être autrement, parce qu'une multitude d'hommes non encore structurée par la perspective d'un bien commun défini par un chef n'est pas spontanément encline à sacrifier ses intérêts privés au profit de ce bien commun, lequel, réduit à l'état de concept indéterminé, n'est pas encore grevé d'un contenu le rendant appétible ; de plus, est rarement librement et spontanément consenti le fait de convertir son bien particulier en bien commun, quand bien même le contenu de ce dernier est explicité. Si l'homme de droite aime l'ordre, on peut s'attendre à ce qu'il ait tendance à rejeter toute prise de pouvoir par la seule force, parce qu'un tel pouvoir, dans le moment où il est subi, ne donnant pas ses raisons, n'a d'autre explication, d'autre fin que l'arbitraire de celui qui l'exerce, c'est-à-dire la violence de sa pulsion subjectiviste en la forme insensée d'une volonté de puissance prise pour fin. L'homme de droite, pensera-t-on, doit éprouver de l'aversion pour la prise de pouvoir par la seule force, parce que cette initiative semble reconnaître dans le désordre, dans l'anarchie, dans le conflit universel des appétits passionnels, l'unique fondement d'un ordre qui, établi sur de telles assises, fera figure d'ordre artificiel, arbitraire, non finalisé, résultat d'une puissance privée, par là dépourvu de cette universalité d'intention qui ferait d'elle l'opérateur d'instauration d'un vrai bien commun. Il semble qu'il soit dans la logique d'un entendement tourné à droite d'en appeler à l'autorité d'une constitution préalable, éternelle et divine, à une autorité supérieure qui sera principe de régulation et même de constitution de cette autorité en genèse dont il subit déjà les effets coercitifs dans les comportements induits par les appétits de pouvoir de ses rivaux. En d'autres termes, un tel homme ne consentira à participer au conflit entre individus réduits par accident à l'état de nature présocial, à ce conflit générateur de hiérarchie et d'ordre, que si ce conflit est lui-même mesuré par un ordre arbitral préalable, par une règle du jeu ; il criera à l'injustice et refusera la compétition s'il en est autrement, et cela déjà parce qu'un tel état dit « de nature » est antinaturel, c'est-à-dire violent, puisque l'homme est par nature un animal politique. Mais il en est, dans ces situations, toujours autrement, parce que les règles d'un jeu conflictuel qu'est la compétition toujours à l'œuvre dans la vie sociale sont elles-mêmes objets d'un conflit et d'une compétition :

— « Jouons — c'est-à-dire luttons — afin de désigner un chef et de fixer des lois ».

— « Oui, mais selon quelles règles ? »

— « Jouons pour définir les règles ».

— « Selon quelles règles allons-nous jouer ? »

— « Elles se définiront dans l'exercice même de la lutte, il n'y a pas moyen de faire autrement, à moins d'être renvoyé à l'infini : jouer pour définir les règles du jeu et définir par un jeu antérieur les règles de ce jeu ».

— « Alors je lève le pouce, je ne joue plus, c'est le règne de l'arbitraire, de la force brute, de la pure volonté sans régulateur rationnel, de la pure décision sans principe préalable de légitimation, c'est le droit du plus fort ».

— « Oui, et il n'en peut être autrement ; mais en quoi cela vous gêne-t-il ? »

— « Le concept même de droit du plus fort est un *flatus vocis* parce qu'il renferme une contradiction. Le droit a pour vocation de régir la force, c'est-à-dire de régler les conflits de manière non violente en médiatisant les relations entre personnes par des rapports juridiques et judiciaires. Si le droit régit la force, il ne saurait être instauré par elle, parce qu'il serait alors régi par elle et, dans cette hypothèse, perdrait le droit d'être tenu pour un véritable droit ».

L'observateur de cette joute ne peut pas ne pas ne pas constater que le fanatique du droit préalable à la formation d'une société fait figure de révolutionnaire avant même la formation de la nouvelle société. Il est en effet le « contestataire du seuil », l'empêcheur d'entrer en cette compétition anarchique productrice d'ordre et de vie sociale effective.

Et un tel homme supposé de droite regroupe autour de lui, par des affinités compréhensibles, les faibles, les éclopés, les ratés, les envieux et les lâches — lesquels craignent le conflit parce qu'il ne leur est pas favorable — qui cependant refusent par orgueil, dans cet ordre à venir, la position subordonnée à laquelle les destinent justement leur faiblesse ou leur médiocrité. Il y a, dans cette manière d'en appeler à un arbitre, un utopisme, un refus de la réalité chaotique, un oubli intentionnel de la contingence qui révèlent cette pathologie de l'idéologie propre aux subjectivistes. Celui dont l'esprit fiévreux est attaché de manière désordonnée à l'idée d'ordre ne veut pas admettre que l'ordre ait vocation à naître d'un désordre, qu'il se médiatise en lui de manière obligée parce que, en termes scolastiques, tout acte est actuation d'une puissance qu'il pose, s'anticipant en ce dont il se rend victorieux, se faisant conditionner par ce qu'il fait exister. Mais décrire la réalité en ces termes, c'est reconnaître à la **dialectique** une portée ontologique. *S'il est définitionnel du rationnel de s'anticiper dans un moment d'irrationalité*, il est définitionnel du droit de se faire procéder de la force. Et c'est bien un caractère propre de l'homme de droite, du véritable homme de droite, que de n'avoir pas d'aversion pour la force en tant que force, d'avoir confiance en ses verdicts, parce que c'est encore une manière de plébisciter l'ordre naturel qui est, en effet, tissé de rapports de forces ; c'est admettre la rationalité du conflit, c'est ne pas être scandalisé par une telle condition d'existence, c'est aimer le monde avec ses fureurs, ses souffrances et son tragique, c'est ne pas faire du moi obnubilé par son souci de sécurité la mesure du réel. L'homme de gauche est idéologue en tant qu'il substitue, au réel, son idée du réel ; il est constructiviste en tenant le monde pour le fruit du hasard, sans finalité, ainsi mal fait, destiné à être réinventé par l'homme ; il est en quelque sorte révolté par ce qui est du seul fait qu'il ne l'a pas créé. C'est pourquoi l'homme de gauche est progressiste, qui ne reconnaît aucune limite aux désirs temporels de l'homme, investissant son désir du Dieu auquel il ne croit pas dans le désir de se faire le dieu du monde. Même l'écologie contemporaine est révélatrice de cet état d'esprit, qui n'aspire nullement à célébrer les finalités inscrites dans l'ordre naturel des cycles biologiques, mais qui n'en exige le respect qu'à proportion de son souci de préserver le confort de demain : on ne doit pas épuiser la planète ; l'écologiste moderne, homme de gauche, n'est pas le contempteur de l'hédonisme, c'est par souci d'hédonisme qu'il voudrait tempérer l'instinct de jouissance destructeur des organismes.

L'homme de droite aime l'ordre qui mesure la subjectivité à laquelle il refuse la prétention d'être créatrice de l'ordre ; parce que l'ordre appelle le droit, la codification de la justice, l'homme de droite aime le droit en sa vocation normative de la force. Mais il arrive que sa fascination pour la clarté — comme s'il fallait que tout fût clair pour être en ordre —, propre à ce que Hegel nomme une « pensée d'*entendement* », par opposition à la *raison*, lui fasse repousser le moment nécessaire, opérant dans les choses comme dans l'esprit, du « dialectique ou négativement rationnel », celui précisément qui se vit sur le mode de la violence et du pur rapport de force. Une telle

fascination pour la clarté se joint volontiers chez lui à une aversion pour la passion et l'instinct, supposés « romantiques » et accusés de s'écarter de la raison « classique », comme s'il n'était pas rationnel que la raison dût se faire passion pour être raison pratique, raison dans son usage pratique : la volonté, appétit rationnel, désir *de la raison*, **est en demeure de se laisser remplir par la passion pour s'approprier à la réalité, quand bien même elle ne doit se risquer en la passion que pour en venir à la surmonter. Et c'est ainsi que l'homme de droite se conduit et se mue subrepticement en homme de gauche tout en demeurant persuadé qu'il est de droite.** Un tel homme est hanté par une contradiction dont il ignore l'existence et qui le paralyse.

Il y a contradiction parce que, s'il est rationnel qu'il y ait de l'irrationnel, il est irrationnel de nier l'existence de l'irrationalité qui hante la réalité, ou, au nom d'une représentation réductrice du rationnel, de ne discerner qu'anomalie ou maladie en elle. Et cet homme se mue subrepticement en homme de gauche, quoique conservant des aspirations avouées d'homme de droite, parce que son refus de prendre en compte la négativité qui travaille la réalité l'invite, scandalisé ou découragé, à quitter la partie, à refuser la règle du jeu qu'est la vie réelle, et qui veut que l'ordre se fasse naître du désordre et de la force. C'est alors qu'il se réfugie, aux marges de la société, dans le rôle somme toute confortable du contempteur du monde moderne mais, confiné dans cette impuissance incompatible avec son sentiment de profonde légitimité, il développe un esprit de dénigrement, de médisance et d'envie qui l'apparente au ressentiment de l'homme de gauche, c'est-à-dire du révolté congénital. Ou bien, devant l'inflation du désordre, il en vient à nier la possibilité même de ce « positivement rationnel » dont le moment dialectique n'est que l'envers momentané, et c'est alors qu'il sombre dans l'irrationalité revendiquée d'une volonté de puissance qui, par-delà toute raison, serait sa propre fin et sous-tendrait, comme sempiternel chaos, les phénomènes seuls régis par le principe de raison d'être ; un tel choix, œuvre inavouée d'une démission de la raison, s'accompagne volontiers de cynisme et mène son auteur désormais athée, hostile à toute transcendance, dans la voie d'un subjectivisme radical ne trouvant d'autre raison qu'esthétique à s'insurger contre le collapsus hédoniste. Il est aussi irrationnel de penser le moment dialectique de la vie de la raison comme indépassable que de le tenir pour superflu ou pathologique.

S'il est rationnel qu'il y ait de l'irrationnel, il est rationnel que le droit s'anticipe dans la force ; les deux erreurs symétriques consistent en ceci : exiger qu'un droit déjà constitué et doté de force coercitive soit déjà là pour assagir la force, et ne s'engager dans la défense du droit et de l'ordre qu'à cette condition, ce qui est la meilleure manière de refuser de s'engager ; ou bien nier l'existence normative du droit et de l'ordre et ne reconnaître en eux que des effets de la force, par définition toujours précaires et au fond injustifiables.

La pathologie de la représentation désordonnée que l'homme de droite « classique » se fait de l'ordre suscite en lui un sentiment d'injustice. L'autorité d'un autre exercée sur lui ne lui est supportable que si cet autre est l'exécutant des décrets d'un troisième et, dès lors qu'on ne peut remonter à l'infini, il en viendra à ne plébisciter que l'autorité de Dieu : « seul un Dieu peut oser me dominer, me diriger, me finaliser ». C'est pourquoi il nourrira une certaine dilection pour l'esprit théocratique, et ses chefs temporels seront abaissés à son propre niveau du fait qu'ils seront aussi, comme lui, des exécutants. Mais c'est là un réflexe d'homme de gauche qui, subjectiviste, nourrit une dilection morbide pour l'égalité parce que seule une relation égalitaire est supportable par de petits dieux condamnés à vivre ensemble. Tout pouvoir procède de Dieu, mais cela n'est pas à dire que toute autorité humaine ne serait légitime qu'à condition d'être attribuée à ses dépositaires par le vicaire de Dieu sur Terre.

Un groupe de jeunes catholiques, séduit par l'idée fasciste, s'était il y a peu efforcé de développer une organisation politique en marge des organisations bien-pensantes, cléricales et paternalistes, qui tiennent le haut du pavé dans les milieux réactionnaires. Puis ce groupe, virant au sédévacantisme virulent, se mit à couver un surnaturalisme prévisible, lequel, en tant que théocratique, lui fit abandonner ses sympathies fascistes, par là le contraignit à se dissoudre, à la satisfaction revancharde des aumôniers qu'il s'était choisis. Quand on interrogea les responsables, ils répondirent : « les fascistes n'avaient reçu aucun mandat de l'Église pour s'occuper des affaires publiques et exercer un pouvoir de l'homme sur l'homme ; il n'est de légitimité qu'ecclésiale ». Ce regrettable revirement est une illustration de ce qui précède.

§ 48. Le droit de la force et la force du droit.

L'idée normative d'ordre, entendue comme exclusive de toute forme de désordre, ainsi déconnectée de ce moment de désordre définitionnel de la genèse de l'ordre, bascule dans cette institutionnalisation du désordre qu'est l'esprit égalitaire formalisé par la démocratie. D'où vient donc que l'ordre doive se médiatiser dans le désordre pour être lui-même ? Pour dire la même chose autrement : d'où vient que le souci de l'ordre puisse être inspiré par et se résoudre dans un subjectivisme objectivement générateur de désordre ?

Pour s'efforcer à comprendre ce qui se passe dans la tête du fanatique de la règle du jeu, qui voudrait évacuer tout tragique des conflits naturels, qui entend précisément les réduire à des jeux sérieux mais innocents, à des conflits limités de forces assagies, il est opportun de se référer à cette erreur de raisonnement dénoncée par saint Thomas, qui consiste à confondre l'ordre de constitution d'un tout et l'ordre de rétribution, par le tout, des parties de ce tout. C'est sans injustice, explique l'Aquinate, que des pierres d'égale qualité sont réparties de manière inégale dans les différentes fonctions d'une maison à construire : il faut des pierres pour la fondation qui seront solides et épaisses, grossières, comme les pierres requises dans la construction des latrines ; on soignera en revanche tout particulièrement la qualité des pierres qui seront utilisées pour construire l'autel de la chapelle ou sculpter les statues ; cela dit, supposé que toutes les pierres dont dispose l'architecte soient de même valeur, il faudra bien que certaines soient dévolues aux latrines et d'autres aux endroits les plus nobles. Cela dit, après que la maison aura été construite, il est évident que le soin apporté à l'entretien de ces pierres dépendra de l'usage qui leur aura été destiné, et qui définira leur valeur dans le tout ; et cela ne sera pas injuste, quand bien même celle qui est placée en bas de la hiérarchie aurait pu être placée en haut. La justice distributive — cette juste inégalité promue par le caractère proportionnel de l'espèce d'égalité qu'une telle justice met en œuvre — est précisément cette justice qui va du tout à la partie, alors que le processus de genèse de la cité va de la partie au tout, quand bien même le tout est déjà idéellement présent, comme moteur idéal, à l'intérieur de chacune des parties, mais selon une condition telle que cette cause finale ne devient cause efficiente que par l'initiative libre des parties elles-mêmes : le désir de société, à raison duquel tout homme est dit par nature animal politique, c'est bien d'une certaine façon la causalité immanente de la fin poursuivie, à savoir la cité existant en puissance active, qui travaille de l'intérieur celui qu'un tel désir habite ; la cité se veut en lui ; mais c'est par l'initiative de cet homme, par l'efficience de ses décisions, et dans la contingence de l'entrechoquement de ces libertés dont chaque homme est pourvu, ainsi par ce *désir* de société, que s'exerce ce désir (de soi) *de la société* en chaque homme.

Selon un raisonnement analogue, on dira que les règles de droit qui régissent les rapports sociaux présupposent l'existence de la société, ainsi de ces rapports mêmes, et qu'elles ne sauraient présider à l'instauration de la société. Le processus de genèse de la Cité est chronologiquement antérieur à l'existence du droit. C'est pourquoi il s'accomplit selon le rythme des affinités entre personnes, de leurs besoins, selon leur sens de l'amitié et de la solidarité, selon la complémentarité de leurs talents respectifs, mais aussi selon leur goût pour le pouvoir et selon les conflits qui surgissent entre ces personnes quand il s'agit de trancher les questions de hiérarchie, lesquelles s'installent spontanément aussitôt qu'un tout ordonné se fait pressentir dans la coexistence de parties potentielles habitées par des forces d'attraction qui, tout autant, sont des forces de répulsion. Il existe un ordre, et un droit qui le pérennise, seulement s'il existe une cité ; il existe une justice distributive seulement s'il existe un corps composé d'organes. Faire de la justice distributive un préalable obligé à la constitution du tout, c'est confesser, sans vouloir le reconnaître, qu'on ne consent à l'ordre qui régit le bien commun que dans la mesure où ce bien commun s'interdit de frustrer jamais les exigences du bien particulier. Mais une telle clause, qui absolutise le bien particulier, détruit le bien commun. Sans oser déclarer que l'inégale répartition des talents, opérée par la nature et/ou par la Providence, serait une injustice, le fanatique de la règle du jeu considère que la force doit toujours se justifier, et que, sans être mauvaise intrinsèquement, elle n'a en elle-même aucune bonté mais ne contracte cette dernière que par l'usage qui en est fait. La crainte du mauvais usage de la force l'emporte chez lui sur les bienfaits dont elle est la promesse. On connaît les leçons de Pascal : « On l'a mise <la justice> entre les mains de la force et ainsi on appelle juste ce qu'il est force d'observer » (*Pensées*, fragm. 878) ; « La justice est sujet à dispute. La force est très reconnaissable et sans dispute. Aussi on n'a pu donner la force à la justice, parce que la force a contredit la justice et a dit qu'elle était injuste, et a dit que c'était elle qui était juste. Et ainsi ne pouvant faire que ce qui est juste fût fort, on a fait que ce qui est fort fût juste » (id. fragm. 298).

Mais pourquoi se complaire dans l'amertume, porté par le génie du sectateur de Port-Royal, au spectacle de la force usurpatrice des droits de la justice ? Il est définitionnel de la justice de se faire advenir par le moyen — risqué — de la force. Nous disons bien « risqué », parce qu'il se peut en effet que la force soit injuste, se complaise dans ce moment d'arbitraire en lequel s'anticipe la justice. Mais dans cette hypothèse la force décline parce que, suscitant des réactions de rejet, elle est divisée contre elle-même et s'épuise dans le mauvais infini de l'action réciproque caractéristique des vendettas.

Pour qui pense droitement, sain de cet esprit qui sait ce qu'il doit au corps, la force est tenue pour un bien, parce qu'il est définitionnel de l'ordre de se faire éduire d'un pur rapport de forces ; aimer l'ordre, c'est aimer le « terminus a quo » de cet ordre, ce dont il procède et ce en quoi il se régénère ; mais le propre d'un « terminus a quo » est d'entretenir à l'égard de son « terminus ad quem » une relation de contrariété : l'ordre procède du désordre, le naturel s'anticipe dans la violence ; le nécessaire de cette rationalité qui préside à la causalité du naturel — la nature est bien, selon l'Aquinate, « raison mise dans les choses par l'art divin » — s'obtient dans et par le jeu contingent des libertés conflictuelles, et se risque dans l'arbitraire des appétits de puissance, ainsi dans le risque de violence. La force est promesse de justice, et la violence est, comme la mort, un « beau danger ». **La force, d'une certaine façon, donne des droits, et il existe, pour cette raison, en un certain sens, un droit du plus fort.**

Quand on en appelle trop vite à la justice pour maîtriser la force, c'est que l'on hait la force ; mais le drame est que, ce faisant, sous couvert de chérir la justice, on la hait elle aussi. On remarquera en effet qu'en se méfiant de la force, en la condamnant a priori, en la soupçonnant d'une perversité congénitale, on en appelle subrepticement à elle pour la maîtriser, pour la châtier ; on la fait se retourner contre elle-même ; mais en procédant ainsi on suppose que cet aspect d'elle-même que l'on convoque pour la limiter sera justement utilisé ; or, conformément au postulat de la malignité intrinsèque de la force, on devra soupçonner cette force même supposée arrêter les excès de la force, et l'on sera mis en demeure de la faire se retourner elle aussi contre elle-même, et ainsi à l'infini, ce qui paralysera l'exercice de la force en l'éparpillant indéfiniment ; cela rendra inopérant en particulier l'exercice de cette force destinée à servir la justice. Si l'on entend faire servir la force à la gloire de la justice, il faudra bien admettre au principe qu'il existe une force qui est juste et qui n'a pas besoin d'être mise à la raison, contestée ou bridée, pour être fidèle à la justice. Mais alors il faudra remettre en cause le postulat de départ, à savoir que la force requiert la justice pour être légitime. Il y a une bonté foncière de la force en tant que force, laquelle force n'est mauvaise que par accident, de telle sorte qu'en devenant mauvaise la force dépérit, se convertit en faiblesse. Partir du principe que la force devrait être objet de méfiance, c'est supposer qu'elle serait frappée de la tare congénitale de se convertir en violence. Il y a peut-être une manière de considérer ce soupçon comme légitime, s'il est vrai que la violence affaiblit la force : toute force est congénitalement habitée par le risque de s'affaiblir, comme tout vivant est menacé par la mort, de sorte que la force doit s'entretenir, « se faire violence » pour se tenir en vie ; elle doit se vouloir, se renforcer pour être ce qu'elle est, se nourrir d'elle-même. Supposé même qu'il en soit ainsi, s'il est définitionnel de la force de se faire violence (contre le risque de dégénérer en violence), alors il est définitionnel de cette violence de se faire violence (de se retourner contre elle-même pour se convertir en force), et l'on obtient ce résultat que la **force a la forme d'une victoire sur la violence qu'elle doit bien assumer, au moins sur le mode du risque sinon sur celui de sa réalisation effective, pour s'en rendre victorieuse**. Mais si la violence est un moment obligé de la force, c'est que la violence est elle-même bonne pour autant qu'elle en vienne à se convertir en force en se radicalisant comme violence. Par quelque bout que l'on prenne les choses, on doit confesser que *la force est bonne en elle-même, et que l'instance de violence qu'enveloppe la force participe elle aussi de la bonté de la force*. Mais parce qu'elle en participe sans l'être, elle peut être mauvaise, par accident.

On ne peut se passer du pouvoir — ainsi de force — pour qu'il y ait société. Mais si la force est tenue pour maligne par essence, portée à l'abus et corruptrice de celui qui l'exerce, on sera sommé, ne pouvant la congédier, de la diviser en pouvoirs autonomes destinés à se limiter réciproquement afin de la conserver tout en la rendant inoffensive, délestée des effets pervers dont elle est supposée être porteuse ; telle est la position — libérale — d'un Montesquieu partisan de l'indépendance des pouvoirs législatif, exécutif et judiciaire ; mais la logique d'une telle solution est de diviser le pouvoir en autant de parties qu'il y a d'individus, et tel est le principe animant l'esprit démocratique. Convoquer un pouvoir pour le faire travailler contre lui-même, c'est l'épuiser, le rendre inefficace, le paralyser, le mettre entre parenthèses, et c'est pourquoi l'esprit démocratique contient une dimension d'anarchie lui faisant rejoindre par essence le refus de tout ordre, à savoir l'esprit subjectiviste de la pensée dite de gauche.

Est dit « en ordre » ce dont le contenu est disposé en vue d'une fin ; si cet ordre a hors de lui-même sa fin, il a hors de lui le principe de son organisation et alors il s'inscrit dans un ordre plus grand, au titre de moyen au service d'une fin, telle la partie d'un tout ; mais il n'y a qu'un seul tout qui soit vraiment un tout, c'est ce tout qui est le tout, car autrement un tout subsistant parmi d'autres touts forme avec eux un plus grand tout et, au sein d'eux, il a raison de partie, et non de tout ; donc un ordre n'enveloppant pas la finalité à raison de laquelle il est dit ordre n'est pas absolument ordonné. Est totalement un ordre ce qui est un ordre total. On peut remarquer aussi ceci : est un ordre total ce qui enveloppe tout ce qui est, et donc ce qui n'a pas d'extérieur, parce que ce qui a un extérieur admet une limite qui est commune à lui et à ce qui le conteste, de sorte que — ce qui le limite étant ce qui le définit — il a son être et sa vérité dans ce qui n'est pas lui et il doit confesser sa contradiction interne. Il y a donc des ordres de diverses natures, en fonction des degrés d'être de la réalité, mais tous ces ordres sont autant d'aspects abstraitement séparés d'un même ordre fondamental et unique, qui coïncide avec l'être même, avec l'être en tant qu'il est être. Ce qui n'a pas d'extérieur ne repose que sur soi et est systématique : est totalement, véritablement un ordre, ce qui est son propre fondement, ce qui se fait procéder de ce en quoi il s'anticipe, ce qui s'atteint par réflexion sur soi ; tel est ce qui s'extériorise mais qui fait passer dans ce en quoi il s'extériorise l'acte même de s'extérioriser, lequel est de ce fait intrinsèque à l'extériorisé qui par là ne se révèle être un véritable extérieur qu'en s'extériorisant lui-même ; mais dire que l'extérieur s'extériorise, c'est signifier qu'il se repousse de soi en tant qu'extérieur, par là qu'il épouse le processus d'involution qui lui fait rejoindre le giron de cet intérieur dont il était la manifestation : ce qui s'extériorise absolument s'atteint par réflexion, se faisant objectiver par ce dans quoi il s'objective. Mais ce qui n'est soi-même qu'à se réfléchir, ainsi à se renier pour revenir à soi, c'est ce qui, tout en étant origine et résultat de son processus, coïncide avec ce processus même.

Ce dont l'être *est* son processus ou devenir — c'est-à-dire ce qui est l'acte de s'affirmer soi-même par l'acte de sa négation de soi-même, ainsi ce qui s'affirme dans sa négation —, cependant qu'il s'agit du processus ou devenir de son *être*, c'est, on l'a vu, ce dont le devenir devient, par là ce qui renie son devenir par l'acte de l'instaurer ; c'est ainsi ce qui affirme son processus par l'acte de le nier, et réciproquement. Mais renier son processus, c'est renier son être puisqu'il est son processus ; et renier son être c'est renier le résultat de son processus puisque ce qui est son processus se résout dans la position d'un résultat qui est lancement du processus, lequel lancement est le processus considéré dans son départ. Dès lors, ce qui s'affirme dans sa négation, qui nie son processus dans et par l'acte de l'exercer, c'est ce qui nie le résultat de son processus ; or **nier le résultat d'un processus sans cesser d'exercer un tel processus, ce ne peut être que réduire le résultat du processus à un moment du processus dont il est le résultat**. Il en résulte obligatoirement que **ce qui est son processus circulaire, ainsi son processus qui est son résultat, c'est ce qui fait se réfléchir le processus entier en un moment de lui-même**, et qui, ce faisant, se convertit en immobilité parfaite.

L'ordre absolument ordre est systématique. Ce qui est système, comme réflexion, est victoire sur son autre qu'il assume : est système ce qui repose sur soi, ce qui pose ce qu'il présuppose. **Donc, de même que le rationnel est victoire sur l'irrationnel, que le nécessaire ou rationnel est inclusif de la contingence ou liberté, de même l'ordre est bien, en soi, victoire sur le désordre et la violence, et le droit est victoire sur l'arbitraire, sur la force qu'il présuppose et plus précisément en laquelle il *se* présuppose.** La force n'a de chance d'être subordonnée au droit que si le droit consent, quant à son instauration, à se faire dépendre du libre jeu de la force.

§ 49. La morale et le droit.

« Mon mari n'est pas assez doux avec moi, il est irrespectueux, il m'impose son humeur, ses exigences, son manque de délicatesse et toutes ces pénibles choses masculines que je n'ai pas à supporter, il abuse de sa force brutale, j'en ai assez d'être esclave, je ne suis pas à son service, haro sur la tyrannie masculine plusieurs fois millénaire ; on doit changer les mentalités sur ce point et, pour ce faire, il est requis que soit changée la société sous l'influence de nouvelles mesures coercitives de type juridique et judiciaire ».

« Mon mari est mou comme une chique, il est toujours d'accord avec moi, il me dégoûte avec sa douceur, il ne me subjugue pas, il ne me fait pas rêver, il ne m'impressionne ni ne me surprend, il ne me libère pas de moi-même, il ne m'élève pas, je ne puis l'aimer puisque je ne l'admire pas. Je veux qu'il me bouscule et la plus élémentaire finesse voudrait qu'il le comprît sans que je fusse mise en demeure de le lui demander, car c'est là une chose qui ne se peut pas ; je veux pouvoir dire 'non', avec la dernière énergie, à celui qui prétendrait m'imposer ce que pourtant je brûle de subir délicieusement de sa part ».

Les femmes veulent tout et le contraire de tout, et une vérité indésirable, d'origine aristotélicienne, rappelle que la femme est à l'homme comme la puissance est à l'acte, de sorte que la matière désire la forme comme la femelle désire le mâle. L'être en puissance faisant s'identifier les contradictoires, on comprend que le propre de la femme livrée à elle-même soit l'indécision, l'influençabilité, la duplicité aussi qui en elle est presque génétique. Il n'est pas question ici de remettre en cause cette vérité peu prisée aujourd'hui, d'autant que le féminisme dans ses formes les plus détestables — parce que les plus sournoises — s'est infiltré depuis longtemps dans la mentalité des femmes dites de droite, des épouses des chefs de famille catholiques traditionalistes, ou des épouses et « compagnes » des hommes politiques de droite dite radicale. C'est là la version conjugale de l'infiltration subjectiviste à droite.

Ce qui mérite peut-être plus volontiers d'être rappelé ici, c'est la grande richesse de la condition de femme, son statut crucial dans l'économie de la nature humaine. Si l'être en puissance relève du « dialectique ou négativement rationnel », comme il a été établi ici, la féminité a pour signification métaphysique d'être, dans l'ordre des caractères, ce à quoi, dans l'ordre de l'intellectualité, correspond ce moment à raison duquel l'entendement qui sépare se fait raison qui unifie. Il y a une logique dans le jeu de l'irrationnel, et la femme est l'illustration vivante et personnifiée de cette logique, ce qui devrait lui valoir l'admiration et la reconnaissance de l'homme ; elle lui donne le spectacle, comme confusion potentielle, de cette dimension de lui-même dont il a vocation à se rendre maître et, aussi longtemps qu'il ne le fait pas, il est incapable d'équilibrer sa femme qui alors représente pour lui une espèce de protestation silencieuse, une invitation au dépassement de sa propre médiocrité, à un héroïsme discret. Adam a manqué d'autorité. La femme est ce qui enjoint à l'homme de ne pas s'affaisser ; sans elle il serait une bête, et en cela toutes les œuvres glorieuses dont l'homme peut se targuer sont à mettre au compte de la femme autant que de l'homme ; encore faut-il que la femme reste femme et ne prétende pas jouer à l'homme.

D'instinct (mais cet instinct est l'instinct de la raison), la femme sait discerner dans l'homme ce qu'il devrait être et qui lui manque à elle : **la douceur masculine plaît aux femmes, mais elle leur plaît en tant qu'elle est en soi une violence surmontée** ; elles ont besoin de sentir cela pour estimer les hommes, et, en court-circuitant cette violence par l'absurde instauration d'une judiciarisation des relations conjugales (« SOS femmes battues »), on dispense les hommes de la surmonter et on les empêche de révéler leur vraie force qui est violence sublimée, force maîtresse d'elle-même. On en vient à mettre les hommes sous le regard suspicieux et castrateur de la justice pénale, on les dévirilise et c'est alors qu'ils déçoivent les femmes à mesure qu'ils déploient leurs vains efforts d'être en permanence « gentils ». En revanche, la femme, du fait qu'elle illustre ce moment nécessaire de déraison à raison duquel l'entendement est raison, donne à l'homme le spectacle permanent et éminemment précieux de cette dimension de lui-même (il est bien « XY », elle est « XX », elle est bien tirée d'une côte d'Adam) qu'il est invité à assumer, sur le mode d'une déraison et d'une violence, pour faire accéder sa raison à sa maturité. C'est en freinant des quatre fers devant cette obligation de se risquer à sombrer dans la violence et le désordre que l'homme — attaché à cette « virilité d'entendement » de l'homme innocent de toute lutte intérieure, ainsi de l'homme « moral et raisonnable qui jamais n'impose sa force » — subit la loi implacable du balancier dialectique en vertu duquel il se féminise malgré lui. Une stupide réforme de l'orthographe, lourde de signification métaphysique perverse, s'est mise à imposer la féminisation des noms de métiers et de fonctions : « la proviseure », « la juge », « la commissaire », « la factrice », « la professeure », « l'écrivaine », etc. On entend par là signifier que l'on refuse désormais à l'homme d'être, en même temps qu'une partie du genre humain, le représentant et le responsable du genre humain tout entier. On lui refuse de faire se réaliser en lui l'identité de l'identité et de la différence, on lui réserve et on le cantonne dans le moment de l'identité, on libère ainsi le moment de la différence, moment qui, non repris dans la concrétude masculine accomplie de l'identité de l'identité et de la différence, comme négativement rationnel incapable de se convertir en positivement rationnel, se fait destructeur de tout ordre, et nihiliste. La femme devient le moteur de l'esprit révolutionnaire, et c'est à juste titre qu'un adepte de la révolution marxiste a pu reconnaître en la femme l'avenir de l'homme : elle est l'avenir de l'homme révolutionnaire, elle est la révolution dévorant l'homme, elle est l'avenir de l'homme qui se déshumanise.

On a, à travers cet exemple, l'illustration de ce que la forme dialectique de tout ce qui a sens, c'est-à-dire le logique (dont les trois moments sont l'identité d'entendement exclusive de toute différence, la différence d'avec soi de l'identité, puis l'identité de l'identité et de la différence), se vérifie dans la réalité qu'elle travaille de l'intérieur d'elle-même ; il en est ainsi pour cette réalité qu'est l'espèce humaine considérée selon la dualité obligée des sexes en lesquels elle s'explicite ; la juste compréhension de cette dialectique permet de comprendre que la judiciarisation étendue sans limite aux conflits qui tissent des relations humaines est une substitution du droit à la morale, qui exténue la moralité, en particulier cette moralité publique nommée par les Allemands « die Sittlichkeit ». Que la morale obéisse à des règles objectives et intangibles expressives des fins inscrites dans la nature humaine elle-même, n'empêche pas que les mœurs soient le résultat de ces relations spontanément tissées entre les hommes, et que le droit normatif des mœurs ait vocation à s'anticiper, à risquer de se perdre dans la contingence des mœurs, ainsi à coïncider avec ce qu'il a vocation à régir, à s'en faire dépendre, pour s'en faire surgir sans s'y substituer. Parce que la définition et l'instauration du droit requièrent les mœurs (comme il le fut rappelé au § 28. 2), la substitution du droit aux mœurs, consécutive à l'exténuation, en elles, de leur dimension morale, finit, au lieu de pallier les effets du déficit de moralité publique, par exténuer le droit lui-même qui en vient à renoncer à sa vertu coercitive, par là à lui-même, en épousant sans réserve l'évolution irrationnelle des mœurs, c'est-à-dire en ratifiant les pires désordres, les actions les plus antinaturelles. Si l'on se souvient que ce qui est violent est d'abord ce qui relève du contre nature, on comprendra que la judiciarisation inflationniste des relations privées soit génératrice de violence illimitée, car quand le droit est investi au service du désordre, il n'est plus aucune force capable de contenir la violence.

Il est, en même façon, dans la logique du bien commun politique, fin immanente ultime de l'homme, de mobiliser l'homme tout entier, et pourtant d'être ce en quoi s'anticipe de manière obligée le souverain bien en lequel un tel bien politique s'achève, s'accomplit en s'excédant. **Aussi est-il, en dernier ressort, dans la logique de l'ordre surnaturel de s'anticiper dans un ordre naturel qu'il confirme en le restaurant, mais par l'acte en vertu duquel il le fait s'excéder**. La consommation exhaustive du troisième moment n'a évidemment lieu que dans la vision béatifique, de sorte que le régime auquel la vie mondaine doit rationnellement se tenir est ce moment dialectique ; en termes non techniques, on est sur Terre pour lutter et combattre, la paix perpétuelle n'est pas de ce monde, et, réalisée en ce monde, elle est inhumaine. La paix sur terre sera toujours précaire et, du point de vue du souverain Bien, il est rationnel — ainsi heureux — qu'elle le soit.

Dans l'économie d'un ordre surnaturel qu'il plut à Dieu d'instaurer, l'ordre naturel prend la place du moment négativement rationnel ou dialectique, et ne se fait positivement rationnel que dans un terme qui se trouve assumé par l'ordre surnaturel. Dans l'économie d'un ordre purement naturel, qui eût été possible sans aucune injustice en vertu de l'absolue gratuité de la grâce, cet ordre naturel aurait eu raison, dans son terme, de moment spéculatif ou positivement rationnel.

C'est, selon nous, la méconnaissance de ce dispositif logico-ontologique qui explique, ultimement, la possibilité du subjectivisme dans l'homme de droite, et la difficulté à le surmonter.

Conclusion

TABLE DES MATIERES

PREAMBULE...7

INTRODUCTION.

§ 1. La maladie des derniers tenants de l'abnégation vertueuse.
....9

§ 2. L'impuissance à s'aimer soi-même, cause de la zizanie
génératrice d'inefficacité..12

§ 3. Un peu de philosophie : l'ordre est victoire sur le risque
assumé du désordre. 18

PREMIERE PARTIE

**Quand la garce Démocratie se fait dame patronnesse au
service de la volonté de puissance théocratique.**

§ 4. Les tourments de l'abbé X. 27

§ 5. Lectures interdites..33

§ 6. Revendication théocratique...............................41

§ 7. Quand la nature se rebiffe, les bien-pensants crient haro
sur le naturalisme...52

§ 8. *La* condition d'un mariage viable entre nature et
surnature. 59

§ 9. Indignations vertueuses. 62

§ 10. Fascisme et maçonnerie.......................................67

§ 11. L'enfer est pavé de bonnes intentions............................71

§ 12. Comment s'articulent vie politique et vie religieuse......78

§ 13. Volonté de puissance ecclésiastique refoulée.................84

DEUXIEME **PARTIE**

Les turbulences de l'« Insurréaction », ou de la difficulté d'être auteur dans certains milieux faisandés.

§ 14. La droite-ghetto. 87

§ 15. Les idées vagabondes de Tartempion 90

§ 16. Les idées vagabondes de Tartempion (suite). 96

§ 17. Une mésaventure d'auteur de droite.............................105

§ 18. Les idées noires de Tartempion. 108

§ 19. Les idées noires de Tartempion (suite). 114

§ 20. La logique de l'envie...117

§ 21. Des vertus dangereuses de l'érudition............................122

§ 22. Pourquoi le subjectivisme a gagné la droite de la droite : la mauvaise foi. 131

§ 23. Pourquoi le subjectivisme a gagné la droite : ce qui rend possible la mauvaise foi de l'homme de droite.....................140

§ 24. Quand l'effort de conjurer le subjectivisme développe un subjectivisme imprévu. 146

§ 25. La dialectique se fourre partout, même à la droite de la droite qui la tient pour insupportable et la croit sécrétée par des cerveaux de gauche. 155

§ 26. Il y a bien peut-être une solution, mais personne n'en veut..160

§ 27. Ce que le père de l'élève Machin n'a pas osé développer. 166

§ 28. 1. Une esquisse de résolution...................................174

§ 28. 2. Suite du § précédent...182

§ 29. Quand on se dispense d'affronter ce que seule la dialectique peut résoudre. 187

§ 30. Ce en vertu de quoi la dialectique ne contredit pas le réalisme. 191

TROISIEME PARTIE

L'espoir des désespérés.

§ 31. Le pouvoir d'achat..199

§ 32. Un peu de rêve...201

§ 33. Nos compatriotes sont des cons. 206

§ 34. Impossible d'être con n'est pas français. 213

§ 35. La recherche devenue prépondérante des biens sensibles ne peut se nourrir que du subjectivisme..................222

§ 36. La France dont personne ne rêve, qui n'existe pour personne et qui seule a droit d'exister............................227

§ 37. Les origines théologiques de la connerie française......234

§ 38. Il faudrait aimer la France « réelle »....................241

§ 39. L'amour sous conditions. 251

§ 40. L'amour sous conditions (suite)............................257

§ 41. 1. Ce qu'il est impensable d'exiger aujourd'hui, qui représente pourtant le minimum vital d'une entreprise de vraie rédemption politique et morale de la France et des autres peuples européens. 264

§ 41. 2. Suite du § précédent : de quelques mesures inenvisageables et pourtant vitales. 272

§ 42. Suite du § précédent : identité et différence, identité concrète. 283

§ 43. Suite du § précédent : lois de la raison et lois de l'être. 287

§ 44. Suite du § précédent : la dialectique selon Hegel.........291

§ 45. Ce que signifie cette dialectique dans le contexte de la philosophie réaliste. 296

§ 46. Dialectique et monisme. 300

CONCLUSION.

Du droit de la force.

§ 48. Violence et ordre. 307

§ 49. Le droit de la force et la force du droit. 316

§ 50. La morale et le droit. 323

TABLE DES MATIERES.....................................**329**